依存语法的理论与实践

DEPENDENCY GRAMMAR
from theory to practice

刘海涛 著

科 学 出 版 社

北 京

图书在版编目（CIP)数据

依存语法的理论与实践 / 刘海涛著. —北京:科学出版社，
2009
ISBN 978–7–03–024866–4

I. 依⋯　II. 刘⋯　III. 数理语言学 – 研究　IV. H087

中国版本图书馆 CIP 数据核字(2009)第 104914 号

责任编辑：张　宁 / 责任校对：宣　慧
责任印制：李　彤 / 封面设计：无极书装

联系电话：010-64030529　电子邮箱：yuyanfenshe@126.com

科 学 出 版 社 出版
北京东黄城根北街 16 号
邮政编码：100717
http://www.sciencep.com
中国科学院印刷厂 印刷
科学出版社编务公司排版制作
科学出版社发行　各地新华书店经销
＊

2009 年 6 月第　一　版　　开本：B5（720*1000）
2020 年 3 月第四次印刷　　印张：21 1/2
字数：345 000

定价：98.00 元
(如有印装质量问题，我社负责调换)

重　印　说　明

　　《依存语法的理论与实践》于 2009 年由科学出版社出版，至今已 11 年了。在前言中，作者认为，"依存语法在（计算）语言学领域的兴起，可能归功于这种语言学理论：更有利于自然语言处理中的某些应用领域，更便于从句法层面到语义层面的转换，更适宜于处理自由语序的语言，具有更好的心理现实性，更易于构造基于机器学习的高精度句法分析程序等。" 回顾近年来计算语言学的发展，我们有理由相信，依存语法能在句法分析领域一枝独秀，可能正是得益于它所具有的这些特质。

　　人类已经进入 AI（人工智能）时代。在与 AI 密切相关的学科中，语言学是唯一属于传统文科的学科。就目前来看，依存语法可能是语言学与 AI 之间的一个为数不多且具有可操作性的接口。这一点，从全世界众多语言学家与自然语言处理研究者联合推出的 UD（Universal Dependencies，普适依存关系）语言资源项目中，就可以看出。UD 目前已包括 90 种语言的 157 个可供 AI 领域使用的依存句法标注语料库。

　　遗憾的是，语言学界似乎还没有做好准备，来迎接 AI 时代给学科本身带来的机遇与挑战。除本书外，我们仍很难在市场上见到从语言学的角度系统研究依存语法的著作。本书自初印以来，虽然后期又重印了多次，并一直以 POD（按需印刷）的方式在售，但仍难以满足市场的需要。为此，我们决定出版本书的典藏版，以飨读者。计算语言学是一个发展非常迅速的领域，十年间，出现了大量新的依存句法分析方法，如我们在谷歌检索 dependency parsing（依存句法分析），瞬间（0.44 秒）就出来了 649 万条结果。这些新成果，在重印时，理应在书中有所考虑。但由于受种种条件的约束，本次重印只能小改，暂时无法进行全面修订，甚是遗憾。为了尽可能弥补这种缺憾，我们组织人员对全书进行了仔细的检查，并结合这些年读者的反馈，做了上百处的修改。

AI 时代，以探求语言规律为宗旨的语言学家，理应发挥更大的作用。语言学研究，不仅应对我们理解语言作为一种人驱复杂适应系统的运作规律有帮助，也应有益于其他需要语言规律的领域。这也是我们重印《依存语法的理论与实践》的原因之一。我们衷心感谢读者对本书的支持，也希望通过我们的共同努力，带着这本"蓝皮书"，一起迈入智能时代语言研究的蓝海，一起去探索更蓝天空、更蓝海洋中的未知。

冯志伟序

"依存关系"和"依存语法"一直是刘海涛博士多年来关心的问题，他广泛收集了国内外有关依存语法的著作细心研读。这些著作涉及多种不同的语言，除了汉语和英语的著作之外，还有德语、法语、俄语、荷兰语、日语等外语写成的著作。为了读懂这些著作，他还学习了德语、法语等外语，具备了一定的阅读多种语言原著的能力，获取了第一手的资料。由于他尽量从原著中获取资料，他关于依存语法的这些论述，自然就具有很强的说服力。

海涛并不满足于依存语法的理论研究，他还勇于实践，建立了一定规模的依存树库，使用计算机来验证他提出的基于配价模式的句法分析理论，这就使他的研究，不仅在理论上翔实可靠，在实践上也经得住检验。

我认为海涛的这本专著具有以下三方面的特色。

第一，系统地梳理了国内外依存语法理论研究的历史，提供了内容丰富、翔实可靠的大量资料，有助于我国学术界全面地理解依存语法这一重要的理论。

20 世纪 70 年代末期，我在法国格勒诺布尔理科医科大学应用数学研究所研制汉—法/英/日/俄/德多语言机器翻译系统 FAJRA 时，为了克服乔姆斯基(N. Chomsky)的短语结构语法在汉语自动分析中的困难，我的导师沃古瓦(B. Vauquois)教授和巴黎第七大学的法国朋友格罗斯(M. Gross)教授都建议我读一读泰尼埃(L. Tesnière)的《结构句法基础》(Eléments de Syntaxe Structurale)，这是我第一次接触"依存语法"。我用两个多月的时间认真阅读了该书的法文版，眼界大开。在我提出的中文信息 MMT 模型(多叉多标记树模型)中，我根据依存语法，确定了汉语句法——语义分析的"行动元"(actants)和"状态元"(circonstants)，这些表示依存关系的标记成为 MMT 模型的多标记中的最重要的标记。我还根据"价"(valence)的概念，赋予汉语动词不同的"价"标记，通过动词的"价"来控制句子的句法——语义结构，并吸收依存语法中"支配"和"被支配"的理念，给每一个短语都标注出"中心词"(标记为gov)，给每一个句子都标注出"轴心"(标记为 pivot)，明确了短语和句子中的"支配"和"被支配"关系，大大地提高了 MMT 模型的性能。从法国回来之后，我马上就在当时的《国外语言学》杂志上写文章介绍了泰尼埃的语法理论(冯志伟 1983)[1]，这是国内最早系统介绍依存语法的文章。

当时我只注意到动词的"价"，没有注意到名词和形容词的"价"。上世纪 80 年代我有机会到了德国，访问了曼海姆的德语研究所(IDS)，才知道德国语言学界除了研究动词的"价"之外，还研究了名词的"价"和形容词的"价"。德国语言学家早就出版了《德语动词配价词典》、《德语名词配价词典》和《德语形容词配价词典》，德语研究所的托依拜特(W. Teubert)在 1979 年出版的《名词的价》，就是他在海德堡大学的博士论文。这时，我才认识到不仅仅动词有"价"，名词和形容词也有"价"，我开始把依存关系看成是普遍存在于语言中的一种支配与被支配的关系，并且深深感到自己过去对于依存语法的学术发展的情况实在是了解得太少了。

近年来，我国出现了研究配价理论和依存语法的热潮，在具体的细节研究方面取得了很好的成果，但是，在系统性和整体性方面还显得很不足。

海涛在这本书中，根据大量的历史资料，为我们勾画出了依存语法和依存关系的观念发展的历史脉络，告诉了我们如下鲜为人知的重要历史事实：

---

1 当时我把 Tesnière 翻译成特斯尼耶尔，不妥，按照法语人名的规范读音，最好翻译为泰尼埃。

早在 12 世纪，语言学家赫利亚斯（Petrus Helias）在他的著作中就提出了"动词中心说"，他认为，动词要求的句子成分的数量是不同的，动词的必有成分一般是指名词性的，这些成分是构造一个 perfectio constructionis 所必需的。这种"动词中心说"指出了动词对于句子成分的要求，已经隐含了"配价"的理念。

德国普通语言学家梅讷尔（Johann Werner Meiner）在 1781 年的著作里就明确将谓语（动词）分为：一价动词，二价动词和三价动词，只不过他没有直接使用"价"这个词，而是用了一个德语词"seitig-unselbständig"，但是其实质已基本无异于现代人定义动词"配价"的说法了。

1934 年，奥地利语言学家卡尔·比勒（Karl Bühler）在其《语言理论》中说，"每种语言中都存在着选择亲缘性；副词寻找自己的动词，别的词也是如此。换言之，某一词类中的词在自己周围辟开一个或几个空位，这些空位必须由其他类型的词来填补。"卡尔·比勒关于"空位"的见解，揭示了"配价"的本质。虽然他没有使用过"配价"这个词，但是国外研究配价理论的学者普遍将卡尔·比勒看做是配价理论研究的先驱。

1948 年，苏联语言学家科茨年松（Kacnel'son）首次提出"配价"这个术语。他说，"在每一种语言中，完整有效的具体化的词不是简单的词，而是带有具体句法潜力的词，这种潜力使得词只能在严格限定的方式下应用，语言中语法关系的发展阶段预定了这种方式。词在句中以一定的方式出现以及与其他词组合的这种特性，我们可以称之为句法配价。"

科茨年松特别强调"配价"的"潜在性"。他认为，明显的语法范畴、功能和关系是"通过句法形态来表现的"，而在词的句法组配和语义中隐含了潜在的语法范畴、功能和关系。他还说，"语法如同一座冰山，绝大部分是在水下的。"

1949 年，荷兰语言学家格罗特（A. W. de Groot）在他用荷兰语出版的《结构句法》（Structurele Syntaxis）一书中也使用了"配价"这一概念。格罗特在他的书中写道，"与其他词类相比，某些词类的运用可能性受到限制，即词类具有不同的句法配价。配价是被其他词所限定或限定其他词的可能性或不可能性。"他在句法研究中使用了"valentie"和"syntactische valentie"这两个术语。

这些鲜为人知的历史资料零星地隐藏在国外文献的汪洋大海之中，互联网上也不容易搜索到，获取它们犹如大海捞针，而且，这些文献涉及德文、俄文和荷兰文等不同的外文，要读懂它们需要丰富的外语知识，特别是格罗特的《结构句法》(Structurele Syntaxis)一书，尽管过去我曾有所耳闻，但由于是荷兰语写的，一直不敢问津，海涛在外国朋友的帮助下，弄清楚了荷兰文的原意，使得我们有机会了解到这本重要文献的内容。海涛做的这些钩沉探源的工作是非常有意义的。

我一再对我的博士研究生们说，"治史须读原著"，鼓励他们尽量阅读外文原著。我们绝对不能仅靠翻译成中文的材料来研究国外语言学的历史，因为可能会出现翻译错误，因错就错；我们更不能仅靠道听途说的资料来研究国外语言学的历史，因为可能会以讹传讹，谬种流传。因此，阅读原汁原味的外文原著是非常重要的，特别是对于研究语言学的博士生来说，我认为是必不可少的。既然是博士，就不能像其他人那样只依靠中文译文来进行研究，既然是语言学的博士，就应当在外文水平方面胜人一筹。海涛坚持了"治史须读原著"这个原则，严格要求自己，进行了不懈的探索，终于揭开了语言学历史上这些鲜为人知的事实的神秘面纱，这是令人高兴的。

第二，全面地讨论了依存语法的形式化方法和句法分析算法，提出了"概率配价模式"，这个模式不仅可以定性地描述依存树中的支配和被支配关系，而且，还可以定量地计算依存关系的强度。

海涛并不满足于对历史事实的考察，他考察历史的目的是吸取前人的学术成果，"古为今用"，建立现代汉语的依存句法，因此，他更多的工作是研究依存语法的理论。

他讨论了依存语法的形式化方法和句法分析算法，并根据依存语法的基本原则，深入地研究了汉语依存树库中众多树形图节点之间的支配和被支配的依存关系，构建了现代汉语配价模式；为了表示这种依存关系的不同强度，他在模型中引入了概率成分，提出了"概率配价模式"，在配价模式图中，用粗细不同的线条来直观地表示依存关系的强度，这样，就可以从定性和定量两个方面来描述树形图中的依存关系。在这本书里，海涛也简单介绍了如何通过依存树库来提取配价模式的方法。

在国内外依存语法研究中，大多数都只关注依存语法的定性研究，还没有明确地提出"概率"的概念，"概率配价模式"是海涛的创新，这个模式使我们有可能对依存关系进行定量的研究，这是海涛对于依存语法研究的新贡献。关于"概率配价模式"，我和海涛在 2007 年写了一篇论文，发表在《语言科学》上，有兴趣的读者可以阅读，以便加深对于本书的理解。

第三，通过一定规模的依存树库，检验了作者提出的基于配价模式的句法分析理论，并对汉语进行了初步的定量分析，发现汉语的依存距离远远大于英语、德语和日语的依存距离，这一发现有助于推动语言复杂网络研究的进展。

海涛构建了包含 13 个词类和 34 种依存关系的现代汉语依存句法，提出了汉语的树库格式，标注了一个包含两万词次的、实验性的汉语依存树库，同时还使用了哈尔滨工业大学的依存树库，在这样的基础上来检验他的理论。他采用了 XDK 和 MaltParser 等软件对汉语进行自动句法分析实验，并且在实验中适当地调整对某些语言现象的处理方法和标注的精细程度，把计算机的自动句法分析与语言学家的语言知识结合起来，有效地改善了句法分析的效果。

海涛的研究还发现，汉语的依存距离为 2.81，远远大于英语和日语的依存距离（英语为 1.386，日语为 1.43）。这是海涛的一个重要发现，而这样的发现是使用其他的语言研究方法难以做到的，这从另一个侧面说明了依存语法的长处。

依存距离的研究有助于把语言作为一种复杂网络来进行研究。目前关于复杂网络的研究结果表明，语言网络是一个无标度的复杂网络(scale free complex network)，是一个"小世界"(small world)的复杂网络。采用复杂网络来研究语言，有助于把语言与其他的复杂网络相比较，可以提高语言研究的普适程度，这方面的研究的价值是不言自明的。在这一方面，本书也有一定的探索。希望海涛能继续进行这种研究，把语言研究与复杂网络研究结合起来，做出更多的创新。

我和海涛认识已经将近30年了，他原来是学习自动化的，他的本职工作是从事企业信息化的高级工程师，是一个语言学的业余爱好者，与我常有书信往来，利用业余时间探讨语言学的各种问题。进入21世纪以后，他出于对语言研究的热爱，毅然改变了原来的专业方向，潜心投入清苦而艰巨的语言研究中，成为一个专业的(计算)语言学家。

在当今经济大潮下，很多人都忙于赚钱，并以此为乐，海涛凭着他的技术水平和外文功底，在这一方面也不乏机会。但他却选择语言学作为他的努力方向，宁愿与我等这样收入菲薄的语言学家为伍，下决心坐冷板凳，以探索学问作为自己的乐趣。这种品德，是值得我们学习的。

海涛有很好的自然科学和工程技术的基础，又有广博的语言学知识，对于语言研究充满了热情，这正是从事计算语言学研究的极好条件。本书是他出版的第一本专著，我对他表示热烈的祝贺，特作此序，算是我阅读此书的粗浅体会。希望他不断努力，今后做出更多的创新，出版更多的著作。

冯志伟

2009 年 5 月 7 日于德国海德堡

Foreword

Richard Hudson[2]

This book deserves a prominent place in the growing international literature on dependency grammar and computational linguistics. The nature of syntactic structure is one of the most disputed questions in linguistics because science and tradition are so hard to separate in one of the most fundamental disputes.

An ancient tradition in Europe and the Middle East gives priority to the word as the basic unit of syntax, which means that syntax is primarily a matter of defining the relations between individual words—what have come to be called "dependencies". For instance, in the sentence "Small children often cry", the syntactician identifies just three dependencies that relate *small* to *children*, *children* to *cry*, and *often* to *cry*; once these dependencies have been identified, and the words and dependencies have been classified, nothing more remains to be said about the sentence's structure.

A much more recent tradition started with Leonard Bloomfield and the American structural linguists in the early twentieth century, and has come to dominate syntactic theory. In this tradition, the structure of a sentence consists of a more or less elaborate hierarchy of "phrases" in which the word has no particular priority. In "phrase-

---

2 Fellow of the British Academy. Emeritus Professor, University College London. Founder of Word Grammar.

structure grammar", in contrast with "dependency grammar", the four words of our example are combined with at least three phrases (*small children*, *often cry* and *small children often cry*) and possibly more—for example, *cry* would typically be classified not only as a word but also as a one-word phrase.

Unfortunately for scientific progress, this tradition was built from scratch, with very little reference to the existing dependency theory, and continues to ignore the dependency alternative. The result is that the very foundations of the scientific study of syntax are unstable, with an unresolved conflict between phrase structure and dependency structure. The main influence on syntactic theory is not debate and research, but geography. Linguists trained in America adopt phrase structure, while the more independent syntacticians of Europe favour dependency theory. This cannot be good for our discipline.

This background explains why a European dependency grammarian like me is pleased to see dependency theory being so ably developed by Haitao Liu outside the traditional "battle-field" of Europe and America, in the People's Republic of China. His dependency analyses of Chinese are a particularly welcome contribution to dependency theory. However, what is most exciting about his work is the way in which he has applied dependency analysis to large corpora in different languages, something which is possible nowadays thanks to the use of computers.

A corpus of naturally occurring sentences is the ultimate test of any theory of language precisely because it shows how important it is, in theorizing about language, to go beyond mere grammar. For instance, Liu reports that his Chinese corpus contains a very similar proportion of nouns to the proportion that I reported some years ago for several English corpora: about 41%. This is, indeed, an extraordinary finding; but it demands an explanation. Why should this figure emerge from such different corpora? One thing is clear: the explanation cannot lie only in grammar. To understand usage, we need a much broader range of theories: not only linguistic theories of grammar, vocabulary and genre, but also psychological theories of working memory. Liu's studies address many of these questions, though it is surely too soon to expect satisfying answers to many of them.

Perhaps the most interesting topic discussed in this book is the statistical measure of syntactic difficulty called "dependency distance". This measures the load which a word places on working memory, on the reasonable assumption that a word is kept active in working memory until all its outstanding dependencies have been satisfied. Returning to our earlier example, "Small children often cry", most of the words are very easy to process because their dependencies are satisfied by the next word; for instance, *small* needs a "parent" word, but this is immediately provided by *children*; and the same is true of *often*, which depends on the next word *cry*. But *children* is slightly harder because it is the subject of *cry*, from which it is separated by *often*. This increased load is still trivially easy for adult English speakers, but as the dependency distance between *children* and *cry* increases, the difficulty increases, and most English speakers struggle with really long subjects such as "Small children with anxious parents who keep trying to get them to smile and be happy even when they have tummy ache or when they are teething often cry".

Earlier work on dependency distance in languages such as English suggest that the limitations of working memory keep the average dependency distance quite low, and one would expect the same to be true in other languages. But Liu has found evidence for considerable variation among languages. In particular, he reports that the average dependency distance in Chinese is at least twice as great as that in English. This is an extraordinarily important finding which should stimulate a great deal of productive research. Do other corpora in English and Chinese show the same differences? If they do, why are the effects of working memory so different in the two languages? Is it because Chinese words are easier to hold in memory, so that more words can be kept active? Or is it because Chinese speakers have less limited working memories? I, for one, look forward very much to the light that Liu's future work will certainly cast on these fascinating questions.

理查德·哈德森序[3]

本书理应在日益增多的依存理论和计算语言学的国际性文献中占有一席之地。句法结构是语言学研究中最受争议的问题之一，因为在这样的争论中科学和传统很难被割裂开来。

在欧洲和中东，有一个古老的学术传统，认为词是句法的基本单位，这意味着句法的任务就是确定词与词之间的关系，即"依存关系"。例如，在句子"Small children often cry"中，句法学家仅需理清三组依存关系：small 与 children，children 与 cry，often 与 cry。一旦这些依存关系被确定下来，词与依存关系得以分类，关于句子结构的分析也就完成了。

20 世纪初期，布龙菲尔德和美国结构主义语言学家开创了一种新的传统，并开始主导句法理论的发展。在这种传统中，句子的结构或多或少是由"短语"间精细的层级关系组成的，词本身并没有什么特权。与"依存语法"相比，上述例子的"短语结构语法"分析，至少是由三个短语构成的（small children、often cry 以及 Small children often cry），也有可能更多，例如，cry 不仅是一个词，也可能被划分为一个短语。

这样的句法研究方法是白手起家的，几乎与已有的依存理论没有什么联系，并继续对依存方法持忽视的态度，这是科学发展之不幸。这也导致句法研究的科学基础不稳定，导致了短语结构和依存结构之间不可调和的矛盾。句法理论的主要问题不是争论和研究，而是地域分割。美国语言学家采用的是短语结构语法，许多欧洲的句法学家则倾向于依存理论。这不利于我们学科的发展。

---

3 英国学术院院士，伦敦大学学院荣休教授，词语法理论的创始人。

以上背景解释了为什么像我这样的欧洲依存语法学家如此欣赏刘海涛，在欧洲和美国的"战场"之外，在中华人民共和国，所做的依存理论研究。他对于汉语依存句法的研究对依存理论的发展是一个巨大的贡献。令人尤为振奋的是他将依存理论应用于不同语言语料库的方法，这也是如今依存句法得以结合计算机使用的优势所在。

自然语言的语料库是精确测试语言理论的最佳方法，因为这样的方法显示了建立关于语言的而不仅仅是语法的理论的重要性。例如，刘海涛的研究显示他的汉语语料库中包含的名词比例与多年前我所研究过的多个英语语料库中的名词比例相似：约为41%，这是一个非同寻常的重大发现，但同时这也需要一个合理的解释。为什么从不同的语料库中能够得出几乎相同的比例数据？显而易见，这个问题的答案不可能仅通过研究语法就能得到。我们需要更多的理论：不仅需要有关语法、词汇和语体的语言学理论，也需要工作记忆的心理学理论。刘海涛对这些问题做了很多研究，尽管这些研究仍不能使所有问题都得到满意的回答。

这本书中最有趣的地方也许是对"依存距离"统计测度的讨论。依存距离可以测量一个词在工作记忆中的负荷，我们可以将此理解为，一个词在它所有的依存关系被实现之前，一直被存储在工作记忆中。回到之前我们讨论的例子，"Small children often cry"，这个句子中的大部分的词都很容易处理，因为他们的依存关系都可以通过相邻的词来实现；例如，small 需要一个"支配"词，children 可以将其实现；often 的依存关系也可以通过 cry 来实现。但是 children 一词相对困难一些，因为它是 cry 的主语，但中间被 often 隔开。增加的这点负荷对于说英语的成年人来说并不难，大多数说英语者的困难在于为下面这样的句子寻求主语 "Small children with anxious parents who keep trying to get them to smile and be happy even when they have tummy ache or when they are teething often cry"。

对英语等语言依存距离的早期研究表明，工作记忆的限制使得依存距离的平均值都非常低，并且有学者认为其他语言也将得到同样的结果。然而，刘海涛的研究发现不同语言之间的依存距离是有明显差异的。尤其是汉语的平均依存距离至少是英语的两倍，这是一个极为重要的发现，理当激发更多的后续研究。英语和汉语的其他语料库是否也有同样的差异？如果答案是肯定的，为什么两种语言的工作记忆会如此不同？是否因为汉语词语更容易记忆，所以一次可以激活更多的词语？或者是因为说中国话的人有更大的工作记忆呢？我非常期待刘海涛将来的研究能一一揭开这些问题的神秘面纱。

前　　言

　　计算语言学是从多种角度研究如何通过计算机来模仿人类语言处理能力，并用这种能力解决语言交流问题的学科，它的终极目标是构造一个能懂人语、会说人话、可用自然语言进行交流的机器(刘海涛等2005，Haussen 2001)。这个定义突出了计算语言学的两个特点：理论性和实践性。前者体现在为了模仿人的语言处理能力，我们必须对这种能力有深刻的认识，而且要把这种认识上升到一定的理论层面。如果这种认识不能用精确的方式表述出来，将会影响到最终目标的实现。后者说的是，计算语言学也应该能够解决实际问题，它是一种"应用驱动"的语言学研究。计算语言学的这种特性也使得技术现实对理论框架产生反作用和限制，说起来近乎完美的理论，如果现有的技术无法实现，那么也难以解决好实际问题。

　　关于计算语言学和语言学理论的关系问题，我们认为以下几点值得考虑：计算语言学需要语言学理论，这种理论不仅应该能够描述真实语料，而且也能用精确方法来表述；计算语言学有着高远的目标，这种目标虽然在可预见的将来可能难以完全实现，但这绝不意味着研究者可以忘记这种目标，而只满足于一种短视的灵巧做法；计算语言学家的任务不仅仅是构建一些语言信息处理的应用系统，他们也应该有能力从(语言学)理论的角度解释此类人造系统的行为；面向计算语言学的语言学理论是一种可以通过机器来验证的理论，如受技术所限，某些思想一时无法实现，可实现部分不但应能从理论上自圆其说，而且也应有足够的扩展能力。总之，为了让计算机能够处理人类语言，我们需要一套切实可行的(形式)语言学理论。但计算语言学需要的是面向应用的语言学理论，也就是说这种理论不仅应该能够形式化，而且也应具备足以描写真实语料的能力。

Hudson(1990：3)总结了现代语言学的一些发展路向，如词汇主义(lexicalism)、整体主义(wholism)、关系主义(relationism)、单层次主义(mono-stratalism)、实现主义(implementationism)等。无论其他的语言学家赞成与否，Hudson 所说的这些研究方向确实在很大程度上反映了现代语言学理论的主要发展路向。依存语法就是具有这些特质的语言学理论。

依存语法具有悠久的历史。从古印度的波你尼语法、欧洲中世纪的摩迪斯泰句法理论、阿拉伯的传统语法到世界许多国家的传统语法，或多或少地都含有依存关系的思想。就现代语言学的发展来看，如果人们将乔姆斯基 1957 年的理论和他最新的"最简方案"理论进行比较，也不难发现他向依存语法研究传统中某些思想靠近的趋势。学界流行的面向应用的语言学理论，如词汇功能语法(LFG)、头词驱动的短语结构语法(HPSG)，也均显现出了这种趋势。在计算语言学界，目前最好的英语句法分析器，如 Collins(1999)、Charniak(2001)等，均采用了头词(Head)等概念[4]。被公认为最好的语言形式化理论之一的树邻接语法(TAG)，近年来也多次展现了自己与依存语法的亲缘性。在基于机器学习的计算语言学研究中，语言资源是极其重要的。从 1993 年美国宾州大学英语树库问世以来，世界各国的(计算)语言学家掀起了"植树造林"的热潮。十几年的研究与实践表明，树库中的树种有从短语结构向依存结构转变的趋势[5]。

依存语法在(计算)语言学领域的兴起，可能归功于这种语言学理论：更有利于自然语言处理中的某些应用领域，更便于从句法层面到语义层

---

4 按照 Nugues(2006：11, 244)的说法，尽管依存语法不如短语结构语法流行，但实践证明，它在句子分析方面却很有效。对依存语法的这种优点，计算语言学家早有认识。例如，在世界上第一部计算语言学教材中(Hays 1967)，依存语法具有不亚于短语结构语法的地位。

5 Witkam (2005：93)把这种现象称为 "Francaj arboj revivas, usonaj sekiĝas"（法国的树正在复活，美国的树正在枯萎）。

面的转换，更适宜于处理自由语序的语言，具有更好的心理现实性，更易于构造基于机器学习的高精度句法分析程序等。

　　这些事实说明，依存语法既古老，又年轻，是一种可以解决语言分析问题的实用的语法理论。依存语法研究不但有益于计算语言学，也有助于一般的语言学研究。遗憾的是，有关依存语法理论的研究，特别是系统性的研究却不多见。造成这种局面的原因可能在于依存语法是一种开放性的理论，这种开放性给文献收集、整理和研究带来了极大的困难；二是依存语法的主要文献是用德语、法语等写成的，这又为研究增添了语言障碍；三是缺少适宜的依存语法形式化手段来研究依存语法的形式化问题；四是理论语言学研究与计算语言学实践的脱节，语言理论的研究者搞不懂计算语言学中的基本方法和手段，计算语言学研究者又忽视语言学理论的建设。所有这些困难和问题使得我们很难看到结合依存语法、配价理论和计算语言学应用的系统性研究。

　　本书的主要目的是，在充分了解前人有关依存关系、配价理论、依存形式化和依存句法分析方法的基础上，归纳出依存语法和配价理论的一般原理和方法，提出一套较完整的基于配价模式的依存语法分析框架，并用实验来证明这一框架的可行性。与此同时，我们也力图用本书提出的理论架构作为主线，将相关领域的主要研究成果串在一起，形成一部配价理论和依存语法研究的简史。

　　为了让国内读者更好地了解依存语法的一些基本思想和方法，本书在介绍其他学者的观点时，尽可能采用"引"而非"述"的方式，目的是为了更好地表现原义，减少误读率。在写作过程中，我们尽可能采用第一手的文献，所引外文资料一般均由作者自译。在计算语言学方法方面，本书对基于规则的方法和基于统计的方法都给予了足够的重视。理论求高、应用求实，是本书的基本方针。

　　除前言和结语外，本书共分八章，前五章构成了历史与理论部分，贯穿其中的主线是我们提出的基于配价模式的依存语法分析模型。每一章都把泰尼埃结构句法理论中的有关内容放在参照位置上，以体现我们用信息时代语言观诠释泰尼埃理论的愿望。计算语言学的特殊性也要求本书不仅应提出理论，还应能在机器上验证所提出的理论。因此，本书的后三章是用依存语法分析汉语的实践部分。在这一部分，我们不仅实现了本书提出的基于配价模式的汉语句法分析，也用几种流行的基于规则的依存句法分析器进行了汉语句法分析实验，目的是为了更好地理解汉语依存句法分析的可行性与特殊性。我们也采用依存树库作为机器学习的资源，对汉语进行了基于统计的句法分析研究，此种研究不但有助于明确语言学家在这一领域的作用，而且也对影响依存句法分析精度的因素有了更多的了解。最后一章以依存树库为基础，对汉语作了一些定量分析，此种分析不仅开辟了语言(汉语)定量研究的一条新路，也为"概率配价模式"的获得提供了手段。

笔者从 20 年前开始系统搜集研究依存语法的文献，对于世界各国学者在此领域的研究均有一定的了解，与国际依存语法研究领域的主要学者保持着经常的学术联系。近年来，依存语法研究在国内外呈不断增长之态势，有关应用也逐渐广泛，但遗憾的是，国内仍没有系统性的专著问世。为满足教研之需要，我将自己这些年来学习研究依存语法的一些体会整理成书。希望本书不但能起到抛砖引玉的作用，也有助于加深大家对依存语法的了解和研究。

本书内容繁杂，涉及领域广泛。为了让读者对依存语法有一个较完整的了解，我们在书中使用了大量世界各国学者用多种语言发表的文献，但这也增加了出错的可能。笔者虽已尽心尽力，仍难保没有错漏。不当之处，请大家不吝赐教。

刘海涛

2009-04-15

目　　录

第 1 章

依存结构树

1.1 引言

计算语言学应用及其研究始于 20 世纪 50 年代。近 60 年来,新的理论和方法层出不穷,但许多人认为学科的实际进展还是过于缓慢。

传统的计算语言学方法是由语言学家人工从大量的语言材料中提取出词汇、语法、语义等各种规则,然后想办法让机器来搞明白这些规则,进而可以处理语言。这种方法的理论基础和哲学根源大致就是经乔姆斯基发扬光大的洪堡特的名言"语言是有限手段的无限运用"。遗憾的是,在大量研究和尝试后,人们发现规则的有限性并不意味着它的普遍可操作性。换言之,在语言分析和生成的过程中,就目前人类对于语言的认知水平而言,所谓的"有限手段"可能仍然是一种理论上的说法。在实践方面,不可控或无法穷尽的"有限"还是一种无限。由于理解(分析)过程和生成过程中涉及的要素有所不同,用"生成"的观点和语言理论来做分析也总是有些捉襟见肘。所有这些问题,导致 20 世纪 90 年代以来,在计算语言学界刮起了一股"经验主义"的旋风。所谓"经验主义"就是一种基于数据的方法,一种基于语料库的方法,一种基于概率统计的方法。在我们看来,经验主义方法的本质在于:通过自动的方法从语料中提取出计算机处理自然语言所需要的知识,并且将这些知识用易于计算机操作的方式表示出来。这一过程可以说是对人类语言知识获得过程的计算机模拟。当然,由于语言学家得到的语言规则一般是供人使用的，所以规则的表现形式与面向机器的表示形式可能(必然)会有不同，但二者的本质差别应不如想象的那样大。

由于语言处理的复杂性和困难性，采用经验主义方法的计算语言学家需要标有各种信息的语料库来作为获取语言知识的源泉。在这些语料库里，语言学家应该用显式的方式将语料所含的词性、句法、语义、语篇等知识标识出来。没有这些显式标注的东西，机器很难高效地从中提取出所需的各种语言学知识。目前，语料库的标注层次一般为词性、句法、语义和语篇等。词性标注经过多年的努力，已趋于成熟，而句法标注则呈现一种百花齐放、百家争鸣的态势，语义和语篇标注正处于试验研究阶段。

本书的讨论重点为自然语言的句法分析(或标注)问题。我们将本书研究的主题定在句子层面，不仅在于句子是理论语言学研究的重点，而且也是心理语言学、计算语言学和人工智能等领域研究的焦点和难点(常欣 2009：iii)。这是可以理解的，如果没有句法，人类语言就不可能有如此强大的表现力。Nowak 等人认为，从非句法到句法交流的转变是人类语言发展中最重要的一个环节(2000：495)。

本章的目的是寻求一种适宜的句子结构表示方式。这种句子结构表示模式，不但是计算机句法自动分析的目标，也是句法标注时应遵循的体系和其他计算语言学应用的基础。Bod(2006)在谈到语言习得和语言学理论的关系时说，"没有一个语言学表示的定义，就没有学习的目标，也就不知道要学什么东西"。他的这句话，同样也适用于语言分析和理解领域。

如果我们将自然语言信息处理的本质视为对人类语言处理能力的模仿，那么观察人是如何分析语句以及如何表示这种分析结果的，可能有助于我们对这一过程的理解。黎锦熙在其《新著国语文法》中认为图解法是一种用来衡量语言学习者对语句理解的极好工具，他说

"图解法底用处，在于使学者直接地敏活地一眼看清复句中各分句底功用、分句中各短语底功用、短语中各词类底功用。画图析句，或主或从，关系明确；何位何职，功用了然。若不用图，则有机的'活句底全体'无从表现，而裔分肢解，成了许多碎片儿零块儿的东西，或者自顶自踵，头目手足，节节考究，顾此失彼；像这样去观看文句，'非徒无益，而又害之'！"（1924：4）无独有偶，Hudson 在谈到用图解法来分析句子时也说到"图解法之所以重要，是因为它能测试你对于句子的理解程度：如果你不懂你所做的事情，你就画不出这样的图来。"（Hudson 1998：X）

所谓图解法，实质就是通过显式的方式将句子中各成分之间的关系和功能表示出来的一种（句法）图式[1]。这样我们可给句法图（树）下一个初步的工作定义：根据句法模型，把一个句子中各成分间的关系显式表示出来的图式，我们将其称为句法图（树）。

Schubert（1986：11）给出了采用树表示句法结构的四个理由：二维的树结构有助于不依赖于词序来表示结构；树结构有清晰明了的特点；无论是在语言学还是计算机科学中，树结构都广为人知；树结构在数学中的历史悠久，已有许多形式化的手段和工具来处理这种结构。

树状结构也有其深远的哲学根源。后现代主义哲学家德勒兹认为柏拉图、笛卡儿、康德都是树状结构思想家（冯俊 2003：11）。司马贺（Herbert Simon）认为层级性是复杂性系统的一种重要属性，"我们之所以能理解世界，是因为世界是层级结构的；或，世界之所以显现出是层级结构的，是因为它的非层级结构的那些方面是我们既理解不了又观察不到的。"（2004：192）更为重要的是，司马贺也认为系统的层级性有助于系统本身从简单到复杂的进化，这一点对语言网络观的形成颇有意义。而司马贺所说的层级性，就是语言学家所说的树形结构（Sampson 2005：

---

1 这是一种几乎通行于世界各地的学习句法的手段（Nugues 2006：10）。

141-144)。Bod(2005)认为无论在高级感知还是认知的建模过程中，树结构都是无处不在的，树结构也被广泛应用于语言学、音乐和视觉感知、推理、学习和问题解决等领域。

本书从语言学的角度出发来探讨语言的计算机处理，寻求语言信息处理的目标，因为我们相信，"计算语言学的重点必须放在语言学上，而不是计算机科学上"(Hellwig 1988b)。

在本章随后的部分，我们将回顾句法树(图)的简史，分析现代依存语法理论创始人泰尼埃的句法树(Stemma)的基本结构，考察几种主要的依存句法模型的图式。在此基础上，提出一种依存句法树结构并给出其形式化表示。

1.2　泰尼埃之前的句法树

在语言和语法教学中，利用图式来表示句子分析结果的方法在世界许多国家都有应用。一般认为，最早的句子结构图式表示出现于 19 世纪中叶的美国[2]。如：S. Barrett 的 *The Principles of Grammar*(1848) 和 *A New Inductive Grammar of the English Language: Founded Entirely on the Principle of Relations*(1859)。美国教学语法中采用句子图解法的奠基性著作是 1875 年由 Alonzo Reed 和 Brainerd Kellogg 编著的 *Higher Lessons in English: A Work on English Grammar and Composition*。Reed 和 Kellogg 的图解法今天仍在使用。

与此同时，在欧洲大陆，特别是德国也出现了许多用于德语和拉丁语教学的句子图解分析方法，如 Franz Kern 的 *Zur Methode des deutschen Unterricht*(德语教学法，1883) 和 *Grundriß der deutschen Satzlehre*(德语句法基础，1884)。Kern 认为句子是"一种靠定式动

---

2 Yngve (1996: 19)认为最早的句法树图出现在 Brown, J. 1840. *An Exegesis of English Syntax*. Philadelphia: James Kay, Jun. and Brother.

词来实现的针对思想的语言表达式"（转引自 Baum 1976：40）。虽然这种动词中心论的观点，即动词比句中的其他词都有更重要的地位，可能来自于洪堡特（2001：108），但 Kern 在自己的图解法里对此观点发扬光大的结果是：他的句子结构图是一棵以动词为根的结构句法树。关于这一点，Kern 自己说得非常清楚："定式动词不像名词、形容词之类的词类，也不是主语、宾语这样的句子成分，它是句子的核心，句子的根，没有了它，句子结构之树（der Baum des Satzes）将不复存在"（出处同上）。请注意 Kern 在提到自己的句子结构图时，用了句子树（德语：Baum），而不是这一时期其他人所惯用的 diagram（英语）或 Diagramm（德语）。单根的树形表示使得 Kern 的句子结构更加接近于现代语言学中的句法树概念。为此，我们将 Kern 称为"句法树之父"，可能并不为过。Kern 也认为"句法教学的目的，说到底，就是学生能够对句子中的每一个词的意义以及词与词之间的关系有一个清楚的了解，检验这种理解的最简单的方法就是画出句子结构的简图。在这个图里，只含有每一个词相应的语法属性（术语），这些语法术语间的依存关系（Abhängigkeit）用线条来表示。线条的下面是从属成分，上面是支配成分……"（出处同上）。

从 Kern 的析句方式看，他非常重视句内词与词之间的关系，并且认为将这些词的语法属性和相互关系用显式的方法标注出来，就是句法分析的任务。这一点，与现代计算语言学中对于句法分析（parsing）的认识极为相似。同时，Kern 也认为他的句子结构树可以用来检验学生对句子的理解程度，也就是说，句法树可以用来表示分析的结果和衡量对于句子的理解程度，这种想法也正被计算语言学家们用在自动句法分析程序（Parser）的评价上。

1.3　泰尼埃的图式

　　吕西安·泰尼埃[3](Lucien Tesnière)，1893 年 5 月 13 日出生于法国蒙圣埃酿(Mont-Saint-Aignan)。1913 年，泰尼埃进入索邦大学，师从 Ferdinand Brunot、Joseph Vendryès、Antoine Meillet 等教授研习语言学。1925 年，在索邦大学获得博士学位，论文题目为《斯洛文尼亚语中的双数形式》(Les formes du duel en Slovene)。期间，也曾游学莱比锡和维也纳大学，受业于新语法学派的代表人物 Eduard Sievers，Karl Brugmann，August Leskien。在莱比锡，他也结识了年青的 Nicolaj Trubetzkoj（特鲁别茨柯依），后来由其介绍，泰尼埃加入了布拉格语言学会[4]。1924 年，进入斯特拉斯堡大学文学院从事斯拉夫语言的教学研究工作。1937 年，转到蒙彼利埃大学任教，研究斯拉夫语言和普通语言学。1954 年 12 月 6 日，泰尼埃在蒙彼利埃去世。

　　泰尼埃是 20 世纪上半期法国著名语言学家，他对语言学的主要贡献是提出了"结构句法"的一般理论。"结构句法"后人也称为"依存语法"或"从属关系语法"。为了提出一种普适的语法理论，他作了大量的语言对比研究，涉及古希腊语、古罗马语、罗曼语族、斯拉夫语族、匈牙利语、土耳其语、巴斯克语等数十种语言。

　　一般认为，泰尼埃是现代依存语法和配价理论的创始人。斯洛文尼亚语言学家 Janez Orešnk 认为，"现代语言学的历史表明，没有哪一个语言学流派可以避开（以这样或那样的方式）使用泰尼埃的思想，特别是他的配价理论。"(Čop et al. 1994：7). 按照德国配价理论学者 Gerhard

---

3 泰尼埃的汉译目前见到的有特斯尼耶尔、泰尼埃尔、泰尼耶尔、特尼耶尔、特斯尼埃等，本文依新华社译名室编的《法语姓名译名手册》(商务印书馆，2000)译为泰尼埃。有关泰尼埃的生平，可参考 Heringer(2003)，Forsgren(2006)，Luraghi/Parodi (2008：224-225)。

4 参见钱军(1998：50)。

Helbig 的说法，与生成语法相比，依存语法是一种相对"开放"的理论。这种开放性，虽然有可能降低理论本身的纯度，但是可以对复杂的人类语言现象进行更好的描写和解释（Madray-Lesihne/Richard-Zappella 1995：87-88）。为了纪念泰尼埃诞生 100 周年，世界各地的依存语法研究者在 1993 年前后，连续召开了多次学术会议，从当时出版的四本书集中（Eichinger/Eroms 1995，Madray-Lesihne/Richard-Zappella 1995，Gréciano/Schumacher 1996，Čop et al. 1994），我们不难验证 Helbig 的说法，不难体会依存语法的多样性和丰富性，不难感受到依存和配价作为语言描写模型的强大能力。

翻开泰尼埃这部近 700 页的巨著，复杂程度不等的句子结构图在书中随处可见。这些图的出现频度，可与黎锦熙《新著国语文法》中句子图解结构的出现频度相比拟。这些图，就是我们所说的句法树，泰尼埃自己把它称为图式（Stemma）。在研究了大量早期文献后，Solomon Marcus 说："泰尼埃是在句法研究中最早使用（依存）图式的人之一"（1967a: 263）。

我们首先引用泰尼埃原作中的有关段落，然后据此理出泰尼埃的句法结构图的一些特点。以下为泰尼埃的有关语录[5]：

"句子是一个有机（有组织）的**整体**，它的构成成分是词。"（1.2，11）[6]

"任何一个词一旦成为句子的一部分，就不再像在词典中那样孤立存在了。一个词和邻近的词之间就会产生一种**联系**[7]，这些联系的全部就构成了句子框架。"（1.3，11）

"联系对于思想的表述是**必不可少**的。没有联系，我们不能表达任何连贯的思想，而只能说出一些孤立的、互不相关的形象和概念。"（1.7，12）

---

5 引语中的强调，是原书中有的。

6 引语后的括号中，前一个带有小数点的数字表示的是章节编号，后一个数字为它在 Tesnière（1959）一书中出现的页码。下同。

7 泰尼埃所说的联系（connexion）就是今天人们所说的依存关系。

"因此，是联系赋予句子以有机(组织)性和生命力，联系是句子的**根本成分**。"(1.8，12)

"造句，就是在一堆不定型的词之间建立起成为一个整体的**各种联系**，从而赋予这一堆不定型的词以生命。"(1.9，12)

"反之，理解一个句子，就是要**找出**联结句子中各个不同的词之间的**所有联系**。"(1.10，12)

"所以，联系这一概念是整个结构句法的基础，其重要性怎么强调都不过分。"(1.11，12)

"结构联系建立起词与词之间的**依存关系**。每项联系原则上将一个上项和一个下项联结起来。"(2.1，13)

"上项叫支配词，下项叫从属词。"(2.2，13)

"一个词可以同时是某个上项词的从属词和另一下项词的支配词。"(2.4，13)

"因此，句子里的全部词构成一个真正的**分层次的体系**。"(2.5，14)

"句子研究是结构句法的主要对象，其本质就是句子结构的研究，所谓结构就是**各种联系的层次体系**。"(2.6，14)。

"原则上，一个从属词只能有一个支配词。而一个支配词可以控制多个从属词。"(3.1，14)

"控制一个或多个从属词的所有支配成分构成了我们称之为结[8] (noeud)的单位。"(3.2，14)

"我们将结定义为由支配词和它的所有的从属词构成的集合。"(3.3，14)

"与联系相同，结也可以进行叠加。这样，就像存在一个联系的层次结构一样，结也有一个层次结构。"(3.5，15)

---

[8] 本书按冯志伟(1983)中的译法，将其翻译为"结"。这样做的好处也体现了泰尼埃的"结"实际上表现的是一种子树的概念。此后凡属于泰尼埃结构树图中的节点，我们都称其为"结"。而其他树中的节点仍叫做"节点"。

　　"由可控制句中所有从属词的支配词构成的结，我们称之为结中的结或中心结。这个结是句子的中心，把不同的单元归结到一个结，可保证结构的统一。"(3.6，15)

　　"一般而言，中心结是动词结。但是，这并不排斥句中的中心结也可由名词、形容词和副词来担当。后一种情况，在会话和文学作品的标题中较为常见。"(3.7，15)

　　"(表示)联系的所有连线构成了句子的图式(Stemma)[9]。图式清楚地表示了联系的层次结构，它不但用图示的形式揭示了各结之间的关系，同时也使得句子的结构成为有形的表示。"(3.9，15)

　　"图式是一种抽象概念的形象表示，这种抽象的概念不外乎就是句子的结构图解。"(3.10，16)

　　从泰尼埃的这些话语里，我们可看到这样一种句子分析过程：寻求句中各词之间的关系，按照层次用图式将句中的所有联系表示出来，如此，便完成了句子结构的分析和理解。在有关 Stemma 的其他段落里，泰尼埃认为：Stemma 有助于言语和语言关系的研究；Stemma 作为在语言教学过程中检验学生对句子理解的工具；Stemma 具有把语法分析和逻辑分析合为一体的优势；构造句子图式时应该从下至上进行等[10]。有趣的是，泰尼埃的著作几乎通篇充满了 Stemma，但是在近 700 页的巨著中[11]，集中专门讨论 Stemma 的内容也就一页多点。读者对于 Stemma 的认识和作用只能通过书中的其他部分慢慢感受和领会了。

　　因为在泰尼埃的 Stemma 中，只有实词才有资格占据结的位置。所

9　泰尼埃在此加注说明，他关于图式的想法起自 1932 年。公开发表的第一个图式出现于他一年后的文章 "Comment construire une syntaxe"，此文发表于 1934 年的"斯特拉斯堡文学院通讯"上。随后他又列举了一些俄罗斯学者在同一时期的类似工作，并认为他们的目的和方法(区分主谓)都与他有所不同。由此可见，泰尼埃本人对此问题的重视。有趣的是，泰尼埃在这里没有提到我们此前列举的美国和德国学者的有关工作。

10　也许这是人类在进行句子分析的时候，采用自底向上策略的另一种说法？

11　这本书中，采用 5 000 多个句子和句子片断作为语言例子，这些例子来自 60 余种语言，书中共有 366 个图式。

以我们可以对一个句子的图式，进行变换操作："在一个句子图式中，如果我们用词的符号表示来替代词本身，就会得到一个不含具体词，只含有符号的图式。我们将含有实词的图式称为**实图式**(stemma réele)，把含有符号的图式叫做**虚图式**(或符号图，stemma virtuel)。"(33.8)虚图式中的符号I、O、A和E，分别表示动词、名词、形容词和副词。这四种语法范畴之间是可以互相转换的，泰尼埃把实词之间的这种语法范畴转换称为"转用"(translation)。

图 1-1 中的三个图式提取自泰尼埃的书中，其中的两句法语句子的汉译为：Stemma 43 "你的小表妹快乐地唱着歌"(votre cousine jeune chante délicieusement)，Stemma 45 "这个老巫婆可怕地眯着眼"(cette sorcière vieille louche affreusement)。

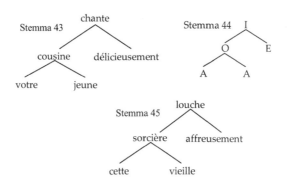

图 1-1　泰尼埃的句法结构实图和虚图式

从这三个图式中，我们可以看出不同的实图可以有相同的虚图，而且用虚图也可生成出新的实图。

1.4　泰尼埃之后的依存树

与生成语法相比，依存语法是一种更为开放的语法理论体系。这种开放性也为相关资料的分析带来了困难。就依存图的研究而言，我们难以避开的问题是配价和依存的关系问题。

配价和依存有着密切的关系，以至有学者几乎将二者等同看待。实际上它们是有区别的。关于这个问题，德国语言学家 G. Helbig 说得非常清楚："依存语法和配价理论（也称配价语法）并不完全相同：一方面，既有不含配价概念的依存语法，另一方面，也有与依存语法无关的配价理论。"（Helbig 2002：126）芬兰语言学家 Tarvainen 对配价在依存语法理论中的作用也进行过很好的概括和总结，他认为："依存是一种将句子描写层级结构的语言学方法。在这个层级里，动词是最高的支配成分，它有一些诸如主语、宾语、状语的下属成分，这些从属成分也可以有自己的下属成分。配价是我们称之为价携带者的动词、形容词或名词，为了完善其句法和语义结构，而与其他成分（补足语）结合的一种能力。用依存的观点看，价携带者是一种支配成分，补足语是从属成分。这样，配价理论就是依存理论的一部分。也可以说，配价理论只研究价携带者的补足语问题，而依存语法则要考虑补足语和说明语。"（1983：13-14）

在我们的体系里，配价是依存语法理论的有机组成部分，所以本章我们原则上不列举那些仅从配价的角度提出的句子模式结构研究以及相关的图式。配价的问题，我们会在下一章讨论。

Hays（1964）和 Gaifman（1965）是两篇被引次数最多的有关依存语法形式化的文章。但在这两篇文章的正文和参考文献里，都没有发现泰尼埃的影子。换言之，他们有关依存语法的观点，没有受到泰尼埃著作的影响。我们会在后面的章节里详细讨论 Hays 和 Gaifman 的依存语法形式化体系，这里只从 Hays 的文章里，引出两棵依存树来观察一番。Hays（1964）在解释了什么是有根、有标记的树之后，给出了一个图样，这使得我们有可能更形象地了解他的依存树的外貌：

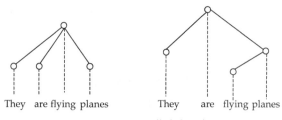

图 1-2　Hays 的依存句法树

图中，树根位于句法图的顶端；实线表示依存联结，位置低的元素依存于位置高的元素；虚线为投影线。Hays 说"如果一个图构造得好，是不应该含有交叉线的，其中也包括实线与投影线的交叉。这种特性就是'投影性'(projectivity)，相当于短语结构中成分的连续性(non-discontinuity)。"(1964)。

从 Hays 的依存树里，我们看到的不再只是泰尼埃认为至关重要的结构次序，而且也有了线性次序的影子。Fraser(1996)认为有三种主要的依存句法结构树的表示方法，如图 1-3 所示。

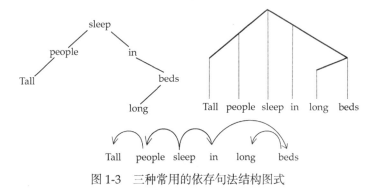

图 1-3　三种常用的依存句法结构图式

这三种树里的前两种我们已经见识过了，第一种相当于 Kern 和泰尼埃的体系，第二种为 Hays 的树型，现在来看看第三种。

虽然第三种表示依存句法关系的图式外形已不再像是一棵树，而是一种用有向弧构成的图，但它和第二种依存树的关系是显见的。我们可以把它视为一种压扁了的第二种树。由于扁平化消除了原有的层次结构，所以采用带有箭头的弧来表示依存或支配的方向，也就顺理成章了。第三种表示方法，大致起源于 Matthews（1981）的句法教科书和 Hudson（1984）的"Word Grammar"（WG），虽然他们两位的图略有差异，但构图的基本原则没有大的差别。

美国语言学家 van Valin（2001）进一步发展了 Hudson 用有向弧来表示依存关系的方法。他将依存关系分为单边（unilateral）、双边（bilateral）和并列。用双箭头弧表示双边依存关系，单箭头弧表示单边依存关系。

意义 ⇔ 文本理论（MTT）是一种分层次的、基于依存关系的语言理论，这里所说的依存结构在 MTT 中属于表层句法分析层（Mel'čuk 1988，Kahane 2003）。英语句子 John often eats red apples 的 MTT 的表层句法树（SSyntR）如图 1-4 所示。

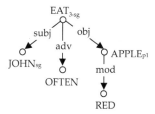

图 1-4　意义 ⇔ 文本理论采用的依存结构树

由此不难看出，MTT 的表层句法表示不是一种投影树，而是一种更接近于泰尼埃的句法树表示。如果单纯从树的角度看，MTT 的句法树基本包含了我们所需要的大部分东西：句中所有的词都在句法树里有一席之地；词间依存关系也被显式标在了代表依存关系的连线上，而且连线的箭头也指明了支配的方向。这是一个规范的二维结构图。

功能生成描述理论（Functional Generative Description，FGD，Sgall/Hajičová/Panevová 1986）是另外一种有较大学术影响的依存语法理论。图 1-5 是从 Hajičová（2000）中抽取的一个 FGD 句法树。图中捷克语 Marie nese knihy do knihovny 的意思是"玛丽正拿着几本书去图书馆"。

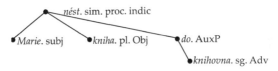

图 1-5   功能生成描述理论中的依存句法树

从 FGD 的树里，我们看到的也是一种类泰尼埃风格的依存树。注意图中的依存关系是标注在每一个节点下面的。因为每一个节点只能有一个支配者，所以节点下面标注的依存关系表示的是这个节点和其支配词间的关系。

完全采用依存概念来对一种自然语言进行完全描述的第一人可能是德国学者 Engel(1982，1992)。图 1-6 是一个提取自 Engel(1992：25)的树图，这个名词短语(die Vermutung，dass er dich belogen hat)的汉语意思是：他对你已经撒了谎的假设。

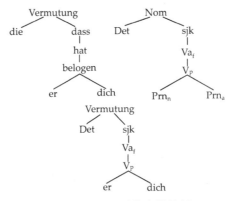

图 1-6   Engel 的依存结构树

请注意：这三个图式是同一句子的不同表示，它不但与泰尼埃的实图、虚图概念相似，而且在一个图中可以出现实词和符号。这一点，倒是与现代计算语言学中基于树操作的某些理论颇为相似(如：DOP 和

TAG），树结构中甚至还含有词汇化的节点。美中不足的是 Engel 的图里没有标出依存关系。不过在基于配价的句法分析理论里，忽略由配价实现后形成的词间依存关系标记的现象，极为常见。就是泰尼埃本人也没有在他的 Stemma 里标出这种关系。这也说明，在这些理论中，词平面的配价和句平面的依存关系结合得并不像人们想象的那样紧密。

　　早在 20 世纪六、七十年代，Heringer 就编著了将依存结构和短语结构合二为一的德语语法(1970)，但 Heringer 用纯依存原则的语法著作当数在 1996 年出版发行的 "德语依存句法"。图 1-7 包含了一条规则，规则对应的句子模式 Stemma 以及词汇化了的依存句法树，其中的德语句子 Die journalisten enthüllen manchen skandal 的意思是：记者们揭露了不少丑闻。

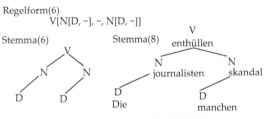

图 1-7　Heringer 的依存结构树

　　本质上讲，Heringer 的句法是一种配价框架驱动的依存句子模式体系。我们会在后面的章节里，再详细研究他的句子模式系统。Heringer 几乎是原封不动采用了泰尼埃使用过的术语 Stemma，当然借过来的不止是名字，而且还有 Stemma 应该满足的条件。从 Heringer 提出的 Stemma 应该满足的条件(1996：39)，我们不难发现它们和前一部分我们所讲的泰尼埃的依存树(Stemma)的特性非常相似。

　　Eroms(1985) 提出，对于依存语法原则的研究不应该局限于动词的配价方面，而应该追求一种整体的句法表示。所谓纯粹依存语法，就是用表示依存关系的连线将句子中的所有词，按照层次联结在一起(1985：307)。

在这篇文章里，作者也提出应该给予句号等标记句子结束的标点符号一种类似词的待遇。也就是说，在句子的依存句法树形图里，要有标点符号的一席之地，特别是对句号这种表示句子边界的特殊符号更不该视而不见。另外，在 Eroms 的树图里，动词不再是句树的根了，现在担当此任的是一个抽象的表示句子的符号 S。Kunze (1975) 也从语言信息处理的角度提出过类似的观点。计算语言学和一般语言学在此问题上的一致性，使得我们有理由相信这是一种可取的策略。Eroms 的这篇文章奠定了他于 2000 年出版的、厚达 500 多页的《德语句法》的基础。按照我们的了解，此书是目前采用依存原则编写的语法书中内容最完善、最详细的一本德语句法教科书。

近年来，世界各国也出现了不少采用依存语法的自然语言处理系统和依存句法树库。

DLT (分布式语言翻译) 是荷兰的一个多语机器翻译研究项目，它采用依存语法来进行源语言分析、目标语言综合以及媒介语的语义、语用消歧。按照该项目语言学方面负责人 Klaus Schubert 的说法，他们所用的依存语法是一种比较接近泰尼埃原意的依存语法。当然，这种相似性，不仅仅是他们使用了泰尼埃原著中一个不被人们注意的词语 Metataxis 来称呼自己的对比依存语法 (Schubert 1987)。

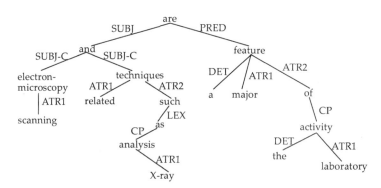

图 1-8　DLT 的依存句法结构树

以上例句选自 Schubert(1987：69)：Scanning electronmicroscopy and related techniques such as X-ray analysis are a major feature of the laboratory activity(扫描电子显微镜以及诸如 X 射线分析之类的相关技术是实验室工作的主要特点)。

Functional Dependency Grammar(FDG)是芬兰赫尔辛基大学的计算语言学研究者在泰尼埃的依存理论基础上，提出的一种面向非受限语言的依存语法理论，目前已有一个实用的英语句法分析程序可供在线使用(Järvinen/Tapanainen 1997，1998)。与 DLT 系统一样，FDG 的开发者们也声称自己的系统继承了泰尼埃理论的许多东西。为此，大家可将图 1-8 的例句输入到 FDG 在线句法分析系统里[12]，亲自试一试 FDG 的能力。比较同一句子的 DLT 和 FDG 树图，我们不难发现二者具有极大的相似性。除了对于并列结构的处理策略有所不同之外，它们几乎没有什么大的区别。这两个树图，也跟泰尼埃图式的作图原理极为相似，当然他们谁都没有采用泰尼埃处理并列结构的方式。另外，二者也都显式标注了词间依存关系。

也有学者采用泰尼埃的虚图构成不同的句子模式，然后将要分析的句子对号入座，从而达到句子分析的目的。Lepage et al.(1998)为我们展示了一个几乎包含所有泰尼埃理论成分的日语对话的语料(树)库。据我们所知，这可能是第一个将"转用"(Translation)概念纳入计算语言学中树库或者句法分析的系统。他们的树图不仅奇在完全采用了泰尼埃的整个理论体系，也在节点上标识了线性次序和节点所管辖的范围。当然，这种做法也可在泰尼埃的著作中找到根据，它是结(noeud)概念的现代实现。这样做不但丰富了树的内容，而且也有利于依存树和短语结构树之间的转换。

---

12 http://www.conexor.fi/demos/syntax_en.html.

1.5　依存树的一般特性和结构

在对依存句法树进行了以上分析之后，接下来的任务是如何从这些形形色色的树里，得到依存句法树的基本属性，并提出我们的依存树模型。摆在我们面前的路有两条：一是从现有的这些树中直接引进一棵；二是取各家之长，从需要出发嫁接一个新树种。应该怎么做呢？要回答这个问题，首先需要回答为什么要构造句法树的问题，构建的树库打算做什么用的问题。

在此前的讨论中，我们已经零零星星回答了这些问题，现将这些看法综合如下：

(1) 句法树是直观的句子形式模型描述；

(2) 句法树是人或者机器对于句子理解的结果表述；

(3) 句法树是语言分析从形式(句法)到内容(语义)的基点；

(4) 句法树是机器自动学习自然语言句法知识的源泉；

(5) 句法树是语言学家研究语言结构的工具；

(6) 句法树是人类学习语言、分析语言的帮手；

(7) 句法树是知识存储、推理的基础；

(8) 句法树是构成树库的基本元素；

(9) 句法树是机器学习的重要组成部分，它的好坏直接影响自动学习的效率和实现。

在考虑这些需要后，我们认为应该采用嫁接而非移植的方法来构造我们的依存句法树。下面是我们认为依存树应该满足的一般条件：

(1) 依存关系是非对称的，是有向的。在类泰尼埃的层级 Stemma 表示中，支配者位于上层，从属者位于下层。如同箭头在 Hudson 的有向弧依存表示中一样，我们也用箭头来表示从支配到依存的有向关系；

(2) 一个节点只能有一个支配者，但是可以有多个从属者；

（3）一般情况下，动词是 S 节点的直接从属成分，其余的节点都应该直接或间接依存于动词节点。在没有动词的句子中，可以不遵守此条原则，但也必须有一个句子成分充当 S 的从属成分；

（4）依存关系应该显式标注在树里；

（5）图式中不能含有循环、多边和回路；

（6）引入 S 作为句子或单棵树的主要支配者，具体操作时以句子的结束标点符号作为 S 的起点。其他所有的节点均从属于 S 节点。每一个图式都只有一个根节点，就是 S；

（7）在一个符合语法句子的依存树里，所有的节点都应该是相连的，不允许存在游离于集体之外的成分。在具体实现或某些应用中，可以允许局部合格的依存树段存在，以提高分析的鲁棒性；

（8）依存树里的节点，应该是一种多标记的节点。它可以含有线性次序、层次次序、支配节点信息、节点的句法范畴及其他必要的句法、语义信息；

（9）如果我们承认依存树中的节点可以是一种涉及句法、语义、语用层面的多标记节点，那么节点之间的关系，也应该采用一种复杂特征的方式来表示各个层面的句法、语义和语用关系；

（10）将依存树分层次表示，有助于区别泰尼埃提出的图式（Stemma）中句法和语义的关系。鉴于本书讨论的主题为句法树，所以这里只提出依存树所具有的这种结构分层次性，对于语义和语用树形结构不做深入的讨论。

为了便于机器自动完成从线性字符串到二维结构（树）的分析、转换，提高可操作性。下面是几条补充说明。

（1）依存关系可以分为三大类：同现的依存关系，两个成分缺一不可；可以省略从属成分的依存关系；并列关系是一种平等的句法关系，是两个支配成分之间的关系。可以采用略有区别的线条和弧来表示这些关系，也可以用不同的名称来做区分。

（2）依存关系依据不同的语言可以不同。在为某个语言构造一部依存语法的工作中，确定这些依存关系是一项主要的工作。这些依存关系的识别是句子分析的重要环节之一，所以应该将这些关系标注在表示理解和分析结果的句法树中。其具体的标注位置，可在表示依存关系的树枝或有向弧上。

（3）允许依存树中出现句法范畴符号。实际上这也是针对依存句法树的产生过程而言的，这有利于采用现代的树语法来生成最终只含终极节点（词）的句法树。

（4）基于依存的句子分析可以视为是一种把虚图变为实图的过程。从这个意义上说，我们认为完全由符号构成的虚图，有符号也有具体的词语的虚实图，只有具体词语的实图，都是合格的依存树。

（5）为了提高模型的普适性，增强它的描写和解释能力，允许非投影结构的存在。即：在我们的依存树里，树枝偶尔是可以相交的。当然，为了提高句法分析系统的效率，应尽可能将结构限定在投影范围内或将非投影结构转为投影结构再处理。

（6）在分析口语等存在众多省略语言成分和其他特殊的语料中，允许在依存树中引入（或恢复）被省略的成分。这也可用于某些指称关系的标识。当然，这应视树的用途而定。

（7）依存语法是一种建立在二元词间关系基础之上的语言理论。如果我们将"词"替换为语言中的其他单位，如词素、短语、子句、句子、句群等，这种基于关系的原则同样还是适用的[13]。

（8）依存语法重视关系的特质，使得人类的语言现象也具备了用普适的网络基本原则解释的条件和可能（Barabási 2002，Ferrer/Koehler/Solé 2004，Liu 2008b）。这对于语言、概念和认知的研究有着重要的意义。

13　依存音系学见 Anderson/Durand(1986)，依存形态分析见 Maxwell(2003)，依存语篇分析见 Villiger(2003)，依存语法在语音合成中的应用见 Koutny(2008)。

综上所述，我们可得出一种较理想依存树的示意图[14]。图中表示句子的线性字符串为 $X_1 X_2 X_3 ... X_n$，它们对应的词类标记为 $C_1 C_2 C_3 ... C_n$，每一个词 X_i 对应的句法和语义属性列为 $F_1 F_2 F_3 ... F_n$，有 $L_1 L_2 L_3 ... L_n$ 种依存关系类型。C 后面几个数字分别表示线性次序，层次和支配词。这是一个不仅节点为多标记的树，而且连接节点的边也是多标记的树。有了这些信息，我们可以用树的方式、类 WG 有向弧的方式来较完整地表示句子的信息。而且可以方便地在这几种表示方式间进行转换。

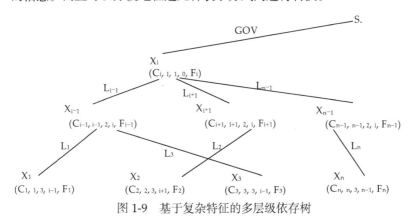

图 1-9　基于复杂特征的多层级依存树

我们也可以将图 1-9 转换为类 WG 的有向图表示:

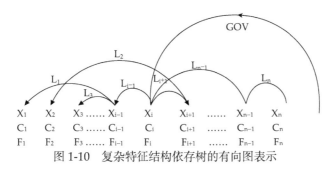

图 1-10　复杂特征结构依存树的有向图表示

---

14 说该图为示意图的缘由是为了表现非投影的概念，某些节点的安排看起来有些凌乱。图中节点和弧的多标记和复杂特征，更多的是一种动态的信息，它们是生成依存树所必需的，但在最后生成的依存树结构中不一定含有这些信息。

此时，有些信息，如线性次序等不再需要显式标出了。从这些表示不难看出，我们的依存结构树(图)是一种基于复杂特征的语法树(图)，树(图)中的弧标识 L 也可以是一种复杂结构。

应该指出的是，上图所示为一种涉及多种语言分析层级的理想依存树。有些信息从局部来看是冗余的，我们仍将其放在图中的目的是为了说明此类信息在一个完整的结构表示中是必要的。由于本书的主要研究领域是句法分析，所以下文中的句法依存树可以理解为以上完全依存树的一种简化版。

本章考察了泰尼埃之前、泰尼埃本人及泰尼埃之后出现的一些依存树的结构，旨在得出依存树的一般结构属性。最后综合各家之长，结合我们的实际需要嫁接出了一种更具普适性、含有更多信息的依存(句法)结构树模型。

在接下来的章节里，我们将研究为了构造这样的依存树，我们需要什么样的语言学知识，这些知识如何表示，如何形式化以及怎么来使用这些知识构树等问题。

第 2 章

配价理论与配价词表

2.1 引言

在第 1 章，我们提出自然语言句法分析的目标是将自然语言句子的线性表示转为一棵依存结构树。为了把线性的字符串转变成二维的树形结构，我们需要自然语言结构的知识以及操作这些知识的策略。词是构成句子的基本单位。在我们的依存句法结构树里，占据每一个节点的也是词。为什么在一个句法合格的句子里，一个位置可以允许某个词出现，却不允许另一种词出现？落实到句子的依存句法树表示上，我们也会好奇：为什么一个词和另一个词在一起时，它就会处于从属地位，而这个支配它的词却又有可能受到另外一个词的支配呢？建立这种词与词之间关系的依据是什么？尽管有多种方式来回答这些问题，但在本书中，我们将试图从词的结合能力来探讨研究这些问题。我们认为，语言中的绝大多数词都有一种潜在的与其他词结合的能力，尽管这种能力的大小因词而异，但这种语言单位的组合潜力是一种普遍存在的现象。词的这种潜在的能力在语言运用时被激活，于是就形成了与具体语境相关的词间句法关系，就形成了一定的句法结构模式，也就形成了前一章提出的依存结构树。如何在语言分析中利用这种结合潜力来形成所需的句法结构树，达到分析的目的呢？首要的任务是将每一个词的这种潜力描述出来，也就是构造一个词表[1]。在这个表里，每一个词与其他词的结合可能性都被显式标记出来。构造此类词表的方法当然不止一种，本书采用的是"配价"方法。按照郑定欧的说法，"'配价'是一个十分重要的句法工具。自上世纪中叶以来提出的种种句法研究的方法无一能离开结构主义的框架，也无一能离开配价的依托。"（2005：109）

英语 valency、valence（价，配价）来自拉丁语名词 valentia（能力）。1852 年，英国化学家 Edward Frankland 发表了一篇有关有机金属化学的文章，将价的思想引入了化学领域。他认为每一种基本物质的原子都有一定的组合能力，因此它们只能和有限数量的其他成分的原子组合。鉴于这一理论的重要性，后人将 Frankland 称为"价之父"[2]。我们没有在 Frankland 1852 年的文章里发现 valency 或 valence 这个词。因此，确切地说，他引入的是价的思想，而不是"价"这个术语本身。按照不列颠百科的说法[3]，这一术语正式进入化学领域是在 1868 年，它表示一种元素的组合能力以及这种组合能力的数值。这一定义中提到的组合能力不但可用拉丁语中 valentia 一词来表达，而且也较好地体现了 Frankland（1852）所用术语 combining-power（组合力）的含义。

本章第一部分讨论"配价"的定义和配价理论研究的一些基本问题。第二部分介绍现有的配价词典的格式以及配价在计算语言学中的应用。最后提出一种有助于生成前一章所提出的依存结构树的配价词表（典）格式。

---

1 我们用"词表"来翻译 Lexikon（德）、Lexicon（英），用"词典"来翻译"Wörterbuch"（德）、Dictionary（英）。二者的主要区别在词表是语法中的一部分，而词典是独立的产品；词表的对象是语言学家，词典则是一般的使用者；词表反映的是语言能力，而词典则重在语言运用。

2 http://www.lancs.ac.uk/users/history/studpages/lanchistory/vicky/frankland.htm 在本书随后的讨论中，我们将"配价"和"价"视为同义词。

3 "valence"：Encyclopædia Britannica from Encyclopædia Britannica Premium Service. <http://www.britannica.com/eb/article?tocId=9074681> [Accessed January 8, 2006].

2.2 泰尼埃与早前的配价研究

虽然泰尼埃被人称为现代配价理论的奠基人，但在泰尼埃 1959 年出版的那本巨著里，有关配价的内容实在不多。"配价"(Valence)是第一部分(Connexion，联系)中的一章(Livre D)，它含有 23 个小节(97~119)，共有 44 页(238~282 页)。在定义了什么是"动词的配价"概念之后，其他的内容大多是谈从零价到三价的动词的。泰尼埃有关配价的主要论述为：

"我们看到(见 50.5 节[4])，动词有不带行动元的，带一个行动元的，带两个行动元或带三个行动元的。"(97.1，238)[5]

"可以把动词比作一个**带钩的原子**，动词用这些钩子来吸引与其数量相同的行动元作为自己的从属成分。一个动词所具有的钩子的数量，即动词所能支配的行动元的数目，就构成了我们所说的**动词的配价**。"(97.3，238)

"应该指出的是，不必总是要求动词依照其配价带全所有的行动元，或者说让动词达到饱和状态。有些价可以不用或空缺。"(97.5，238)

为了更好地理解这几段话，我们有必要再回头看看泰尼埃关于动词的一些论述：

"在大部分欧洲语言中占中心地位的动词结，代表了一出完整的**小戏**。如同实际的戏剧一般，它必然有**剧情**，大多也有**人物**和**场景**。"(48.1，102)

"把戏剧里的说法挪到结构句法中来，剧情、人物和场景就变成了**动词、行动元**和**状态元**。"(48.2，102)

这两种比喻反映了泰尼埃对价的两种看法：原子比喻把句子看做分子，这是一种对句子的形式描述，可视为配价的句法属性；小戏比喻关

---

4 此节内容论述的是有关行动元(actant)的问题。

5 引语后的括号中，前一个带小数点的数字表示的是章节，后一个数字它在 Tesnière(1959)一书中出现的页码。强调为原有的。下同。

注的更多的是句子内容方面的描述，可视为配价的语义属性。因此，配价同时具有句法—语义属性可能是泰尼埃的本意。

另外，泰尼埃也在图式上对动词、行动元与状态元进行了区分。具体做法是以动词为界，行动元都落在左边，状态元都在右边(48.14~15，103)。图 2-1 为法语句子 Alfred parle bien(阿尔弗雷说得好)的结构分析[6]：

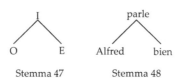

Stemma 47   Stemma 48

图 2-1　泰尼埃关于行动元和状态元的示例图

泰尼埃认为：从语义的观点看，第一个行动元就是行为的主体，即传统语法中的主语；第二个行动元是行为的目标，即传统语法中的直接补足语(宾语)；主语和宾语的区别是语义上的，而在结构上二者都是用来完善支配词的补足语，主语和其他的补足语没有什么不同；第三个行动元是行为的受益者或受害者，即传统语法中的间接补语(宾语)(1959：108-109)。这一段论述除了有助于行动元的确定外，也加深了我们对价的进一步认识，即价不但有量的属性，也有质的区别。回到带钩子的原子的比喻来说，不同的词可能有不同数量的钩子，而且钩子的形状也不一定一样。

以上这些基本上是泰尼埃关于配价的主要说法。从数量上讲，确实不多，难怪总有语言学家对于泰尼埃作为配价理论创立者的地位提出疑义。下面我们来回顾一下在泰尼埃之前的一些学者及他们对于配价的看法。

李洁(1987)写到，"其实，荷兰语言学家格罗特(A. W. de Groot)在1949 年的《结构句法》(Structurele Syntaxis)一书中不仅使用了配价这一概念，而且还系统地描述了建立在配价概念基础上的句法体系。此书

6　图式(Stemma)编号为 Tesnière(1959)一书内的原编号。

受荷兰语之限，鲜为人知。与此相反，泰尼耶尔的理论则引起了广泛的
重视。"相似的表述，后来又多次见于国内其他学者的文章和专著中。正
如 Korhonen 所说的那样（1977：85），发现 Groot 的功劳应该完全归功
于 Engelen。Engelen（1975：27~46）在题为"配价理论的历史"的第 1.3
节里，通过四个小节，分别介绍了 Bühler、泰尼埃、Groot 以及泰尼埃
的追随者们有关配价研究的成果。其中在有关 Groot 一节的开头语中，
可以发现上文所引李洁那一段话的基本内容。另外类似的内容也见于
Tarvainen（1982：2），李洁也曾写过此书的中文书评（1986）。为了说明
自己发现的重要性，Engelen 在书中引用了大段 Groot 著作中的荷兰原
文，并给出了德语译文。但为了更准确地理解原书的内容，我还是请荷
兰语言学家 Marc van Oostendorp 从 Groot 的荷兰语原书中翻译了有关
配价的定义："与其他词类相比，某些词类的运用可能性受到限制，即词
类具有不同的句法价。配价是被其他词所限定或限定其他词的可能性或
不可能性。"（Groot　1949：114）[7] 根据 Groot 有关"价"的定义，我们
隐约感觉到他所说的"价"不同于泰尼埃以及追随者们心目中的"价"，
也许这就是我没有能够在两本被称作现代配价理论研究标准导论性著作
Helbig（1992）和 Welke（1988）中发现 Groot 的缘由。我们认为，Groot
能够被 Engelen 视为"配价"研究先驱的主要理由是他较早地在句法研
究中使用了"valentie"（价）和"syntactische valentie"（句法价）这两个
术语[8]。Groot 认为不但词有"价"，语言中的其他结构也都有"价"；
不但动词有"价"，而且所有其他词类，如：名词、冠词、数词、感叹
词、介词短语等都有"价"。在他的著作中，"价"与如下的词语基本

---

7 为了便于理解，Marc 还对这段翻译作了说明，他说："在荷兰语言学界，一般用 bepalen（限定）来描
　述形容词在语义上对名词所作的限定；如：在 'de man is jong'（那人是年轻的）或 'de jonge man'
　（那个年轻人）中，形容词 jong（年轻）限定了名词 'man'（人）的意义。Groot 将这个术语的应用扩大
　到了其他句法关系"（1999-10-01，电子邮件）。感谢 Marc 的帮助。

8 新近有关泰尼埃的研究表明，泰尼埃（1959）的基本结构形成于 20 世纪 40 年代初期（Heringer 2003）。
　如 Tesnière（1953）实际上是泰尼埃 1943 年的一个讲义，但在这本小册子里，我们已经可以看到其
　理论的全貌了。当然，也包括"价"（valence）这个术语及定义（Tesnière 1953：9）。

是同义词"运用"、"句法运用"、"运用特征"、"句法组合可能性"等。Groot 的这本书属于一个小百科系列，开本比一般的 64 开略大一点，全书共 289 页。上引配价定义出现在第 5 章，这一章的标题为"句法单位的范畴"，主要讨论了语言中的名词、形容词等词组（woordgroepen）的结构。严格说来，Groot 的配价指的是词组中的其他词与中心词之间的一种限定或被限定关系。因此，有学者认为 Engelen 对 Groot 的评价可能有些言过其实了（Ágel 2000：30）。

按照苏联出版的《语言学百科词典》里的定义，"价"指的是"词进入句法结构时跟句子其他成分组配的能力。首次将该概念引入语言学的是科茨年松（Kacnel'son 1948）。"[9] 按照科茨年松 1948 年的说法是"在每一种语言中，完整有效的具体化的词不是简单的词，而是带有具体句法潜力的词，这种潜力使得词只能在严格限定的方式下应用，语言中语法关系的发展阶段预定了这种方式。词在句中以一定的方式出现以及与其他词组合的这种特性，我们可以称之为'句法价'"。40 年后，科茨年松对于价的理解有了一些变化，他说"价可以被定义成一种包含在词的词汇意义中的句法潜力，这意味着这种可与其他词产生关系的能力是由实词决定的。我们用价(结合能力)来揭示那些隐藏在词汇意义里面，需要用一定类型的词在句子中完善词义的东西。按照这种观点不是所有的实词都有价，只有那些本身让人感到表达不完整并且需要完整的词，才有价。"[10](1988)

科茨年松特别强调"价"的"潜在性"。他认为，明显的语法范畴、功能和关系是"通过句法形态来表现的"，而在"词的句法组配和语义中隐含了"潜在的语法范畴、功能和关系。"语法如同一座冰山，绝大部分是在水下的"，为了研究这些潜在的语法现象，"价"作为一种表现潜在的句法关系的手段，便有了特殊的意义。"价"的这种发现潜在语法现象

9 转引自卫志强"语言学百科词典评介"，载《国外语言学》1992(3)：13~16.

10 这两段有关科茨年松的引语均转引自 Ágel（2000：31~32）。感谢 Detlev Blanke 帮我理清了这两段原文的意思。

的能力，使得科茨年松的"价"概念有了普遍语法方面的意义。科茨年松对于"价"在某种语言中的实现也有论述，如谓语动词包含了"未来句子的模型"等说法。科茨年松的这些贡献，使得我们相信 Ágel 对于科茨年松的评价是有道理的：价的这种两重性，即(预设)语法结构和通过潜在范畴来解释现象，使得科茨年松可以名列最现代的配价理论研究者之中(Ágel 2000：32)。

将 Groot、科茨年松和泰尼埃对"价"的定义进行比较，我们不难发现 Groot 与科茨年松所持的是一种"泛价主义"的观点，在他们的定义里，不仅动词有价，其他所有的词都有价。更确切地说，"价"似乎不再只是词才具有的一种属性，而是语言结构的一种普遍属性，"价"差不多就等于词的"价"实现后的句法关系了。我们认为至少在本书的研究框架内，区分词汇平面的"价"和句法平面通过"价"实现后的句法关系，还是很有必要的。但我们对于不仅仅只有动词才有价这一点，是赞成的。说到这里需要澄清一个对于泰尼埃的误解。长久以来，许多学者以为泰尼埃只认为动词才有价。实际上，虽然泰尼埃只在自己书中定义了动词的价，但是从来都没有说价专属于动词，其他词类没有价。更重要的是，泰尼埃在 1959 年书中的 73~77 节，就讨论了名称、形容词和副词句，其中所用的分析和表现手段均相同于分析动词时所用的手段。Engel 写过一篇"对泰尼埃的误解"(1996)的文章，列举了 10 种常见的误解，其中有关动词价的误解位列第七。

Karl Bühler(卡尔·比勒)虽然没有使用过"价"这个术语，但研究配价理论的学者却将他视为配价理论研究的先驱。Karl Bühler(1879~1963)，心理学家，也被人誉为 20 世纪最伟大的三位语言理论家之一[11]。他在这方面的代表作是 1934 年出版的《语言理论》(Sprachtheorie)，此书现已有西班牙语、英语、日语、意大利语等译本。配价理论研究者经常引用

---

11 http://home.edo.uni-dortmund.de/~hoffmann/Reader/Buehler.html.

的是他下面这段话[12]："每种语言中都存在着选择亲缘性；副词寻找自己的动词，别的词也是如此。换言之，某一词类中的词在自己周围辟开一个或几个空位，这些空位必须由其他类型的词来填补。"（1934/1999：173）尽管这里没有用"价"这个词，但是他的这段论述几乎就是当代配价学者对于"价"的理解，如在由 Ágel 等人合编的《依存和配价》一书里[13]，将"价"定义为"一种词在其周围开辟需要填补空位的补足性假设"（2003：XI）。由此，我们不难理解 Bühler 为何会被当做配价理论的真正先驱了。在 Bühler 的定义里，我们可以感受到空位在配价概念中的必要性，同时为了使潜在的价得以实现，必须要填补这些空白。一个词和它的所有空位形成了它自己向往的理想语(环)境，别的词为了与它结合需要满足它提出的空位要求，并能够填补这些空缺。当一个句法语义最小结构所需要的空位都被满足了时，就形成了一个合格的结构，其意义也更加精确和完整。这样，配价理论就可以和维特根斯坦的"用法论"联系在一起了。刘海涛(1993)曾经就维特根斯坦和计算语义学的问题进行过一些探讨，但是一直难以找到"用法论"形式化描述的切入点。从 Bühler这里，我们有望得到长期以来寻求的支点。事实上，上面所引的 Bühler的那一段话的章节(第11节)的标题就是"Kontext und Feldmomente im Einzelnen"（上下文和语境详述）。按照维特根斯坦的说法"一个词的含义是它在语言中的用法"（2001：33），"符号自身似乎是死的。是什么给了它生命？它在使用中有了生命。它在使用中注入了生命的气息？——抑或使用就是它的生命？"（2001：197）我们可以认为，"价"是把词从"死"变"活"的主要力量。更精确地讲，"沉睡"的词通过"价"和其他词结合，在这一过程它不但得到重生，也使自己更加完美。

美国语言学家霍凯特在 1958 年出版的《现代语言学教程》中，也使

---

12 我们在 Groot (1949)里，可以看到比勒的这本书，但 Groot 的引用与其配价定义无关。

13 此书为目前涉及范围最全面的依存语法和配价理论参考资料，分上、下卷，共收有122篇文章，1600多页。

用了"价"（Valence）[14]。他说，"这里提出一个比喻性的术语：'价'。汉语的语素'开'可以说有一种特殊导向的'正价'：它在上下文里寻找某种东西，以便抓住它作为自己的宾语。如第一个句子要寻找的东西就在近边，结构的通常语法要求和'价'的特殊要求同时得到了满足。在第二个句子里，'开'的附近没有任何东西来吸引它的'价'，'开'虽参与通常的结构，但尚未饱和，所以它的'价'要伸展到较远的地方去。"[15] 虽然，霍凯特没有细说价的定量方面的事情，但他关于价的性质的说法，基本上涵盖了价的一些根本属性，如：寻求结合、渴望满足和达到饱和等。

如果我们将目光转向更广阔的与语言学相关的领域，那么第一位将"价"概念从化学中引入语言学的可能是美国学者皮尔士（Charles Sanders Peirce，1839-1914）。1890 年左右，皮尔士在他的关系代数中采用了"价"的概念来分析自然语言[16]。作为一个受过化学专业高等教育的学者，皮尔士对于价的理解也更为深刻，他说[17]：

- 概念的组合非常类似于化学组合；每一个概念具有一个严格的价。
- 具有一定数量开放端子（loose ends）或未饱和键（unsaturated bonds）的化学原子非常像关系（relatives），这些未饱和键对应于关系中的空位（blanks）。
- 述位（rhema）有些类似于带有未饱和键的化学原子。
- 因此，化学中的分子是一个零述位（medad），即一个完整的命题。

为了更形象地说明二者之间的相似性，皮尔士用图 2-2 分析比较了命题 John gives John to John 的构成图和氨水的原子结构图：

---

14 在英文文献中，英国英语中的 valency 用的要比美语中的 valence 更多一些。

15 霍凯特这里所指的第一个句子是：你会开车吗？第二个句子是：那个车我不能开。引文见于 1987 年中文版第 308 页。

16 按照 Burch（1991，1992），皮尔士有关价图的讨论见于他写于 1896 年末的手稿（MS482）《论逻辑图》。

17 这些引语原出自 1931 年出版的《皮尔士文选》，本书转引自 Askedal（1991）。

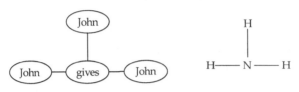

图 2-2　皮尔士的句子结构图和氨水原子结构图

　　从以上表示形式和皮尔士对价的理解来看，我们所说的语言学里的价和他的关系代数中的价极为相似，二者之间最大的不同在于依存语法架构下的价具有一种有向性，这进而导致了依存关系的不对称性。Askedal(1991, 1996)对泰尼埃的价和皮尔士的价进行过深入的研究与比较，有兴趣者可参考。至于皮尔士的价，我们必须将其放到他的整个理论架构下来理解。价分析是与他的存在图(Existential Graphs)密切相关的一种二维分析法。皮尔士认为，讨论概念不能局限于一元关系，必须把多元关系也包括进来。皮尔士把关系的元看做是关系"结合"能力的一个特征，这种能力类似于化学离子的结合能力，关系的元就像离子的价，因此，关系就是一种概念离子。

　　Burch(1991, 1992)对皮尔士的价图思想进行了详细的分析，其中关于价图的几个表达式不仅对于我们理解皮尔士的思想有帮助，而且也为我们进一步研究基于价的概念组合提供了有益的参考。

　　我们对皮尔士的研究多说了几句，当然不仅仅是想把价进入语言学的时间提前几十年，而是另有他意。存在图的重要性直到 1984 年才得到认可，这主要得益于 IBM 公司的科学家 Sowa 在存在图的基础上构建了作为知识表示的"概念图"。目前这种知识表示模式在人工智能领域得到了较为广泛的运用(Sowa 2003)。Sowa 认为，从逻辑上讲，泰尼埃的依存图与皮尔士 1882 年的关系图具有同样的表现力。在自然语言的句法分析方面，Sowa 推崇泰尼埃的依存语法中所提倡的语义驱动的句法分析方法。有关依存关系和知识表示的研究还有 Bröker(1999)，其标题就是"一种耦合不同知识源的依存语法"。Menzel(2003)认为语义网和依存语法的结构非常相似。如果我们将一个自然语言理解系统按照其理解深度来进行分类，那么基于概念和知识之上的处理可能是目前我们所能想象的最高级系统了(Mann 1996，Steimann 1998)。结合这些说法，我们可以形成一个完整的句法—语义—概念(知识)的自然语言处理系统，而依存关系在这三个层面都扮演着重要的角色[18]。

当然，我们还可以在更早的著作里，寻找到一些有关配价、动词中心说的思想[19]。如：12 世纪 Petrus Helias 的有关著作中就有了动词中心说，动词要求的句子成分的数量是不同的，动词的必有成分一般是指名词性的，这些成分是构造一个 perfectio constructionis(完整的结构)所必需的等说法(Seidel 1982)。另外，被誉为是德国 18 世纪最伟大的普通语言学家的 Johann Werner Meiner 也在他 1781 年的著作里明确将谓语(动词)分为：一价动词，二价动词和三价动词，只不过他没有直接使用"价"这个词，而是用了另一个德语词 seitig-unselbständig，但是其实质已基本无异于现代人对动词"价"的定义了(转引自 Ágel 2000：21~25)。事实上，关于动词价的问题，不仅仅见于西方。在我国近现代语言学家的有关论著里，也对动词中心说和动词的分类有过一定的研究[20]。吕叔湘在《从主语宾语的分别谈国语句子的分析》(1946)中就认为"一个具体的行为必须系属于事物，或是只系属于一个事物，或是同时系属于两个或三个事物。……动词可分为'双系'与'单系'……"(吕叔湘 2002：469~470)。

总的说来，Groot 和科茨年松是目前所知的使用"价"这个词的

---

18 在 Figge(1999)提出的一种基于符号学的语言理论中，依存关系也扮演着联通概念、语言和文本的重要角色。

19 Luraghi/Parodi(2008：2)认为，丹麦语言学家叶斯柏森提出的 Nexus(连接式)，是现代欧洲句法理论中依存概念形成过程中的重要一环。有关叶斯柏森的语言学理论，可参考任绍曾编译的《叶斯柏森语言学选集》(长沙：湖南教育出版社. 2006)。

20 吴为章(2004)对此问题有较深入的研究。

最早的语言学家。虽然 Bühler 没有使用"价"这个词，但他对"价"的理解，直到今天仍被沿用。单从"价"的使用早晚来看，泰尼埃可能要晚于 Groot，更晚于科茨年松，虽然他早在 1934 年就把动词比作了小戏，就把动词按照所需行动元的多少进行了分类[21]，可他毕竟没有用"价"这个词。Schubert 用一句话便确立了泰尼埃的地位："在语言学中，他（泰尼埃）既不是唯一一位、也不是第一位使用它（价）的学者，但毫无疑问的是，由于他的著作，这个术语才变得如此广为人知。"（1987：61）

Ágel 认为，泰尼埃对于配价理论的贡献主要在于（2000：45）：

（1）在配价的基础上，发展了一套完整的语法理论。配价是其结构句法理论的有机组成部分。

（2）泰尼埃有关配价的概念和定义，基本上就是现代配价理论研究的中心问题和根本任务。这包括：①配价能力的研究，即：价语（价的携带者）的形式、语义和其他特征的研究；②行动元和状态元的区分，也称补足语和说明语，包括其操作过程；③价和价实现的区分，以及辨别的手段和方法。

我们赞同 Ágel 的这些看法。

2.3 现代配价及依存理论研究概览

我们的讨论仍然从泰尼埃有关"价"的定义开始。在 Tesnière（1959）一书中，他没有明确区分词类范畴与功能、结构与功能、句法与语义等问题。如：在"阿尔弗雷的书"里，"阿尔弗雷的"被认为是一个形容词；"主语"在他眼里不过是动词第一个"行动元"的语义名称而已，"宾语"则无非是第二个"行动元"的语义名称，这样"阿尔弗雷睡觉"中的"阿尔弗雷"，从结构上讲是第一个行动元，从语义上看，就是"睡觉"的主

---

21 Tesnière（1934a：151-155）。请参考脚注 8 及第 3 章中关于泰尼埃理论的介绍。

语[22]；又如他划分词类的方式，也不同于传统的方法。我们在前面说过，他将词分为两大类：实词和虚词，其中的实词又分为名词、动词、形容词和副词。显然，这样划分的基础是语义，而不是句法或形式指标。泰尼埃的这种做法不但招致许多批评和误解（Baum 1976，Engel 1996，Helbig 1996），而且也使他的追随者们在许多时候无所适从，进而导致了人们从不同的角度、不同的层面，用不同的方法，去界定和研究配价问题。

我们认为，应该从"价"在泰尼埃整个理论中的地位来看待这些问题。本质上，泰尼埃的"结构句法"是一种面向分析和理解的理论[23]，而不是面向生成的理论。理解和分析难免会涉及语义。在理解的过程中，虽然我们需要通过形式（句法）来深入到内容（语义），但是语义在分析和理解过程的参与可能是由始至终的。我们可以说句法是自足的，然而，这种基于句法自治的理论在解释自然语言的分析和理解过程时，往往并不理想。这也许就是泰尼埃为什么在说句法是自足的（1959：34），是与语义有区别的同时（1959：40），又模糊二者差别的原因所在。这一点，我们可以从泰尼埃的这一句话得到印证：结构句法同时也是功能句法（1959：39）。由此，任何按照现代形式句法理论指标对于泰尼埃的苛求，可能都是不太恰当的。因为泰尼埃的"结构句法"是一种面向分析和理解的语言理论，是一种语义驱动的功能句法理论。实事求是地讲，在泰尼埃的书里，配价作为一种描写行动元模式的作用，基本上还是停留在传统的有关词格的形态分析层面，也就是说泰尼埃本人并没有将其作为依存句法的理论基础。然而，泰尼埃有关词汇配价和句法依存的思想，为我们奠定了以下说法的根基："配价"的作用

22　按照现代语义学的术语应该叫做"施事"，这里沿用了泰尼埃的用法。他所说的语义大致相当于今天我们说的语法功能。

23　这里所说的面向分析和理解的语法类似于 Heringer（1988）中提出的"接受性语法"（rezeptive Grammatik）概念。

不仅仅在于描述词的某种结合能力，而且是理解和分析的动力，是把语句组成一种有机整体的聚合力。"价"，特别是动词的"价"，是形成句子模式的要素。正是在此基础上，我们才有可能构建一个较完整的、多层级的自然语言分析和理解模型。这也是我们在信息时代对泰尼埃理论的新发展。

另一个有可能导致对泰尼埃基本思想产生误解的原因是，这本篇幅近 700 页的著作是用法语写成的，到目前为止只有德语（节译）、俄语、西班牙语、意大利语和日语的译本[24]，没有英语译本。显然，这不利于泰尼埃学术思想在更广范围的传播。Engel(1996)理出了一些对泰尼埃依存语法的误解，主要有：依存语法是短语结构语法的一种补充；依存语法只能表示词间关系，无法表示短语一级的概念；依存语法就是以动词为中心的语法；依存语法是一种无法进行语言对比研究的语法；依存语法主要是在法国，然后才是在其他国家有些运用；配价只含有动词共现成分的数量；只有动词才有价；行动元是动词的必有从属成分；支配(Rektion)只能用在配价架构里等。实际上，所有这些问题的回答都是否定的。下面我们回到价的确定这个关键问题上来。

在具体确定某个词的"价"时，泰尼埃又采用了三种不同的方式。第一种源于他著名的"小戏"比喻，即：动词是剧情，行动元是演员，状态元是场景，这是一种与具体语言无关的语义指标；按照句子的虚图式结构来看，行动元应该是名词或其等价物，状态元应该是副词或其等价物，这基本剥夺了介词短语作为行动元的可能，但泰尼埃自己又认为，"在某些无格标记的语言里，第三个行动元可以通过介词来标记。"(1959：114)为此，他列举了"阿尔弗雷给卡尔书"的德语和法语图式：

---

24 六种语言版本的页码为：法语(674 页)，德语(400 页)，俄语(654 页)，西班牙语(595 页)，意大利语(432 页)，日语(767 页)。2015 年出版的英译本为 781 页。其他信息，见本书参考文献部分。

图 2-3 泰尼埃对介词作为行动元的分析

　　这两个图式也引出了泰尼埃采用的另一种叫"必有性"的指标，所谓"必有性"指的是为了完成作为支配者的动词的意义，而必需的名词性成分，即行动元，这是与具体语言相关的语义和功能指标。泰尼埃对此做了这样的解释："从意义的观点看，行动元和动词形成了一个整体，或者说，为了完善动词的意义，他们是不可分离的。如：在句子 Alfred frappe Bernard（阿尔弗雷打了班纳）中，缺少第二个行动元的 Alfred frappe 就是错误的。反之，状态元就其本质看却是可选的，如：句子 'Alfred marche'（阿尔弗雷散步）就是自足的，无需说明他和谁一起散步，也不用说他散步的原因。"（1959：128）

　　泰尼埃"小戏"的说法很生动，已成为讨论动词中心说和配价问题时的一种经典比喻。"小戏"的说法也可以很容易地把泰尼埃的理论和现代认知科学和人工智能领域里的"脚本"和"框架"理论联系在一起（Askedal 2003：92）。但这其中也隐含着问题，如：演员和场景要不要区别，怎么区别？同是演员，要不要区分主角和配角？场景需不需要进一步细分？其他难以用"小戏"来比喻的词类，它们的配价又怎么处理呢？

　　所有这些源于泰尼埃原作中的不一致和跨越多个语言结构层面的对"价"的界定方式，在为后人留下了发展空间的同时，也埋下了争论的导火索。在这一节里，我们简要总结一下现代"配价"研究的一些主要成果和问题[25]。

　　谈起依存语法和配价理论的研究，人们常说：它诞生在法国，但发

---

25 Weber（2001）较系统地介绍了依存语法及相关理论在 20 世纪后半叶的发展，可参考。

展壮大在德国。说泰尼埃对法国语言学界没有影响是不确切的，他的著作被众多的法国语言学家引用，但遗憾的是一般只是作为一本语言学的经典引用而已，基本没有人深入挖掘这本巨著的内涵，更谈不上进一步的发展了。已故法国计算语言学家 Maurice Gross 所创立的《词汇语法》，在我国一般被认为是一种配价语法（刘涌泉、乔毅 1991：143-150），但国外的研究者认为他的《词汇语法》和泰尼埃的著作基本没有什么联系。我们查阅了 Gross 的代表作（1975），在 414 页的书里，只有一处提到了泰尼埃（p. 34），而这一章的标题是"生成语法"。Gross 自己也在一篇回忆法国早期机器翻译研究的文章里，明确提到 Bloomfield、Chomsky 和 Harris 对其研究方法的形成有很大的影响（2000：329）。Gross 没有沿着依存和配价的路子走下去的主要原因，可能源于他 1964 年的一篇文章。在这篇文章里，他认为："依存语言精确等于上下文自由语言"（转引自 Fraser 1994）。虽然后人已经证明他的这种说法有问题，但那已经是多年以后的事了[26]。近 10 年来，这一状况得到了一定的改善，如在 Madray-Lesihne/Richard-Zappella（1995）编辑的泰尼埃诞生百年学术纪念文集中，大多数文章就是法国学者用法语写的。在计算语言学界，在巴黎七大的 Sylvain Kahane 努力下，出版了有关依存语法研究的文集（Kahane 2000）并在巴黎召开了首届 MTT（意义 ⇔ 文本理论）国际会议。这种学术思想的回流，将有助于泰尼埃的学术思想在自己祖国的进一步发展。另外，值得一提的是斯特拉斯堡大学的 G. Gréciano，他不但编辑了重要的依存语法文集（1996），而且对于依存和配价理论也有较深入的研究（1996：159）。

　　许多人把依存和配价理论在德国发展的原因归结于短语结构语法在处理德语时所表现出来的无能为力，当然这指的是 20 世纪六、七十年

---

26 按照冯志伟先生的说法，当他 20 世纪 70 年代末在法国学习计算语言学时，是 Gross 建议他阅读 Tesnière（1959）一书的。后来冯先生在自己的 MT 实践中，采用了依存语法理论，并撰文向国内同行介绍了这种理论（1983）。

代的短语结构语法。第一部试图采用依存原则来描写德语语法的是 Heringer(1970)。Heringer 在自己的语法中采用的是一种将短语结构和依存关系组合起来的形式化模型，这使得这本著作很难理解，但一般认为他的这部语法可以归到依存语法里来。经过 20 多年的努力，Heringer 的依存语法已经发展成为一种纯粹的依存语法，易读性也大有改善，在他 1996 年的语法书里，我们再也看不到短语结构的影子了。另外，在 Heringer 等人编写的句法教科书(1980)中，首次将依存语法进行了较完整的形式化处理，建立了一种依存语法的形式化模型。

　　20 世纪 60 年代后期，在东德的莱比锡和西德的曼海姆产生了两个研究配价理论和依存语法的团体。莱比锡的领军人物是 Gerhard Helbig，他和 Schenkel 于 1969 年编辑出版了史上第一部动词配价词典，此后，他们又编辑出版了形容词配价词典(1974)和名词配价词典(1977)。除了发表大量的文章之外，莱比锡学派也出版了一些有关配价的论文集，Helbig(1992)和 Welke(1988)两本著作被认为是研究配价理论的入门必读书。Helbig 作为著名的语言学家，也写了几本语言学(史)方面的教科书，Helbig(2002)是这方面的最新版本。这些被广为使用的教科书对配价理论的普及起到了积极的作用。可以说，莱比锡学派的贡献主要在配价理论和配价词典的编撰方面。

　　曼海姆的核心是 Ulrich Engel。虽然他们也编辑了德语动词的配价词典，但是这一学派的主要贡献在于研究并实现了用依存的原则来全面描写一种语言主要结构的思想。这一方面的代表性成果是 Engel 的两部德语语法(1982，1992)。1980 年，Engel 将依存语法的经典著作 Tesnière(1959)翻译成了德语，虽然不是全译，但仍有助于人们对于经典著作的学习和研究，并进一步推动依存理论在德国的发展。

　　莱比锡和曼海姆的一个共同之处是将配价理论视为一种对外德语教学(Deutsch als Fremdsprache)的利器。无论是最早出现的莱比锡德语配价词典(1969)，还是最新的曼海姆的德语配价词典(2004)，以及这 35

年间出版的各类配价词典，均强调了此类词典在对外德语教学领域的作用。在此基础上，产生的语法必然也带有强烈的对外德语教学色彩，如Rall/Engel/Rall（1977）一书的名字就叫做《用于德语作为外语的依存与动词语法》。

德国研究配价理论的学者，不全集中在这两个地方。事实上，配价理论研究在德国算得上是遍地开花。Baum（1976）是目前研究泰尼埃理论起源的最好著作。Eichinger 发表并编辑过一些有关配价理论的著作。Emons 写过两本有关英语配价的著作（1974，1978）。Eroms 发表过大量有关配价的文章和著作（1981），他编著的"德语句法"（2000）也是完全建立在依存原则之上的，反映了德国学者在这一方面研究的新成果。Happ（1976）讨论了构建拉丁语依存语法的一些基本问题[27]。Peter Hellwig 在自己的博士论文里（1978），创立了一种基于配价概念的自动意义分析方法，今天这种思想已经发展成了依存语法的代表性理论之一——"依存合一语法"（2003）。Jacobs（1994）虽然篇幅不大，但对于配价理论产生了不小的影响。Kunze 等人从机器处理的需要出发，发展了一种面向语言信息处理的依存语法（1975，1982）。Lobin（1993）专门研究如何在依存的框架下处理并列结构问题，是值得一读的专著。Koch 是德国的罗曼语学者，他用依存和配价原理来研究罗曼语族语言，颇有心得，编辑了相关文集（1991），还有研究法语动词配价的专著（1981）。另外，Koch 也是研究泰尼埃提出的 Metataxe[28]概念的专家（2003）。Teubert 的特长是研究名词配价（1979，2003）。Werner（1993）是研究泰尼埃的"转用"理论最全面的著作，这本书使得我们对泰尼埃的理论有了更完整的了解。

---

27 David Bamman 等人构建了拉丁语和古希腊语的依存树库。两个树库及相关文档可在 http://nlp.perseus.tufts.edu/syntax/treebank/获得。

28 这一部分内容位于 Tesnière（1959）一书中的第 283~319 页，是"联系"这一部分的最后一章。按照著名翻译理论家 Newmark 的说法，这40页构成了宝贵的翻译理论（2001：32）。这也是 Schubert（1987）一书的理论基础。在日语译本中，这一术语被翻译为"变列"。

　　除了按照依存语法原则编写的德语句法书之外，也有一些用德语写成的有关依存语法理论的一般性（导论性）著作。其中最有名的要数 Weber 发表于 1997 年的著作，此书可视为 Tesnière（1959）的浓缩精华本。

　　配价理论研究的另外一支力量，是遍布欧洲，特别是北欧的日耳曼学者。挪威的 Askedal 从多种角度探讨了配价问题，他研究泰尼埃 "配价和依存" 的文章（2003），值得每一位研究依存和配价的学者阅读，他关于美国符号学家皮尔斯和泰尼埃的比较研究（1996），对更深入地认识依存和配价的普遍性具有很大的指导意义。他也用挪威语出版过一本 "配价语法"（1979），介绍现有各家的配价思想，其中有两章是关于句模和助动词配价的，颇有新意。芬兰学者 Korhonen 研究的虽然是配价的历时问题，但是他的两本有关配价和依存的著作（1977/1978），覆盖面广，内容丰富，引用资料翔实，直到今天还是许多研究者的案头必备。芬兰的另外一位学者 Tarvainen 也有许多相关的文章和著作，其中最为出名的是一本有关配价和依存语法理论的教科书（1981），此书也有芬兰语的版本。瑞典的 Nikula 对配价与语义、语用的关系有深入的研究，他也用瑞典语写过一本 "依存语法" 教科书（1986）。匈牙利学者 Ágel 不但参与编辑了那本题为《依存和配价》的重要著作（Ágel et al. 2003），而且也写了一本名为《配价理论》的著作（Ágel 2000）。近年来，南欧国家和东欧国家的学者也加入到配价研究的行列中来了，如 Engel/Meliss（2004）和 Stănescu（2004）就是反映这种趋向的两本配价理论研究文集。

　　日本的自然语言处理研究者在许多系统中采用了依存语法作为句法模型，但在语言学界有关依存语法的专论却不多见，儿玉德美（1987）是我们所知的唯一一本这方面的专著，当然前提是我们不把在日本大学任教的德国学者 Thomas Groß（1994，1999）的研究考虑在内。儿玉德美的著作严格说来是一本论文集，全书共九章，其中的四章主要介绍 Hudson 的子依存语法（Daughter Dependency Grammar）和词语法，两章介绍依存语法的一般原则和方法，还有一章简单分析了用依存语法来处理汉语的可能性，其余两章和依存语法的关系不大。这本书的贡献不在于为日本读者提供了一本含有"依存"字样的专著，而在于它讨论了依存关系和语言词序类型的问题，并用日语和汉语的例子进行了说明。赵顺文(1996)为一篇用日语写成的博士论文，全文618页，在介绍配价理论的主要成果后，较详尽地分析了日语主要词类的配价。管山谦正编辑了一本有关 Word Grammar 的论文集(Sugayama 2002)，所收录的文章均为英文，七篇文章中有三篇的作者是日本学者。2007年，由小泉保主持翻译的泰尼埃的"構造統語論要説"在日本出版，这是泰尼埃(1959)的第二个全译本。同一年，小泉保(2007)也出版了自己从依存与配价理论探讨日语的格及句子模式的专著。

　　用英语出版的有关配价理论的著作不多，最有名的要算是 Allerton(1982)了。Anderson 的两本著作(1971，1977)虽然从书名看都有"格语法"的字样，但和我们大家熟知的 Fillmore 的"格语法"不是一回事。Anderson 的"格语法"是一种结合了依存和格的理论，他的理论对 Starosta 的 Lexicase 和 Hudson 的 Word Grammar 都有过不小的影响。Anderson(1997)是其格语法的新发展。Anderson(2006)从更广泛的角度研究了基于格概念之上的现代语法。Fischer(1997)虽然是一本用英语写的著作，但采用了 Engel 的框架来进行德—英动词的比较，对于不懂德语的人来说，这是不错的参考资料。另外，Fischer(2003)收录了不少实际应用配价的文章，值得一读。Somers(1987)一书的标题为"计算语言学中的价和格"，他认为价和格是两个紧密相连的概念，这一点说得很贴切，因为配价理论的两本导论性经典著作 Helbig(1992)和 Welke(1988)的书名都含有这两个词。Somers 的书里，介绍了有关价、格的主要流派和方法，以及它们在计算语言学中的一些应用，但是并没有形成一套完整的理论和方法。Herbst et al.(2004)是第一部真正意义上的英语配价词典。这本词典所收词类不但有动词，也有名词和形容词。Herbst 及其合作者，近年来异军突起，不但编辑出版了上面所说的这本英语配价词典，而且也在著名语言学出版社的著名语言学书系里，出了一本有关配价研究最新成果的文集（Herbst/Götz-Votteler，2007），还与人合作写了一本基于配价的句法分析教科书（Herbst/Schüller，2008）。

按照陆俭明为沈阳主编的《配价理论与汉语语法研究》（2000）一书所作序言中的说法，中国语言学界引入配价语法理论的时间始于 1978 年（朱德熙 1978）。20 多年来，汉语语法学界、对外汉语教学界、中文信息处理领域的研究者，已经发表了有关配价语法理论的各类文章数百篇[29]。因此，可以说"配价语法研究已经成为汉语语法研究的热点之一。"（陆俭明 2000：1）国内已出版了几本有关配价理论的论文集（沈阳、郑定欧 1995，袁毓林、郭锐 1998，沈阳 2000），也有一些专著面世（袁毓林 1998，易绵竹 1999，陈昌来 2002，2003，徐峰 2004）。配价问题也逐渐成为一些学位论文的题目（杨宁 1990，丁加勇 2003，杜克华 2003，项开来 2000，徐先玉 2002，周统权 2004）。无论是从数量还是质量上讲，国内的配价理论研究者都做出了一定的成绩。蒋严（2005）认为近 20 年来，汉语语法界所说的配价理论借鉴吸收了法国和德国配价语法、依存语法、欧美形式句法中的格语法、题元理论和论元结构理论的不少核心内容，对汉语的句法语义结构特别是汉语独有的特殊结构和超常搭配做了大量深入的发掘、描写和分析，并据此在理论上有所创新。我们同意他关于国内汉语界的配价理论是一种多源理论的说法，限于主题和篇幅，本书在此不对国内学者有关配价的研究进行详细的总结，因为吴为章等人的文章已对国内配价研究作了很好的综述（2000a，b，王伟丽 2000）。

国内外语界的学者，在译介国外，特别是德国配价理论方面做了不少工作，这对于国内学者了解国外的研究现状和路向是非常必要的（冯志伟 1983，韩万衡 1992，1994，1997；李洁 1986，1987；袁杰 1991，张

---

[29] 我们以"配价"作为关键词，在中国知网 CNKI 的数据库中，检索到 323 篇期刊文章（1980~2009），其中 237 篇是 2000~2009 年间发表的，也检索到 60 篇硕士学位论文，12 篇博士学位论文。（检索时间：2009 年 5 月 2 日）

烈材 1985，朱小雪 1989，华宗德 2004）。在冯志伟（1999）的专著中有关于"从属关系语法"和"配价语法"的专门章节（共 22 页），胡明扬（1988）中也有 Tesnière（1959）的选读约 15 页。冯志伟（2004）的第 8 章为"基于依存语法的自动句法分析"（32 页），介绍了依存语法与配价理论的基本概念，以及依存语法在机器翻译中的应用。应该看到国内在配价理论研究方面也有一些不足[30]：对于具体问题和细节考虑不少，而系统性和整体性方面的研究略显不足；在配价理论研究的传统领域——语言教学方面，也研究得不多；配价词典的编写还没有提到议事日程，虽然已有一些尝试（詹卫东 2000），与国外相比还是有一定的差距；配价理论虽然有独立存在的权利，但一般认为它是依存语法的一个部分，这方面深入研究更少。总的说来，国内目前对于配价的理解更多的是把它视为一种语言结构的分析方法，即陆俭明所说的，"利用动词与不同性质名词之间的配价关系来研究、解释某些语法现象，这种研究、分析手段，我们就称之为'配价分析法'，或简称为'配价分析'；由此而形成的语法理论就称为'配价理论'"（2003：123）。沈家煊（2000）也有类似的说法，他认为，"'配价'研究的目的是从谓语动词和相关名词性成分组配上的限制来说明句子的合格性。"韩万衡在分析了汉语配价研究的状况后，认为"汉语配价研究中的种种问题，理论不足最为要害。"（1996：19），他的说法似乎有些道理。按照我们的理解，国内配价研究不能说是没有理论，而可能缺乏的是一种基于配价的完整的语法理论。

近些年来，也有一些在国外研习语言学的学生，把自己学位论文的题目定在用配价理论来研究汉语，如 Cheng（1988）和 Zhao（1996）就是两部不错的用配价来研究汉语动词的著作。朱锦也用德语发表了几部对比德汉配价的专著，对于德汉两种语言在动词、名词及形容词的配价进行了详尽的对比分析（Zhu 1996，1999，2000，2004）。但遗憾的是，这

---

30 韩万衡（1994，1996）对于国内配价研究存在的问题做了较为深入的分析。

样的著作还是太少了。

在简短的历史回顾之后，等待我们的是具体问题了。我们先来考察一些有代表性的配价定义。

Helbig 认为，价指的是动词及受其支配成分之间的抽象关系；句法配价是指动词在其周围开辟一定数量的空位，并要求用必有或可选共演成分（Mitspieler）填补的能力。（Helbig/Schenkel 1978：49-50）

Heringer 对于价的说法是：动词要求或接受某种（特定的）类型补语的特性。动词打开了补语进入的空槽。有三种价：定量价（补语的数量），定性价（补语的形式），选择价（补语的意义）。（1993：303，1996：62-65）

Engel 将价视为一种词类的子类的支配能力（1982：110）。什么叫做词类子类的支配能力呢？顾名思义，这种能力不是整个词类所具有的，如：动词可以支配副词，这是众所周知的，所以动词的这种能力不叫价。但是，有的动词可以支配一个名词，有的却可以支配两个名词，这两种动词显然不能归到同一个子类里，这种子类支配能力就是价。

Allerton 认为价是动词（或名词等）与其他句子成分的特殊模式组合的一种能力。这种词汇—句法的特性包含下列因素及它们之间的关系：某一词类的不同子类，这些子类所需的不同的结构环境，构成这些环境的元素在数量和类型方面均有变化等（1982：2，1994：4878）。

Ágel 的定义看起来更深奥一些：属于动词范畴的（相关）语言符号，由其潜在的行动元所决定的能力，这种能力可预定句子的语义和句法结构（2000：105）。实际上，这个定义只是 Ágel（2000）第一页里关于配价的那一句话的细化："词，特别是动词，预定了句子的结构。" Ágel 认为这种思想就是配价，一种最容易理解和使用的语法思想。

Bondzio 则认为价是词义的一种特性，是词义开辟了一定数量的空位，这种空位就是价。价体现的是一种逻辑语义关系（转引自 Korhonen 1977：99~100）。我们可以看到他的这种定义有些类似于科茨年松后期的观点。持类似观点的还有 K. Heger 和 Welke。

Fischer 说"价是语言单元的一种能力,使用这种能力,它可与其他特定的单元构成更大的单元。虽然,价是一种独立于依存的概念,但我们可以将一个词的价定义为它所属词类的子类具有的向下依存关系之能力。"(1997:1)这个定义的前一句话,说明了价是一种普遍的概念,而且不仅仅是词才有价。后一句话,基本上是 Engel 关于价的另一种说法。

第一部英语配价词典(Herbst et al. 2004)对"价"是这样定义的,"如同原子一样,词也不是孤立出现的,而是要和其他的词组合形成更大的单位:可以和这个词一起出现的其他成分的数量与类型是语法的一个非常重要的部分。又如原子一般,词用这种方式和其他词结合的能力可以用一个术语'价'来表示。"(第 vii 页)

位于德国曼海姆的德语研究所(IDS)在最新推出的德语配价词典 VALBU 中,将配价分为句法配价和语义配价。语义配价被认为是动词意义的一种属性,它是一种将具有一定属性的人或物联在一起的手段;句法价指的是动词的一种属性,它决定了可出现在动词周围的语言成分的数量和类型(Schumacher et al. 2004:25)。

Hudson 在自己的"词语法百科"中,对"价"的描述是这样的:"'价'这个术语是欧洲传统中的依存语法的一部分。它涉及一个词所期望的依存关系,在所谓的'配价词典'里列出了数以千计的词(特别是动词)的所有可能的价模式。说一个词有什么价,指的是它与其他词'结合'的方式。本术语一定包含所有的补足语和所有的主语(即'价语'valents),并肯定不含说明语(状语)。"(Hudson 2004)

布斯曼的《语言学词典》给配价下的定义是"一个词素(如动词、形容词、名词)预先确定其句法搭配的能力,即根据语法特性规定其他成分在句子中的条件。"(2003:586)

Matthews 将配价视为"动词或其他词汇单位所需或特别许可的句法成分的范围。一个必需的成分称为必有价,特别许可但不是必需的称为可有价。"(2000:394)

H. Helbig 从知识表示的角度为价下的定义是"为了获得情景的完整描述,而需要其他成分(filler)来填补和满足的论元位置或期望(即人工智能中的 slots)。"(2006：90)

华宗德给"配价"下的定义是"动词等实词作为'配价载体'在自身周围开辟一定数量空位的能力。这些空位由补足语来填补,以确保句子结构的平衡。换言之,配价是受配价载体,主要是指动词支配的一定种类补足语的数量。"(2004：1)这一定义基本涵盖了大多数德语学者对配价的看法。

表面上看,价的这些定义差别不小,但将价理解为一种词的结合能力大致不会有什么问题。事实上,导致这些配价定义不同的根本原因,是研究者按照不同的知识背景、相异的研究方法和不一样的用途对泰尼埃的原著进行解读。例如,莱比锡学派受乔姆斯基形式语法理论的影响,追求的是句法层次的价,他们的配价理论的主要用途在语言教学领域,其研究基本上与依存语法关系不大。Nikula(1986：110)和 Welke(1988：14)都指出了 Helbig 的莱比锡学派以及东德配价理论研究(包括 Welke 自己)和乔姆斯基标准理论(1965)的密切关系。在这一点上,他们与 Gross 的"词汇语法"倒是有共同之处。而 Engel、Eroms 和 Heringer 等西德的配价理论研究者们,是将配价理论作为依存语法的一部分来研究的,虽然他们也编写配价词典,但是他们的最终目的是在配价的基础上构建一部完整的德语语法。

由此看来,人们对价的理解远没有达成一致的意见,而且可能永远也不会有一致的看法。在语言学研究中,这是一种很正常的现象。我们认为把"价"归到句法—语义范畴是比较符合泰尼埃的本意的。为此,我们比较赞同吴为章(1993)的观点："任何句法的'向'都是'形式—意义'的结合体,它是逻辑—语义的'向'在具体语言结构中的实现,是因语言而异的,是有确定的数量的,是有序的。语法学引入'向'的目的既然主要是为了说明动词的支配功能以及句法和语义之间的复杂关系，那么它对'向'的解释，就应当是'句法—语义'的。"这段话，基本符合我们对于"价"的理解，即确定"价"时，语义是本源；实现"价"时，句法是关键。

　　Helbig 早在 20 世纪 70 年代就提出了配价的研究应该是分层次的，他将配价分为逻辑配价、语义配价和句法配价。这三种价分别对应如下三种配价模式：逻辑语义配价模式是用深层语义格来分析论元[31]，目的是确定其数目与类型；语义配价(特征)模式用于描写动词的语义环境；句法配价模式的任务是描写价携带者的句法环境。后来，受语言学中语用和交际研究的影响，人们又引入了配价的语用解释。正如 Helbig 自己指出的那样(Helbig 1992：7)，多层次的配价解释使得人们对配价现象有了更深入和全面的理解，但许多问题仍有待解决，如：不同层次价的精确含义是什么，用什么方式来限定不同层面的价？不同层面的价之间的关系如何？它们的结合点在哪里？这种将配价分层次进行研究的观点，得到了不少研究者的认可，如在 Heringer 对于配价的定义中，我们可以看到相似的思路。多层次在加深我们对于配价理解的同时，也带来了新问题。由于对这些问题的理解不同，其结果必然呈多样态势。Storre(1992)比较过相同的动词在不同的配价研究者手里的分析，结果发现这些分析间存在着巨大的差异。类似的看法也可见于 Welke(1988) 和 Ágel(1993)。有学者将此称为配价理论的危机(Ágel 1993：4)。Jacobs(1994)的篇幅只有 78 页，却在配价理论界引起了不小的震动。Jacobs 认为导致配价研究危机的主要原因正在于没有一致的、统一的关于配价的定义。我们可以从两方面来看待 Jacobs 的批评：一是配价理论确实需要统一的原则和方法，这对学科的发展无疑是有好处的；二是配价理论是一种开放的理论，出现百花齐放、百家争鸣的局面是正常的，只要这种方法确实能够解决研究者各自的实际问题就行。实际上，所有

---

31 Argument, 也译作"向"、"主目"、"变元"、"项"等。

这些方法都可以在泰尼埃的"小戏"定义中找到理据，是人们对于小戏定义的不同诠释而已。这些不同层面上的东西，显然不可能纳入到一个统一的框架下。Jacobs 将现有确定配价的方法作了很好的总结，虽然他的本意可能是要发现方法蕴含的矛盾和不足，但这些细化和精确化了的指标对于深入理解配价的性质和确定配价的具体操作都有较大的价值。从这一点上讲，Jacobs 不是在"解构"配价理论，而是在"共建"配价理论(Helbig 2002：151)。

Ágel(1995，2000)提出了一种新的配价观。他认为应该区分配价潜力和配价实现，前者是词典中的动词所具有的一种能力，而后者则与动词出现在句子中的句法、上下文和其他因素有关。动词的价可以预定句子的语义和句法结构。关于此，他也有一个形象的比喻"配价是一颗定时炸弹，它存放在词典里，但却在语法中爆炸"(1995：2)。据此他引出了配价理论的几个基本问题(2000：105)：(1)有关价携带者的问题；(2)价携带者具有的潜在的行动元能力；(3)价和语言结构，即价的结构实现问题，价的语法实现的形式和类型；(4)价的语法实现的形式和类型在语篇中的(不)可实现性和(不可)实现的条件，即配价在具体语境中的实现。前两个是配价潜力研究的基本问题，后两个是配价实现中的基本问题。按照这个观点来看，先前大多数有关配价的研究都是集中在配价潜力研究上的，所以 Ágel 也将配价潜力简称为"配价"，可见上文所引Ágel 关于"配价"的定义。Ágel 也指出配价的语法实现不能直接从动词的配价潜力中推导出来，因为还有其他一些因素，如上下文和说话者的意图等，都会限制配价潜力的具体实现。配价实现的类型和形式不但随语言而变，也随同一种语言中不同的结构而变(1995：3)。

Van Valin(2001)介绍了不依赖于某个具体理论、而重视语法关系的一些句法概念和语言句法分析手段。按照 Van Valin 的说法，价指的是一个头词(head)所具有的从属词的数量。动词的价指的是它所需要的补足语的数量。由于句子中的补足语可以从句法和语义两方面来考虑，所以我们可以把动词的价分为句法价和语义价。前者指的是动词必有的补足语数，后者指的是与此相应的语义角色的数量。动词的语义价也可称为"论元结构"。动词的句法和语义价数不一定相同。

按照 Helbig 的说法，对于所有的配价理论研究者，不论他的研究路向是句法、语义还是语用和认知，如何区分补充成分（E）和说明成分（A）都是他们的中心问题（2002：146）。这里的补充成分就是我们前面沿用泰尼埃的行动元，说明成分就是状态元。意义 ⇔ 文本理论（MTT）的奠基人之一 Mel'čuk 在自己的一系列著作中，采用了 actant/circumstantial 这一对术语。理由不仅仅是由于泰尼埃使用了 actant，而在于，actant（行动元）可以强调三种不同层面的行动元的对应关系，避免在语言学中进一步引入 argument、term 之类的术语的多义性，保证其他术语原有的专指性和特指性（2004）。从术语学的观点看，Mel'čuk 的说法无疑是有道理的。Helbig 认为不但应该区分补足语和说明语，还应该区别必有补足语和可有补足语。而动词的价数由必有补足语和可有补足语的数目相加而成。必有补足语可用删除法来确定，具体做法是依次删除一个句子里每个成分。如果删掉某个成分后，句子的结构依然正确，则说明所删成分不是必有的；如果删掉后句子的结构不正确，那么删掉的成分就是必有的，即：必有补足语。经过删除法处理后的句子里，最后剩下的成分就是这个动词可以支配的必有补足语的数量。删除法删掉的成分可统称为可有成分，它是由两种性质不同的成分构成的：可有补足语和说明语。因为在计算动词的价时，要用可有补足语，所以有必要把它和说明语分开。Helbig 也采用还原法来识别说明语，但效果不太理想（Helbig 1992：72-107）。

我们在上面已经看到，Engel 把价理解为一种子类的支配能力。所以他对于补足语和说明语的看法也有别于其他学者。他认为补足语和说明语的差别在于，补足语只是某个词类的子类所具有的，而说明语则属于整个词类。必有成分是语法上不可缺少的成分，而即使没有也不会产生不合语法句子的成分就属于可有成分。必有成分必然是补足语，而可有成分则不然，既可以是说明语，也可以是补足语。而可有成分到底是说明语，还是补足语，只能由它们的支配者来决定了（1982：112~114）。

　　Hudson（2005）回顾了"adjuncts"（说明语）和"complements"（补足语）100 年的历程，认为说明语是一种缺省的从属成分，所谓补足语这个术语则没有必要存在，我们常说的动词的补足语实际上是一种子补足语（sub-complements），一般由头词来决定。当然，Hudson 的说法有一定的道理，但应该将其视为一种 WG 框架下的研究。抛开 WG，一般人很难理解这种区分。

　　总之，补足语和说明语的判定，可有补足语和说明语的区别，对于配价词典的构造都是一种考验。因为我们的目的是利用词（类）的配价来作为构建依存句法树的知识源，所以如何避开争论，从应用出发，寻求可以解决问题的方法，可能是更急迫的任务。

　　此前我们说过，直接采用源于欧洲传统的配价理论来研究英语的著作不多，即便有，要不是跟德国（语）有着密切的关系，就是英国的语言学家所为。就连配价（valence）这个术语，在英美出版的语言学著作和工具书中，也很难看到。如果配价是人类语言的一种普遍属性，为什么美国语言学家对此却置之不理呢？实际情况是，有关配价现象的讨论在美国语言学家的著作里，大多以其他术语现身，如：subcategorization、complementation、government、argument structure 等[32]。限于主题和篇幅，我们的讨论主要围绕次范畴化（subcategorization）来进行。什么是次范畴化呢？按照 Sag/Wasow/Bender（2003）一书后所附术语表的说法，次范畴化的定义是："为了形成完整的短语，短语中的头词（Lexical heads）必须和其他的成分进行组合，可以依据这些成分的数量和类型来区分头词。按照词的价（valence）或组合潜力，每一种语法范畴都可划分

---

32 Luraghi/Parodi（2008：197）认为，在美国，在该用 valency 的地方大多用的是 argument structure（论元结构）。

出一些次范畴来。如果谈及的是动词(或其他类型的头词)的次范畴化，我们指的是对它可以与之组合的短语类型的限制。"在同一术语表中，我们看到价的定义为"词和短语的组合潜力"。(569，570)这个定义有些抽象，冯志伟给次范畴化下的定义就要好懂得多了，"次范畴化特征是对词汇范畴进行再分化的一种特征。例如，动词范畴的次范畴化特征，就是该范畴在形成一个句子时所欠缺的所有范畴的集合。借此可以把动词分化为不及物动词和及物动词。如果是不及物动词，它要形成一个句子还欠缺主语，所以它的次范畴化特征就是主语；如果是及物动词，它要形成一个句子还欠缺主语和宾语，所以它的次范畴化特征就是主语和宾语的集合。"(1995：46)Kaplan(2003)认为，句法的基本问题是刻画语义层面的谓词论元关系以及一种语言中用来实现论元关系表层的词与短语配置之间的关系。按照与其组合的短语的数量和类型的不同可区分谓词的种类。这种句法属性称之为谓词的"价"。所有具有相同价的动词形成了整个动词词类的一个子集。因此，价常常也被视为是"次范畴化"属性，并且对价的要求也被称为"次范畴框架"。由这些说法，我们基本可以看出次范畴化和配价间存在密切的关系。简单说来，次范畴化揭示的正是头词与其补足语之间的关系。从乔姆斯基本人在 1965 出版的《句法理论面面观》开始，次范畴化在 GPSG(广义短语结构语法，Gazdar et al. 1985)、GB(支配和约束理论，乔姆斯基 1993)、HPSG(头词驱动的短语结构语法，Pollard/Sag 1994)、LFG(词汇功能语法[33]，Bresnan 2001)、TAG(树邻接语法，Joshi/Schabes 1996)、CCG(组合范畴语法，Steedman 1996)等理论中都有使用。因此，我们有理由说配价在美国语言学界也是广为关注的一个现象，只不过人们习惯于用另一套术语对它进行讨论罢了。

---

33 LFG 在中国有两种译法：一是"词汇功能语法"，二是"词汇函项(数)语法"。这固然与英文的 Functional 是一个多义词有关，而这两个意义都是 Bresnan 本人所希望的。她说"f—结构含有(语法)功能，这是将其称为'functional'(功能)结构的理由之一。但叫这个名字的另一个原因是，从数学上看，f—结构是一个 function(函数)。"(2001，第 4 章)

应该指出的是，配价之于依存语法和次范畴化之于短语结构语法还是有区别的。配价概念是我们所说的依存语法的核心，而次范畴化对于短语结构语法而言更多的是限制其过强生成能力的一种手段。随着基于短语结构语法在句子分析方面应用的增多，次范畴化作为一种判定句子的合法性和限制解释的有效手段也越来越引起了人们的重视。二者都可以作为一种合格性的判定手段，次范畴化注重的是句法结构的完整性，而配价关注更多的是语义的完整性。由此，我们认为二者的区别主要在于：配价揭示的是一种意义层面的关系，而次范畴化更重视的是句子表层的关系。这一点，从下一节所列举的配价词典（表）格式也可以看出。但研究次范畴化框架对基于配价的依存语法是有意义的，因为次范畴化重视的句子表层结构(线性顺序)正是传统的依存语法或配价的句法实现所需要的。虽然次范畴化和配价的语义和句法区别正趋于模糊，以致许多人已经把二者当作同义词来使用了。但我们认为次范畴化主要还是用在句法领域，它相当于句法价。按照我们的理解，配价的性质应该同时包含语义本源和句法实现两方面。换言之，配价包括句法价和语义价，次范畴化类似于前者，论元结构方面的研究则与后者相似[34]。

在结束本节的讨论之前，有必要理一理我们对"配价"的理解。价是词的一种属性。语言中的绝大多数词在自己的周围都有一些空位，词处于孤立状态时，这些空位是不可见的，是潜在的，但是当这些孤立的词进入句子和实际的语境中时，空位的作用就显现了。依据词(类)的不同，它们的价的作用也会有所不同，但是有一点却是相同的，词的空位决定了它可以和什么样的词结合。换言之，价不但可以用来指导句子的生成，也可以用来检验句子是否合乎语法。在句子生成时，句子的中心词，一般为动词，首先可以通过价来定出句子的结构和所需的成分空位，然后由其他符合条

---

34 H. Helbig 与我们的这一看法基本相同(2006：92)。

件的词来填补空白。在句子分析和理解的过程中,利用含有价信息的词典,得到句中每一个词的价信息,也就是一支支带有空位的树枝,然后我们根据可形式化的策略和方法将这些分离的树枝组合成完整的句法结构树,从而达到分析理解的目的。概而言之,我们认为,词的所有空位形成了该词的一种潜在的与其他词(类)结合的能力,在这种一般被称为"价"的力量的驱使下,每一个孤立的词在进入句子和实际语境时,都具有完善自我、与别的词结合、实现自身 "价"值的愿望。

另一个值得思考的问题是,为什么在提到配价的时候,人们首先想到的总是动词? 尽管诸如名词和形容词的配价也有学者在研究,但是动词无疑是配价理论的主角。研究表明,语义相关的动词是成组或按照模式的类别记忆的。在形成一个具体的表达时,同一模式中的每一个词都需要相似的语义角色和限制。句子模式的存在有助于语言的理解和生成。而动词就是形成句模的核心元素。动词和补足语的关系可作这样的理解,动词的出现是补足语出现的先决条件,反之则不成立。在面向句法的配价理论里,"价"蕴涵的只是一种句子的生成能力,而在面向语义和语用的配价解释里,"价"的生成潜力就扩展到了情景层面,具有场景模式和语境模式的生成能力。

关于动词的作用[35],在配价理论的大本营德国,学者们有这样一句话:"动词,如同在黑暗中开启的一盏明灯,照亮了一片天地。"[36] 张今从语言起源的角度,探讨了(原始)动词的作用,提出了"动词中心生成机制"。他认为原始动词是主语和谓语融合在一起的单位,反映的是一幅画面,一种生活场景。此后,随着交际的复杂化和人类抽象思维能力的加强,才有了其他以点明和突出这个原始动词所反映的画面或场景中的行为的

---

35 有关中国学者在此领域的研究,见吴为章(1994, 2004)。配价理论研究历史表明,东西方学者对动词的重要作用都有较深入的认识。这一点似乎与一些社会心理学家的研究有所不同,如尼斯贝特(2006)认为西方人重名词,而东方人重动词。

36 源于 Heringer 1984 年的一篇文章,参见于 Ágel(2000: 7) 和 Helbig(1996: 47)。

主体、客体、工具、方式、时间、地点、结果、目的、原因、程度、特征等的成分（张今、姜铃 2005）。

　　所有这些使得基于配价的依存理论更容易映射到当代计算语言学中常用的其他语义和知识表示框架。Hausser（2006）提出了一种面向人机交流的自然语言交际模型"数据库语义学"（Database Semantics），这是一种旨在揭示自然语言交际的计算模型。构成数据库语义学的基本单位是命题元（proplet），在数据库语义学中，语言理解、生成与思考均通过命题元的组合操作来完成，而这种操作本质上就是一种基于配价的组合活动。这说明配价在言语交流的动态模拟方面也起着关键的作用。

　　通过本节的讨论，我们感到配价研究在许多方面还有待于进一步的发展。没有统一的理论和方法既是问题，也是希望。在目前这种情况下，配价词典或配价理论的研究应该是一种应用导向的研究，具体方法需与理论应用的方向密切结合。

2.4　配价词典（表）的格式和框架

　　从上一节的讨论中，我们知道配价理论的研究者们对于不少有关配价的基本问题，甚至就配价的定义还没有形成一致的看法。但在大的方面，大家基本都认可配价是词的一种潜在能力，这种能力体现于开辟在其周围的空位，其他句子成分填补空位的过程就实现了词的"价"值。大家争论的是如何确定这些空位的类型，哪些空位是算作价的，哪些不能算，哪些是必有的，哪些是可有的，以及如何来区分它们。这些争论对理论研究来说可能都是有必要的，但对面向应用的研究来说，却不一定都要弄个一清二楚。为什么这么说呢？因为在有的应用中，一些东西是没有必要区分，没有必要细究的。所以我们将不再继续讨论这些一时半会难以搞清楚的基本问题了，因为目前这样的分析已经能够达到我们"取百家精华，构自己体系"的目的了，现在可以转向考察配价研究的产品——配价词典了。

  世界上第一部配价词典的作者 Helbig 总结了构造配价词典条目的六个步骤(1992：153~155)：(1)分析动词对应的谓词的逻辑语义结构，找出形成完整谓词结构的可词汇化论元的数量；(2)标出动词具有的语义特征；(3)为动词标示语义格，也就是为第一步得到的那些论元赋予明确的语义角色，如：施事、受事、地点、工具等；(4)对可词汇化的论元进行语义指称分析，并进行诸如[±Anim]，[±Hum]，[±Abstr]之类的语义特征标识；(5)处理从语义层到句法层的映射问题，要考虑两种情况：一是按照句子的功能成分，如：主语、宾语等，二是按照句子成分的形态表示，如名词是什么格，介词短语的类型等，这是对行动元(补足语)的定性描述；(6)给定词项行动元(补足语)的定量描述，也就是给出动词项的价数，应区分必有和可有补足语。Helbig 提出的确定配价的六原则模型，不但对于配价词典的构造具有重要的价值，而且对于配价词表的建设也具有重要的参考价值。由这六个步骤，我们不难看出在构造某种语言的配价词典(表)之前，我们要对动词进行细致的分类[37]，要有一个语义格关系表，要有区别名词性成分的一套语义标记，此外也要一套适合该语言的句法关系集。现在我们来看一个具体的例子(Helbig 1992：167-168)：

wohnen(Er wohnt in Köln/am Bahnhof)(他住在科伦/火车站)

I.Ｒａb 语义空位的数量：2

II. (a)与配价有关的谓词特征：[+静态] [+关系][–对称][+外表][+地点]

  (b)与配价无关的谓词特征：[+位置] [+房屋] [+固定]……

III. 语义格：

 a 状态拥有者

 b 方位格

---

[37] 陈昌来(2003)将现代汉语动词分为 5 大类、11 中类、24 个基本类，为现代汉语动词的分类研究奠定了基础。

IV. 名词的语义标记：

    a   [人类]

    b   [+具体]，[−无生命]，[+固体]；[地点]，[建筑物]……

V. (a) a   Subj

       b   Adv

  (b) a   Sn

       b   pS

VI. wohnen$_2$（句法价）

在曼海姆最新推出的德语配价词典 VALBU 中（Schumacher et al. 2004），含有 638 个动词，这些词均选自 "Zertifikats Deutsch"（ZD，德语证书）词表。该词典不仅详细地给出了词项的句法和语义配价，也提供了形态、构词、被动、熟语、问题等方面的信息。与其他配价词典相比，VALBU 具有更好的可用性。每个词项不仅含有该词的句法、语义配价信息，而且也包含了其他有助于正确使用该词的信息。每个词项下列出了它的所有义项，但不同的义项又分别进行了处理，这既便于查找，又利于表现差异。词项首先对各义项有一个简单的释义，这样的安排，更有益于那些多义项词的查考。一个义项一般有这样一些描写项目：SBP 为句法价，直译为"造句平面"，列出了该词在该义项下的句法价要求；BED 为义项的详细释义，一般会有一个例句，例句中方括号里的成分为说明语；BELR 部分详述了可担当句法价各成分的语义要求以及句法实现手段，每一种用法都有例子相伴。PASSK 给出了该义项能否构成被动态的信息，如能，则给出形式；WORTB 为读者提供了该词项名词化和形容词化的信息。总的说来，这本历时 10 余年的配价词典不但吸取了配价词典编撰几十年来的经验，也采用了词典编撰的一些新技术，如大部分例子取自语料库等，可算是面向外语教学的配价字典的代表之作，值得后来者仔细学习和研读。

Herbst et al.（2004）是第一部真正意义上的英语配价词典。与此前的配价词典相比,这本词典有这样一些特点:它是德、英等国语言学家合作的产物,这就使得它可以继承传统德语配价词典的优点;它是一种综合性的配价词典,所收词类不但有动词,也有名词和形容词;它是基于语料库的配价词典,词典编撰的依据是 COBUILD 的 Bank of English,几乎所有的例句均取自该语料库;可能是目前收词最多的配价词典,收有 511 动词,274 个名词,544 个形容词;词典的针对性强,明确了为外国人学英语服务的目标;由世界最著名的语言学出版社之一 Mouton de Gruyter 出版。词典含有这样一些信息:

- **配价模式**(Valency pattern)给出了一个词,或更确切地说是一个具有特定意义的词的出现语境;
- 当一个词出现在一个特定的模式下时,它的**意义**是什么;
- 哪些其他的词可以出现于这些模式当中,也就是词的**搭配范围和语义角色**;
- 模式在意义、搭配范围和使用频率方面的差异。

将上面四条具体化,就有了一个词典项的四个部分(区域):

- 补足语区域(只有动词有):含有动词补足语的信息,每一个义项均单列一套,包括主动、被动句时所需的最少和最多的补足语信息;
- 模式—例子区域:列出词项的所有配价模式,并举例说明;
- 意义注解区域:有关补足语的语义搭配的属性;
- 习用短语区域(只有动词有):列举该词项作为头词的相关习用语。

在非计算语言学家的配价理论和依存语法著作中,Heringer 的理论应该是形式化程度最高的了。他的第一部德语语法(1970)就是以难懂出名的,后来他又对依存语法的形式化理论进行了详细的研究(1980),1996年的"德语依存句法"一书代表了他在这一领域的最新研究成果。此书秉承了 Heringer 的一贯风格,严格的形式化描写,非常利于机器处理。下面为其语法中的词项形式(1996:42):

表 2-1　Heringer 依存语法中的词项格式

词形：*übermitteln* [⋯]（通知，传达）	
词汇范畴或词汇规则：V_val_!nom_dat_!akk	
框架：① _nom　　[[HUMAN, AGENS, ⋯]] 　　　② _akk　　[[PROPOSITION, daß-子句/w-子句，⋯]] 　　　③ _dat　　[[HUMAN, RECIPIENS, ⋯]]	
情景：交际 交流	角色：发送者 接收者 内容 载体、媒介
意义：ACT_COMMUNICATE_PERFORMANCE 等。	

在这个架构里，我们不仅看到了本词汇所属的词汇框架（范畴）和每一个补足语的语义要求，而且也有词汇所属的情景框架和此框架内的角色，另外也给了词汇一个语义类属定义。

配价具有普适性。对不同语言中的词汇进行对比研究，不但具有理论意义，也有实用价值。配价的对比研究对语言本体的研究，对语言教学的实践，对自然语言处理系统（如：机器翻译）的实现，都有较大的意义。要对比研究不同语言的配价，当然首先要有被对比语言的配价结构模式和词的配价描述。目前可见的几种配价对比研究（词典或语法），大多采用的是曼海姆学派 Engel 的模式。这些研究程度不同地涉及了德语、英语、法语、意大利语、西班牙语、俄语、波兰语、塞尔维亚语、保加利亚语、罗马尼亚语、波斯语、芬兰语、丹麦语、匈牙利语、阿拉伯语、汉语、日语和韩语。Fischer（1997）不但为我们提供了德英动词配价对比研究的一些数据，其方法也值得借鉴和参考。他从 Engel（1992）中提取出了 59 种德语的配价结构模式，自己总结出了 39 种英语的配价结构式[38]，并对这些结构进行了比较。由此可以看出配价结构模式在配

38　这一数字基本和 Allerton（1982）得出的 31 种相当。

价研究中的地位，但只有配价模式是不够的，人们必须把这些模式和具体的词连接在一起，而这就是由词典（表）来实现的。表 2-2 为词条 glauben 与 believe（相信）。

表 2-2　德英对比配价词典格式

glauben<sub aub akk v dat>	believe<sub drt>
glauben <sub akk v dat>	believe <sub drt>
sub [FER; hum/inst]	sub [FER; hum/inst]
akk [PAT; intell]	drt [PAT; intell]//INFO; hum/inst]
dat [INFO; hum/inst]	
Oliver glaubt seiner Freundin.	Oliver believes his girlfriend.
glauben <sub akk sit>	believe <sub vrb>
sub [FER; hum/inst]	sub [FER; hum/inst]
akk [PAT; hum/inst/geg]	vrb [PAT; akt/stat]
sit [POS; loc]	
Sie glaubt ihn in Paris.	She believes him to be in Paris.

在这个表里，我们看到的仍然是配价词典的三要素：配价结构模式，补足语的语义角色和语义属性。另外，不同的义项所对应的配价结构模式不同，需要在词表里单立一项。

Functional Generative Description（FGD，功能生成描述）是布拉格功能主义语言观在信息时代的反映，它是由 Petr Sgall 等人创立的一种形式化的语言理论（1986，2003）。它是一种多层级的依存语法理论，配价在其理论中占有核心的地位。按照 Hajičová/Sgall（2003）的说法，"如果将依存视为一种基本关系，那么词汇单元的句法特性就可以依据其可有或必有的从属成分来进行描述，这种描述可包括词汇组合的限制，它们与句子表层结构的关系等。……广义的配价框架包含了所有的补足语和说明语，狭义的配价框架只考虑补足语和那些必有的说明语。"多年来，布拉格大学的这些研究者们不但从理论上证明了 FGD 的可行性和精确性，而且也据此构造了许多可运行的自然语言处理系统。他们发布的 The Valency Lexicon of Czech Verbs（VALLEX 2.5，捷克语动词配价词表，2007）收有 4250 个捷克语动词，可能是目前最大的面向应用的配价词表了。除了语言研究的一般用途外，Vallex 还可用在自然语言处理的下列领域（Lopatková 2003）：（1）保证语料库（PDT，布拉格依存树库）配价结构指定的一致性；（2）有助于自动句法分析。如没有配价信息的帮助，一个句法分析器就很难区分下列两个句子的句法结构 He began to love her. 和 He forced her to walk；（3）配价词表有助于生成输入句子的语义结构表示；（4）有助于通过自动的方式来构造名词配价词典。

在 Vallex[39]中，图中的词项（word entry）为含有某一动词所有义项的抽象单位。词项由一系列非空的框架项（frame entries）构成，其中每一项对应一个义项。框架项包含配价框架本身的描述、意义的解释及其他附加信息。配价框架是由一些框架槽（frame slots）构成的，每一个槽表示该动词要求的补足语。槽是由其函子（functor，即句法语义关系的名称）和可能的形态形式来表现的（Lopatková/Panevová 2005）。Žabokrtský（2005）详细描述了该配价词表的理论基础和实现细节。

Lexicase 理论的创始人 Starosta 认为，"语法就是词表。一个词与语法有关的属性都在其词汇矩阵里得到了描述。这些属性限定了词可以出现的'环境'，这里的'环境'不仅仅指的是线性环境，也包括分层次的依存环境。"（1988：38）尽管 Starosta（1988）对"价"还没有一个明确的定义，但是下面来自化学的比喻，已经比较深刻了，他说"上下文属性作为词汇表示的组成部分使得短语结构规则没有继续存在的必要。上下文属性类似于一种原子价，它申明哪些词可作为从属者依附到给定的词身上形成被称为'句子'的分子。上下文属性既可属于句法，也可属于语义和词法。"（1988：56）在 Starosta（2003）中，我们终于看到了"配价"在 Lexicase 理论中的定义"Lexicase 里的大多数词类都用了一种或

---

39 详见 http://ufal.mff.cuni.cz/vallex/。

多种上下文属性来标识，这就限定了它们的价（valence）。价属性表明了该词和其他词的组合潜力，这包括必需和可选的依存连接、线性前于等要求。事实上，每一个词都包含了一个词序列是否合格的条件，只有字符串中的每一个词能够成为其他词的支配者或从属者，而且每一个词的价被满足时，这个短语才是合格的。"

从 Starosta 的这段话里，我们不仅仅重温了"价"是原子属性的说法，更重要的是通过价的能力，原子可以形成分子。这也是我们基于词配价的自然语言处理系统的理论依据，即价是一种词汇属性，它反映了词与其他词组合的潜在能力。我们研究价的目的是实现这种能力，任何事物只有在使用中才能体现自己的价值，价也不例外。通过对词的潜在能力，"价"的实现，我们可以得到更大的语言单位，并且可以从句法、语义乃至语用角度来检验字符串是否合格，为什么合格。

图 2-4 是 Lexicase 对英语句子"Children like pets"进行分析后的一种表示（Starosta 2003：535），由此我们可以看出线性顺序在最后的句法分析结果中是有反映的。如，我们可以清楚地知道 like 是动词，其线性顺序为 2，支配两个位于 1、3 的名词。当然，我们也可以进一步在词汇矩阵里，标上其他属性，如表示语义格的关系、其他句法信息等。

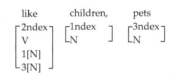

图 2-4　Lexicase 的句法分析表示格式

显然这些表示是具体语句实例后的结果，但是我们更关心的是如何在词表中表示这些没有实例的属性，特别是如何用词汇项来表示和判别线性关系。下面的例子是一个日语后置词 *kara* 和英语前置词 *from* 的表示方法（Starosta 2003：544）：

(1) *kara* [@ndex, P, +sorc, ?[N], ?[N]<@]
(2) *from* [@ndex, P, +sorc, ?[N], @<?[N]]

其中未被实例的词位置用@表示，所需成分 N 用? 引入，注意对所需成分的位置是用<来限定的。假如现在要分析、识别一个日语字串 gakkoo kara 和一个英语字串 from school，那么经过实例后的[1]、[2]就变成了：

(3) *gakkoo* [1ndex, N]
　　kara 　[2ndex, P, +sorc, 1[N], 1[N]<2]
(4) *from*　 [1ndex, P, +sorc, 2[N], 1<2[N]]
　　school　[2ndex, N]

完全满足结合的条件，故输入字串是合格的。

如何来用词汇规则判定英语中 Det、Adj 和 N 之间的顺序是否合乎语法呢？如果我们所用的字串是 old the house。在词表中，作为中心词或支配者的 house 有如下格式：*house* [@ndex, N, ?[Det], ?[Adj], ?[Det]<@, ?[Adj]<@, 2[Det]≤?[Adj]]

依据词表对输入字串进行分析，得到如下结果：

house [3ndex,N,2[Det],1[Adj],2[Det]<3,1[Adj]<3,2[Det]≤1[Adj]]

old [1ndex,Adj]

the [2ndex,Det]

因为，2 不小于 1，所以输入字串不合格。

MTT（Meaning-Text Theory，意义 ⇔ 文本理论，Mel'čuk 1988）是一种分层次的、基于依存关系的语言理论。在大多数理论中，词表是附属于语法的，是一种帮助语法来检验句法合格性的东西。而在 MTT 中，语法成了词表的附属，或者说词表和语法共同形成了意义 ⇔ 文本的模型，词表构成了整个模型的基础(Mel'čuk/Polguère 1987：265)。

MTT 中的词典叫做 ECD(Explanatory Combinatorial Dictionary，解释组合词典)，该词典的内容非常丰富，对它的完整介绍显然超出了我们主题[40]，下面我们只从中抽取一些与本章关系密切的内容介绍一下。在ECD 中的一个词项含有以下三个主要的区域：语义区、句法区和词汇同现区。下面的词项例子选自 Mel'čuk(2003a：123)：

词项：Blame，动词

语义定义：individual X blames individual Y for Z.(某人 X 就某事Z 责怪某人 Y)。

因为这个动词可用于两种结构之中：X blames Y for Z 或 X blames Z on Y，所以它就有两种支配模式(Government Pattern，GP)[41]：

[to] Blame, GP1			[to] Blame, GP2		
X	Y	Z	X	Y	Z
I	II	III	I	II	III
1. -subj→N	1. -dir.obj→N	1. -obl.obj→for N 2. -obl.obj→for Vger	1. -subj→N	1. -dir.obj→N	1. -obl.obj→on N

John [=I] *blamed the minister* [=II] *for the deficit* [=III] <*for having forgotten his duty* [=III]>.　　*John* [=I] *blamed the deficit* [=II] *on the minister* [=III].

图 2-5　MTT 的解释组合词典格式

ECD 中词项的支配模式(GP)是我们最感兴趣的部分，它通过一个二维的矩阵表把词项的语义、深层句法和表层句法层面的行动元空槽以及这些层面的空槽的关系清晰地呈现在我们面前。这对于配价从语义层到句法层的实现非常有用。GP 的作用与次范畴化有些相似，但却包含了更多的内容。

Word Grammar 是英国语言学家 Richard Hudson 提出的一种语言

40　可参看任小波(1992)，Mel'čuk(1987，1988，2003，2004)

41　图中的表示方式与目前真正的 ECD 中有所不同，ECD 中在 GP 图中的第三行只标出了词类，而没有标出关系。另外，我们也略去了词项的 Lexical Function(词汇函数)部分。

理论(1984，1990)。我们来看一个 WG 处理动词 put 的例子(Hudson 1990：264)：

PUT

PUT isa verb.

stem of PUT =<put>.

whole of ed-form of PUT = stem of it.

NOT: whole of ed-form of PUT = <put> + mEd.

sense of PUT = put.

PUT has [1-1] object.

PUT has [1-1] adjunct-complement.

NOT: PUT has [0-0] complement.

type of sense of adjunct-complement of PUT = place.

referent of adjunct-complement of *PUT* = position of sense of it.

referent of object of *PUT* = put-ee of sense of it.

　　虽然 WG 的描述方式大家一下子还难以适应，但构成配价的要素基本都齐备了。

　　法国计算语言学家 Gross 的"词汇语法"(Lexicon-Grammar)也是一种围绕词汇，更精确地讲是围绕句子模式来做文章的理论。按照 Gross 自己的定义，"词汇语法是由一种语言的基本句子组成的。我们没有把词作为附带语法信息的基本句法单位来用，而采用了简单句(主语—动词—宾语)作为词典项。即一个完整的词典项是由一个简单句加上相应的分布和转换属性构成的。"(1984：275)在一个词汇语法的二元矩阵中，每一行为一个动词项，每一列为一种句子的结构模式。如果一个动词可以进入该句子模式则用一个"+"来标示，否则用"－"标示。Gross 和他的同事们用 50 个平均大小为 200 × 40 的子矩阵对 10000 个法语动词进行了细致的描述。这些子矩阵就构成了一部词汇语法。在词汇语法的系统里，如果两个动词具有完全相同的行标注，那么这两个动词就属于同一类。经统计，10 000 个法语动词属于约 8 000 类。如此之多的动词类别，一方面说明词汇语法在描写词汇属性时的精确性，另一方面也说明自然语言的复杂性。Gross 认为如果对描述指标进行扩展，可以做到每一个动词的句法模式都不一样。这样就可以不用动词类符号 V，而直接使用诸如此类的模式[42]：N_0 eat N_1，N_0 give N_1 to N_2. 我们认为，词汇语法是一种基于分布原则上的、由句子模式驱动的词汇化理论，可算是 LTAG（词汇化树邻接语法，Abeillé 1988）的近邻。

　　Fillmore 可能是跟泰尼埃的理论联系最密切的美国语言学家了。这不仅仅由于 Fillmore 在其"格语法"（1968）中公开承认自己的理论与泰尼埃的依存语法所具有的相似性，也不是因为 Fillmore 差不多是唯一一位在 Ágel et al.（2003）一书中露面的美国语言学家（Fillmore 2003）。事实上，配价的思想不但影响了 Fillmore 的"格语法"，而且对其随后的框架语义学（Frame Semantics）和构式语法（Construction Grammar）理论都有影响。Fillmore 本人对于配价的意义理解得也非常深刻，下面我们引用其对于泰尼埃有关动词和小戏比喻的看法："如果我们想真正了解动词所描写的事物，只知道剧情和演员是不够的。如果我们想要雇演员来从事动词规定的活动，我们需要告诉他们做什么。由一个多位（multi-place）动词表示的语义结构的成分应该有所区别，至少应该搞清楚谁对谁做什么的问题；由不同动词表示的语言结构的成分也应该区别开来，因为不同的参与者角色在句子的实现中有不同的语法反映。"（Fillmore/Kay 1995：第 4 章，第 18 页）。Fillmore 对于动词小戏的新认识，导致了框架语义学的产生。框架语义学的想法已有 20 多年的历史了，目前我们所见到的 Framenet 项目就是框架语义学的一个具体实现，它的主要目的是构造一个面向自然语言处理的词表，动词和名词是它的重点研究对象（Fillmore，2002）。

---

42 用模式来研究语法的方法，也可见于某些语料库语言学家的著作。如 Hunston/Francis（1996）一书的名字就叫"模式语法"或"型式语法"（Pattern Grammar）。

框架语义学是 Framenet 的理论基础。它是建立在这样的假设之上的：为了理解语言中词语的意义，我们必须先具备概念结构，即语义框架的知识。语义框架揭示了词义在现实话语中存在、使用的背景和动因。这样，词语意义的解释和其功能的确定，可以通过基本语义框架的描写来进行。在此基本原则的指导下，Framenet 将词汇单元纳入到各种框架下。同一框架下的动词不但共享一个结构，而且具有相同的与框架有关的语义角色。换言之，框架概括了某类动词的特殊意义。我们不难将 Framenet 和前面说过的配价词表描写格式对应起来。如配价模式和句法模式的相似性，框架可以视为一种子类动词具有的配价模式等。但值得注意的是，Framenet 中对框架元素填充者的描述，没有采用义素和语义特征的方法来限定，这体现了 Fillmore 对于语义的看法和观点，如果从框架的分类和结构本身就可以得到词语的意义，为什么还需要采用语义特征呢？

近年来，Fillmore 本人也在其新著中给了句法价更多的重视"一个语法结构的核心的组合能力，可以通过语义术语，也可以通过句法术语来加以描述。这两方面统称为价。一个支配词的语义价，是对它的依存成分的语义角色（施事、受事等）的描述。一个支配词的句法价是对它的依存成分的语法范畴的描述。"（Fillmore 2005：28）在同一篇文章里，Fillmore 也认为语义价与其他框架中的"格框架"（或者"语义格"）概念类似；句法价与次范畴框架概念类似。而这也正是我们自己在前一节中说过的对于配价和次范畴框架的理解。

2.5　配价词表结构框架

通过前面的回顾和讨论，我们认为：配价是词[43]的一种根本属性，广

---

43 事实上，配价应该被视为是语言单位的一种普遍属性。我们这里只提词或词类，是为了讨论的方便和本书主题的限制。

义的配价是指词具有的一种和其他词结合形成更大的语言单位的能力，这种能力是一种潜在的能力，它在语句中的实现受句法、语义和语用等因素的约束；狭义的配价[44]指动词等词类要求补足语的能力。图 2-6 是一个有关配价的示意图：

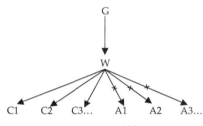

图 2-6　广义配价结构示意图

其中的 W 表示一个词(类)，C1-C3 是为了完善或明确 W 的意义所需要的补足语，A1~A3 是可对 W 进一步做出说明和限定的说明语，G 为 W 潜在的支配词(类)。这个示意图也显示，一个词的结合能力，可以分为支配力(输出)和被支配力(输入)两种：支配力是它支配其他词的能力，被支配力表示该词受别的词的支配能力。一旦 W 出现在真实的文本之中，那么它就打开了一些需要填补的空位，换言之，在潜力转变为具体空位的同时，它预言了所需要补足语的数量和类型。同时，W 在进入具体文本时也显现了它是否能满足别的词(类)从属者的需要。至于真正的结合能否发生，要看句法、语义等方面的结合要求能否满足，这样句法、语义特征限制也就成为配价的一部分了。

在配价词表中的词项里，不但应该对该词的价进行量的描述，也应该进行质的研究。具体来说，我们需要对价的数量、种类、性质、实现的条件都进行分析和标注。在数量方面，不但应该包括传统配价必需的名词性补足语，也需要考虑其他能够完善该词(类)的成分；在种类和性

---

44 这里所说的狭义指的是只考虑补足语和必有说明语的配价框架。

质方面，语义格关系和语义特征都是需要考虑的；实现方面，句法、语义乃至语用的模式都属考虑的范围。在此基础上构造出来的配价词项具有分级或分层次的特性，依据应用领域的不同，我们可以使用句法、语义和语用等配价属性限制价的实现。当然，所用限制条件的多少对分析理解的效率、精度有直接的影响。以下是我们在前人工作的基础上，结合前一章所提出的依存树，提出的一个配价描述框架：

表 2-3　基于复杂特征的多层级配价词表

词项(Lex)：	具体的词(X)
词类(Cat)：	词所属的大类和子类(C)
词项的句法信息(Syn)*：	诸如词的性、数、格等信息
词项的语义标识(Sem)*：	用语义特征(义素)对词项进行的标注
词项的意义(Meaning)*：	按照语义场或类词典确定
配价模式(Val-Model)：	可分为形式和功能两种配价模式(L)
补足语语义标识(Comp-slot)：	对配价模式中的补足语进行语义标识，具体有每一项补足语和该词的语义关系，本补足语具有的语义特征等(F)
场景标识(Scene)*：	词汇出现的场景描述，包括所属框架的名称和涉及的角色
线性位置(Pos)*：	词的位置变量，在词进入具体文本后被实例，可激活配价模式中各种成分间线性关系的限制机制
线性关系描述(Linear)*：	对配价模式中各种成分的线性关系进行描述，是理解或生成过程中必要的环节，是一种线性约束条件[45]。
可能的支配者(Gov)*：	该词项可受其他何种词类支配的信息

　　上表中带*标记的项随配价词典(表)应用的不同，可选择使用。其中需要说明几点：

　　(1) Catx 一般为词类，但也可为某个词类的子类，此时如果去掉与词汇有关的属性(lex, syn, sem, meaning 等)，那么我们就可抽出一种词类

---

45 按照需要可发展为一种类似 Debusmann (2003)里的 LP 表示层。

子类的价图来，这相当于泰尼埃的虚图和 TAG（Joshi/Schabes 1996）。在这种价图里，所有的节点都是需要进一步实例的变量，当我们把某个变量实例为具体的词时，价图就变成了一种（局部）词汇化的中间价图，它可以表示这个词可预见的局部语境（类似于 LTAG）。

（2）Meaning 属性的数字是一种有序的语义编码，由此可以对词项的意义进行进一步的处理。这一属性和 Sem 属性的作用虽然都是标识语义的，但采用的方法不同。Sem 采用语义特征的原则，而 Meaning 为基于语义场或义类词典的语义编码。就目前在语言信息处理中应用的可能性而言语义特征方法更具操作性。

（3）Val-Model 属性可采用两种方法赋值：一种模式是建立在纯粹的形式或分布原则之上的，如名词 1、名词 2……介词 1 等，形如：N1+V+N2+PrepP 的表示方法。另外一种为句法功能表示方式，形式如：Sub+V+Obj。如果采用前一种表示方法，那么在 Comp-slot 属性的描述中，就要有功能和语义角色的内容；而采用后一种方法则要有词类（范畴）的信息。

（4）线性属性包含了有关配价模式的线性顺序要求和限制条件。

图 2-7 是一种类树结构的价图表示：

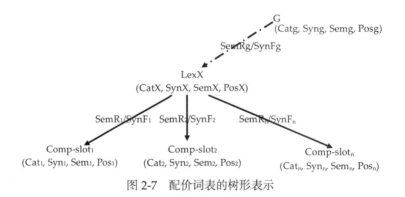

图 2-7　配价词表的树形表示

从以上配价表示框架中，我们也可以将所有与语义相关的因素刨除，这样就形成了一个纯形式的基于配价的依存语法分析模型。这样的纯句法模型在生成依存结构树后，需要一套语义机制从有歧义的结构中挑选出最适宜的结果。如 Schubert（1987）提出的就是这样一套面向机器翻译的依存句法理论。这种做法当然有一定的道理，事实上，这也是受当代形式语言学理论影响的结果。鉴于价从它的诞生之日起，就和语义结下了不解之缘，而且我们的目标就是对泰尼埃的整个依存句法理论，按照信息时代的需要，进行新的诠释，并在此基础上，提出一套基于依存和配价原则的自然语言分析和理解模型。所以我们的根本观点是价属于语义—句法范畴。语义不但在决定价时起作用，而且也在价的实现过程中具有约束作用。语义和句法的更早结合，使得分析和理解结果更加明确，而且在理解的过程中可以做到边处理、边消歧，这也符合人类的语言理解机制。我们的配价词表模式，可以只含有简单的句法信息，也可以含有语义信息，甚至语用和场景信息，这些信息决定了词与词组合时的约束级别。依据不同应用领域和理解精度的需要，这几个层面的信息，可以单用，也可以联合起来使用，为此本配价模式可以称为一种多层级词（类）组合信息描写格式。

下面是我们结合 Helbig（1992）、Engel（1982）以及其他有关著作所提出的用来确定词项配价的主要步骤：

（1）利用语料库检索和分析工具研究该词的使用状况。为了充分利用已有的研究成果，可以先从一些权威的辞书中提取信息，然后用语料库来验证和修正从辞书中提取出来的信息；

（2）按照分布原则，理出动词的句子结构式，到词范畴即可，同时要留心动词周边各成分的线性顺序；

（3）分析动词对应的谓词的逻辑语义结构，找出形成完整谓词结构的可词汇化论元的数量；

（4）标出动词具有的语义（可用义位和义场方法）；

（5）为动词标示语义格，也就是为第 3 步得到的那些论元赋予明确的语义角色，如：施事、受事、地点、工具等；

(6) 对可词汇化的论元进行语义指称分析，并进行诸如[±Anim]，[±Hum]，[±Abstr]之类的义素标识；

(7) 这一步处理从语义层到句法层的映射问题，要考虑两种情况：一是按照句子的功能成分，如：主语、宾语等，二是按照句子成分的形态表示，如名词是什么格，介词短语的类型等，这是对行动元(补足语)的定性描述。对缺乏形态标记的语言，要注意诸如语序、虚词等的作用。

(8) 给定词项行动元(补足语)的定量描述，也就是给出动词项的价数，应区分必有和可有补足语。

在以上几个步骤中，有些是与处理的语言密切相关的，如：价的句法实现，语序的作用等；有些是具有普遍意义的，如：义素、语义场、语义角色等。在进行实际的工作之前，应该首先制定出具有普遍意义的一些东西，这指的主要是有关语义方面标识所用的体系，由于它应该具有普遍性，所以制定它们时，要尽可能多地参考古今中外各类体系，以求完整、可行。其余与特定语言有关的工作，应尽可能利用实际的语料，在利用语料进行模式的提取时，注意模式分布定量数值的记录，这些数据对随后的模式选取会有影响。除此之外，依据所处理语言的结构特点，发现适宜的区别行动元和状态元，必有行动元和可有行动元的测试方法和标准非常重要。

下面一段话，是我们对配价在拟构的基于依存语法体系的自然语言处理体系中作用的理解，且作为本章的结语。词库中的词是以游离状态存在的，这些游离的词本身带有一种与其他词结合的能力，这种能力在词处于孤立状态时，虽然是潜在的，但却是客观存在的。一旦受到激励，即：接受到识别或生成的指令，智能体(大脑或计算机)从词库中复制涉及的词汇副本进入一个临时工作区，这些原本处于游离状态的词进入工作区后，开始试图与别的词进行结合，这是一个将潜力显现的过程。

价的实现过程依识别和生成，而略有不同。在生成时，智能体根据预先的计划在词库中选取可表示生成核心内容的词语(一般是动词)，动词的出现构成了整个句子的基本框架，智能体随后可依据此框架有针对性地从词库中选取其他词，此时选取的指标仍然是词的结合能力。在识别时，有两种方法可用，一种是待输入的全部词语都进入工作区后，将它们具有的各种信息依据词库中对应的项一一赋予，然后开始寻亲组合活动(可以采用动词制导策略)，如果这些词语可以组成一个有机的整体，则识别成功；另外一种方法是从收到第一个输入的词开始，马上就从词库中提取相关信息，在随后的读取过程中，都采用边读入边分析的策略，这样输入结束之日，也就是结果显现之时。

词库里的有关词汇结合能力的知识，可以通过手工或自动的方式从文本和语言实际运用中提取出来，即：词的价是一种(可以)从过去或已有经验中学来的东西，这样依据价来理解或生成语言的过程也是一种基于经验的方法。

在生成语句时，游离状态的词在临时工作区依据自身的价能力，结合为一个有机的整体后，它是一个二维(或多维)的结构，受人类器官的限制，需要将二维的结构转变为线性(一维)的序列，此事需要利用一些限制条件来做，这些条件因语言的不同而有别，这些限制可以是词法的、句法的、语义的和语用的。而在识别时，虽然线性限制条件在检测句法的合格性方面有些用处，但由于识别和理解的结果是一种二维的表示，所以词的配价起的作用更大，这样做的结果，是有可能将某些不太符合句法的输入，也能正确地理解，这对于提高系统的鲁棒性也有一定的作用，为此可以说基于配价的依存分析策略是一种语义制导的面向分析和理解的方法。例如，"我看书"，"书我看"，"看书我"，"书看我"等按照词的价(语义结合能力)组合，都可判定或理解为"我看书"，当然在考虑线性顺序限制条件后，那些不符合句法的输入就被剔除了。这样我们可以构造出一种依限制条件多少来衡量理解程度的系统。

需要注意的是，当处理的是含有多个句子的一个连续的语篇时，如果通过上(下)文可以容易地得出实现词的配价需要的填充成分，那么按照交际有效性和省力原则[46]，一般可以省略这些成分。此种情形，常常出现于日常会话等场景中。此时，不能说含有这些省略成分的句子不是合格的句子。借用泰尼埃的小戏比喻，我们可将这种省略成分现象称为配价实现中的"连续剧"现象。因此，在研究和确定配价时，应该以脱离语境的简单句为主要对象。

为了让系统的工作更可控，为了让理论模型更有效、更具一般性，我们引入了描写某一词类的价模式，从而简化和精练词表的建构和使用。在这种情况下，词的调用是一个两阶段的过程，首先实例相应词类子类的价模式，然后携带有具体词类的价模进入工作区。

以上过程如图 2-8 所示，从图中我们不难看出一个价关系是由两种元素构成的：有待于完整的成分或结构和一些可以完善它的另外一些成分，前者就是中(核)心词，后者为补足语。

图 2-8 说明了分析句子的大致过程，这里所处理的是一种非常受限的结构。显然，只使用狭义的配价模式，我们无法表达和分析，在什么时间，在什么地方，和谁一起"吃肉"的句子。这一点，特别是在生成中会看得更清楚。我们说配价的这种限制，是源于配价的语义特性的。它所关心的是如何完善"吃"这一活动的最低语义要求，至于其他起进一步说明作用的东西，它就无能为力，同时也不感兴趣了。如果，我们做的是语义分析，而非句法分析，那么我们在提取价模时就需要将语义角色显式化，而不是现在这样把句法功能标示出来。

为了能够处理其他遗留问题，我们有两种方法：一是扩大配价的定义，将它视为一种词或语言单位的组合能力，也就是在配价模式中不但

---

46 Zipf(1936)提出的词频分布定律是人类语言的一种普遍规律，这种规律的成因是：在不产生歧义的情况下，用最少的词来传递最多的信息。即省力原则。

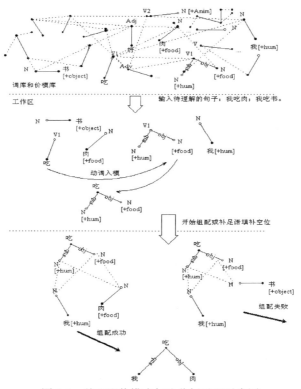

图 2-8　基于配价模式句法分析过程示意图

有补足语，也引入说明语；二是将配价模式只是作为整个基于依存语法
关系建立的自然语言处理体系的一部分来使用，此时还需要有更高层次
的依存句法模型来调用配价模型，配价模型只是作为一种提高词表编码
效率的工具而已。这些问题，我们会在下一章进行讨论。

　　当然，配价词表的用处不仅限于语言的句法分析和生成。Žabokrtský
(2005：3-5)列举了配价词表在语言自动处理中的其他一些应用，如词目
化(lemmatisation)、形态标注、词义消解、语义分析和机器翻译等。下
一章研究的主题是配价实现后所形成的依存关系。

第 3 章

依存关系与汉语依存语法

3.1 引言

第 1 章提出了一种基于复杂特征的依存树结构，并认为语言理解和分析的任务就是生成这样的结构树。这种结构树不含非终极节点，树中的节点是一种多标记的节点。理论上，这些节点标记不仅限于句法层面，也可含有语义和语用的信息。这样形成的依存树是一种多层级的语言结构树。节点的多层级也会导致节点之间关系的多层级，所以该结构树中的节点依存关系也是多标记、多层次的。树结构的这种层次性和多标记使得句法、语义和语用等层面之间的接口、转换和映射操作变得更易操作。如果将讨论限定在句子一级，那么此树中的节点原则上就是词。为了做出这样的结构树，需要对词本身进行更多的研究和词的属性进行显式描述，因此在第 2 章我们以配价理论为基础，提出了一种多标记的配价词典格式。我们认为配价是一种词与其他词结合的潜在能力，它是对词的一种静态描述。词的这种潜在能力在具体语境中的实现形成了依存关系，即句法结构树中的依存关系。本章的主要任务就是较深入地讨论这种依存关系。虽然把依存关系定义为配价的句法实现这一基本思想具有一定的普适性，但句法实现本身是与所处理的语言密切相关的。为此，本章在讨论依存句法关系的一般问题和建立关系的一般原则之后，提出了一个汉语的依存句法关系体系框架，并据此理出现代汉语主要词类的配价模式。为了验证这个汉语依存语法体系，我们也提出了一种兼顾计算语言学应用和语言学研究的依存句法树库格式，并构造了一个小型的汉语依存树库。

　　尽管此前提出的依存结构树和配价词典格式，具有多标记和多层次的特点，不仅适宜于句法层面，也可用于语言其他层面的分析及表达。但下面的讨论将集中在句法层面进行，因为这是本书的主题。

3.2　摩迪斯泰学派和泰尼埃的早期思想

　　讨论句法依存关系的历史，要比回顾依存结构树的历史难得多。因为树结构是一目了然的，容易收集、整理和比较。而依存关系的讨论，首先就涉及什么是依存关系的问题，加之不同时期语言学家所用术语的差异，又为这一问题的研究增加了难度。Percival(1990)也提到了类似的困难。为此，他将依存关系分为两种：其一为句法依存，这指的是如果有两类元素，其中有一类元素只是在另一类出现时才会出现，那么就说前一类的元素在句法上依存于后一类元素；其二为语义依存，这指的是某些词的出现只是为了限定其他词的意义。虽然对依存关系进行如此定义有些简单，但从考察某一概念发展历史的角度看，还是可以接受的。

　　在古希腊，逻辑学家关注的是如何分解命题。他们分出两大词类：名词和动词，二者组合在一起可形成最小命题，其中名词担当命题的主项，动词作为命题的谓项。这里没有依存的概念，但动词的重要性已被注意到了，如亚里士多德在"解释篇"中说"如若没有动词，那就既不会有肯定命题，也不会有否定命题。"(亚里士多德，2003：62；也见亚里士多德，1959：67)建立在此基础上的一些零星研究，严格说来不能算是语言学领域的研究[1]。

　　Owens(1988)将中世纪阿拉伯语法中的一些概念与 Robinson(1970)中提出的依存语法的四条公理进行了详细的比较，并用大量的事实说

---

1 有关语言学的早期历史，可参见 Robins(2001)。

明，"阿拉伯语法理论本质上就是一种依存语法。"（1988：41）除了这四个方面的一致外，阿拉伯语法理论还展示出其他更具一般性的依存语法的特征，如：支配成分和被支配成分之间是一种一对多的关系；依存关系是一种单向的，即不对称的关系；支配成分和被支配成分之间的线性关系等。当然，二者之间也有一些区别，如在阿拉伯语法理论中不仅只有动词才能担当句中的中心支配词[2]，也有一类词并不和它后面的词形成支配关系等。如果抛开这些小的或理解上的不同，我们有理由相信，在阿拉伯语法理论的句法层面，依存关系是形成句子结构的基本要素。

　　一般认为，在西方，基于依存关系的句法研究最早可以追溯到 13 世纪。按照 Percival（1990）的考证，术语'依存'（拉丁文：dependentie）第一次出现在句法领域的时间是 13 世纪。它的出现是与摩迪斯泰学派的句法理论分不开的。摩迪斯泰学派（Modistae）是由一些语法学家和逻辑学家组成的，该学派形成并主要活动于 13 世纪后半叶的巴黎。他们认为一个词不但有音、义，还有一组被称作为表意方式（modi significandi）的属性来决定特定的意义是如何被组合进入语言的。Covington 给予摩迪斯泰学派很高的评价，他说"摩迪斯泰学派在句法理论方面的伟大成就在于发展了一套句子结构的形式模型"（1984：40）。这显然将人类关于语言结构形式研究的历史大大提前了。摩迪斯泰句法认为可将表达一个复杂概念的句子的形成过程分为以下三个阶段或过程：constructio，建立词与词之间的联系；congruitas，对这些联系运用合格性条件；perfectio，进行最终的合格性检查，确认所形成的东西是不是一个完整的句子。这里的 constructio 指的是词与词之间的联系，而不是词组之间的联系。也就是说，按照摩迪斯泰的分析方法，我们可以将下面这句拉丁语：Socrates albus currit bene.（白发的苏格拉底善于跑步）分为这样几组 constructio：Socrates-currit，Socrates-albus，currit-bene。如果用

---

2 关于这一点，我们认为是 Owens 理解有误，因为泰尼埃并没有说只有动词才能做句子的主要支配者。

一个图来表示这个句子所含的这三种关系，就得到了图 3-1：

图 3-1　摩迪斯泰学派的句法关系分析

显然，这样的图是我们所熟悉的，它几乎就是 Hudson 的 Word Grammar 里所采用的依存结构图。很遗憾这个图不是摩迪斯泰学派的学者们画的，否则我们有关依存结构树图的历史也能提前 500 年了。一个 constructio 里有两种关系：primum-secundum 和 dependens-terminans。primum-secundum 关系相似于今天我们所说的头词和修饰语（head-modifier）之间的关系，这样我们又可以将上面的拉丁语句子用图 3-2 来表示，图中担当 primum 的节点位置要高于 secundum。

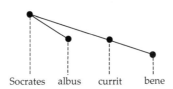

图 3-2　摩迪斯泰学派句法结构的层次

注意在这个图中的句子中心是名词（主语），这自然是受亚里士多德本体论中物质中心说影响的结果。这一点也拉开了摩迪斯泰句法和现代依存句法的距离。摩迪斯泰句法学家的关于 constructio 的第一原则是只在两个词间建立联系。另外一个值得一提的摩迪斯泰句法原则是，形成一个 constructio 的两个词间的关系不是对称的，其中的一个词为 dependens，另一个则为 terminans。这种不对称的 dependens-terminans 关系有些类似于今天所说的依存关系，其中 dependens 为支配成分，terminans 为被支配的成分。概而言之，这种不对称的关系就是一种支配关系。正如

Thomas of Erfurt 在其 "Grammatica speculativa" [3]中所说的那样 "结构中的一部分与另一部分的关系不是依存就是被依存。"[4]如果我们记得这里的 "结构"（constructio）指的就是两个词之间的一种关系，那么这种将整个句法分析建立在词间关系之上的思想，基本上可以把摩迪斯泰句法理论视为现代依存语法的先驱之一。翻开一本新近出版的有关树库的计算语言学专著（Abeillé 2003），我们不难发现摩迪斯泰学派所倡导的这种词间关系的句法理论在 700 年后的今天仍然有着顽强的生命力。为了证明这一点，我们可以容易地把此前的拉丁文例句用这本书中提到的一种表示方法描述如下（Carroll/Minnen/Briscoe 2003）：subj（currit, Socrates），mod（Socrates, albus），mod（currit, bene）. 而 Carroll/Minnen/Briscoe（2003）这篇文章的中心思想是说二元依存关系是衡量自动句子句法分析程序性能的好东西。

也有人认为公元前 350~250 年问世的《波你尼语法》（段晴 2001）才是依存语法的根。波你尼语法将语法描述分为两层：vibhakti 和 karaka。前者描述语句的形态句法结构，后者将句子中词汇单元按照句法功能联在一起。Karaka 关系是一种句法语义关系，波你尼语法可以识别这样六种关系：karta（施事），karma（受事），karan（工具），sampradan（接受者），apaadaan（起因），adhikaran（地点）（Pedersen et al. 2004）。Bharati/Chaitanya/Sangal（1996）引入了一种基于波你尼语法的语言形式化理论，这种理论被作者称之为波你尼语法框架（Paninian Grammar Framework，PGF），这是一种基于依存的语法理论。而这种方法的主要任务就是如何从句子中提取出来 karaka 关系，即句子的句法语义关系（1996：59）。目前已有基于 PGF 的句法分析器和机器翻译系统。

---

3 出版时间约在公元 1300 年。

4 "Unum constructibile est ad alterum dependens vel alterius dependentiam determinans." 转引自 Robins（2001：109）。

Dominicy(1982)把 Etienne Condillac[5]著作中的一些有关句法的思想和现代依存语法中的基本观点进行了比较，认为 Condillac 的语法观实际上也是一种依存观。

现在该回到泰尼埃了，虽然我们在 Tesnière(1934a)中就已经可以看到一些有关结构(依存)句法的思想与实践，如对动词的划分便有了"没有行动元的活动，有一个、两个和三个行动元的活动"的说法(1934a：151-153)，可以看到泰尼埃采用结构句法的方法对俄语进行了简要的分析和描写，但一般认为泰尼埃有关句法的系统论述，始于 1934 年发表的"如何构建一种句法"(1934b)。在这篇只有 11 页的文章里，泰尼埃较完整地构造了整个结构句法的框架，甚至包括了转用(Translation)概念。文章的开始，泰尼埃强调了研究洪堡特提出的"语言的内在形式"的必要性，并认为在语言研究中应该重视现代的活语言的研究，倡导一种功能的、动态的结构句法。文章认为句法研究可分为静态和动态，静态研究的基础是词的范畴，而动态研究的重点是词的功能。Swiggers 认为"泰尼埃作为句法学家的贡献是建立了一种动态句法理论"(1994：214)，因此这里主要研究这篇文章里有关动态句法的思想和句法结构表示。泰尼埃认为动态(或功能)句法是用来研究活的句子[6]的组织结构的，它的建立非常有利于语言教学的开展。他说：一个句子的结构如同一个太阳系。这个系统的中心是动词，其作用如同太阳系里的太阳。中心的外围分布着其他语法成分，一些成分依附于另一些成分，形成一个多层级的分级体系，就像行星围着太阳转，卫星又围着行星转一样。可以用一种 Stemma(图式)来表示句子的这种联系(connexions)结构的层级。为了说明这种方法的可行性，泰尼埃选取了一个含有 64 个词的法语句子进行了分析，并作出了句子的 Stemma(1934b：223-224)。限于篇幅，在这里，

---

5 Etienne Condillac(孔狄亚克，1715~1780)，法国思想家，著有《人类知识起源论》、《感觉论》、《体系论》等。

6 所谓活的句子大致相当于我们今天所说的真实文本。

我们不再复制这个结构复杂的图式了，而只是给出一个不含具体词的示意图式：

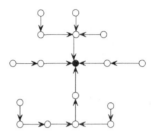

图 3-3　泰尼埃 1934 年的句法结构图式

　　图 3-3 中的每一个圆圈在泰尼埃的原图中都表示一个词，图中间的黑圆点为动词。因为我们已经在第 1 章中熟悉了 Tesnière (1959) 中的图式，所以可以将二者进行简单的比较：在 1934 年的图中，词间关系的非对称性被箭头显式标示出来了，箭头方向从从属成分到支配成分；图式基本只采用了水平和垂直线来连接两个词，所以做出的图更像是一种表格，而非树；这种表格式结构图所表示的句子层次结构没有 1959 年里的树形结构清晰。但我们也不难看出，虽然表现形式有所不同，但所含内容基本上是相同的。如果我们将此种基于词间关系的句法结构视为依存句法分析所要达到的目标，那么我们可以说在 1934 年泰尼埃就已经有了较完整的关于结构句法的思想了。当然，有一些出现在 1959 年著作里的东西，在 1934 年的文章是看不到的，如：多级转用，并列现象和指代问题等。也有一些重要的思想已基本形成，就差最后的整理了，如：动词、名词、副词和形容词，均可形成核心结的思想，但仍没有用计划语言 Esperanto 的词尾 IOAE 来表示这些词类。换言之，虚图仍没问世，但已达到了呼之欲出的程度。

　　综合泰尼埃在 1934 年公开出版的袖珍俄语语法 (1934a) 及发表的文章 (1934b) 看，泰尼埃的结构句法架构形成于 20 世纪 30 年代。泰尼埃不仅提出了理论，而且几乎是在提出理论的同一时间，也用这种理论进行了实践。换言之，从依存语法的诞生之日起，理论与实践就是密不可分的。

1953 年，在朋友们的劝说下，泰尼埃出版了一本题为《结构句法概要》的小书。这本小册子是他 1943 年编写的 *Cours de Syntaxe Structurale*（《结构句法教程》）的讲义（Heringer 2003：72），不到 30 页，但基本包括了 1959 年那本近 700 页著作的主要思想。从这本书的结构和内容来看，此时的泰尼埃应该已经完成了创建结构句法理论的主要工作。值得一提的是，这本小书一半的篇幅是用来讲述"转用"（Translation）这个概念的，而有关依存关系和配价的论述，只占了不到 4 页。

总的说来，泰尼埃有关结构（依存）句法和依存关系的论述可以归纳为这样几点（Heringer 1993）：

（1）一个句子是有组织的单位，其基本组成元素是词。这些出现在句子中的基本元素不像它们在词典中那样处于孤立的状态，相互是有联系的。换言之，每一个句子都对应着一种结构。

（2）每一个句子都有一种完整的结构，这意味着在句子单位中，不存在游离于关系之外的元素。

（3）句子的结构不是线性的，而是二维的。话语和文本理解者或接收者的任务就是从线性的字符串推导出二维结构。也可以说，表示句子的线性字符串是句子结构的投影。

（4）如同句子线性表示中的成分可分为近邻和远亲一样，句子结构中的各元素之间的关系也有远近。

（5）句子结构是由联系（connexion）决定的，句子元素之间的这种联系是说话人有意为之的。所有这些联系形成了句子的框架。联系是心灵联结的一种句法实现。联系使得用一个句子来表达一种完整的思想成为可能。

（6）联系产生了句子元素间的依存关系，也就是说，只有一个元素依存于另一个元素时，这两个元素间才会产生联系。其中，从属成分叫做从属者(subordonné)，支配成分叫支配者(régissant)。

(7) 句子的句法结构是一种层级结构。依存关系是一种非对称的关系，这构成了层级的基础。因为一个元素可以支配和被支配，因为每一个句子都是一个整体，所以句子可以被表示成我们在有关依存树的章节里提到的那种树型结构。句子的中心称为中心节点，句中所有其他元素都直接或间接地受中心节点支配。

(8) 一个句子具有句法和语义结构。句法结构是语义结构的反映。理解一个句子意味着掌握组成句子结构的所有联系。因为句法结构必须反映语义结构，所以我们说句法结构和语义结构是平行的。如同句法结构一样，语义结构也是二维的。

3.3 其他学者关于依存关系的讨论

Kreps 在自己关于依存语法理论的博士论文中说"就我所知，令人吃惊的是，在依存语法的文献中，从来没有人对依存关系做过真正严格意义上的定义。"(1997：118)虽然 Kreps 说的有些绝对，因为他忽略了许多非英语写成的重要文献。但依存关系到底是什么，确实没有一个统一的看法。其原因，可能像 Eroms(1981：9)所说的那样：配价概念的模糊导致了依存概念的不清。按照我们的理解，依存和配价之间的关系太紧密，如果对二者不加以界定，出现概念不清是难免的。这种影响是双向的，而不是单向的。

在由 Ágel 等人合编的"依存和配价"一书里，将"依存"定义为"一种语法概念，它认为句子中的词是按照一种有意义的互联耦合的"(2003：XI)。

布斯曼的《语言学词典》把依存定义为(2003：95)：一种成分句法关系，即成分 A 对成分 B 的依赖，这种关系说明尽管 B 可以没有 A 而出现，依存成分 A 却不能没有 B 而出现。

Carroll(2003)认为在依存语法里的句法分析结果是以一组词间的头——修饰成分依存联结所呈现的，每一个依存联结都有一个语法功能的标记，该功能表示了修饰成分和头之间的关系。

Fischer(1997)进一步发展和细化了 Engel(1982，1992)"依存是一种任意的有向同现"的思想。从图的观点看，给同现图中的同现关系加上方向，就得到了依存图。这种关系的方向性致使依存图不但具有树的意义，也形成了一种层级体系，即：上层的成分支配下层的成分。Fischer认为存在以下三种依存关系(1997：23-40)：

- 结构依存：有两个成分 A 和 B，如果 B 出现，则 A 也出现(当然，A 也可单独出现)。此时就可说，A 支配 B，或 B 依存于 A；
- 语义限定：如果一个聚合单位 A 的成分在语义上限定了另一个聚合单位 B 的成分，那么 A 就依存于 B；
- 形式限定：如果一个聚合单位 A 的成分限定了另一个聚合单位 B 的成分的形态，那么 A 就支配 B。

在以上三种依存关系的确定中，决定因素是不同的。结构依存利用的是较严格的分布同现，语义限定是词汇间的联系，而形式限定使用的是语法手段或语法关系。

Fraser(1994：860)对依存关系的定义是：两个句子成分(一般为词)间的非对称关系。其中的一个成分被称为支配成分(governor)或头(head)，另一个成分被称为从属成分(dependent)或修饰成分(modifier)。有多种方法可用来区分支配成分和从属成分，如：支配成分可决定一个从属成分是可选的还是必有的；支配成分依其从属成分次范畴化；支配成分决定了从属成分以何种屈折形式现身；支配成分指明了一个语义对象，而从属成分只是对其的进一步说明；以上这四条原则是区分支配和从属成分的有效手段，凡是不符合这些原则的，一般不会是支配成分。

Hellwig（2003）认为简单地把依存语法视为一种词间关系的语法是有问题的。依存关系是一种头和补足语的关系，因为补足语不仅仅是由单词组成的，这就意味着依存关系中也隐含着一种类似于短语的成分。

Hudson（2004）将依存（dependency）定义为一个词和它的某一个从属成分（dependents）之间的关系。依存关系是不对称的。这一点很容易通过消除法来确定，如在英文句子 Big books cost a lot. 中，如果你去掉词 big，句子仍然是符合语法的，但去掉 books，则句子就不合语法了。所以说，big 是 books 的从属成分，二者之间的关系是依存关系。依存关系永远都是建立在句法规则之上的，而句法规则差不多也都是依据依存关系而确定的。此前，Hudson（1980a）也将依存关系视为词汇框架和它的槽之间的一种关系。他认为在泛词汇主义（panlexicalist）的研究方法中，语法就是一组词汇框架加上使用这些框架的规则；依存关系不只是句子中的一部分元素，如：动词的补足语，而是句子中的每一个词都有的一种与其他词相联的关系。

Jung（1995）认为依存关系包含有两种关系：支配（Rektion）和限定（Determin-ation）。当头词（Köpfe）为其从属成分开辟了空位时，就形成了支配关系；而如果是从属成分为头词开了空位，则形成了限定关系。Jung 对于依存关系的细分，在一定程度上体现了 Engel 对于依存关系的定义"任意的有向同现"（Engel 1982：32）。也就是说，依存关系本质上是一种有向的同现关系，而这种关系的方向则是语言学家任意给定的。出发点不同，关系的方向就会不同。

Kreps（1997）认为，许可（licensing）是一切依存关系的基础。他给许可下的定义是这样的：在一个结构 S 中，如果 X 准许 Y 的同现，那么就说 X 许可了 Y。换言之，如果 X 不准许 Y 的同现，那么二者之间就不会有句法关系。为了说清楚这个概念，他举了下面的例子。假设，有这样一种体育运动，每次比赛时，都按照如下方式从一群运动员中选出参赛者：教练选队长，队长挑两个前锋，每个前锋再选一个后卫。这样就在选择的基础上建立了一个队员间准许关系的层级。Kreps 说依存关系就是许可关系，这是一种单一关系。换言之，没有必要区分教练和队长，前锋和后卫之间的关系，因为它们都是许可的产物。这种取消依存关系标记的做法，虽然简化了定义，但丢掉了许多重要的信息，而这些信息对于下一步的语义处理是必要的。把依存关系定义为许可(批准)关系，有些类似于我们所说的依存关系是配价的实现，但在我们的定义中，关系标记仍然是构成依存关系必不可少的要素之一。

Kuijff(2006)认为依存语法是建立在依存结构上的一种描述自然语言结构的方法，所谓依存结构就是通过有标记的关系把头词和修饰它们的从属成分直接连接在一起的结构。虽然不同的依存理论对这些概念的解释和运用可能有一些差异，但一般说来，头词决定了它可以接纳的从属成分，以及这些从属成分是必有的还是可有的。依存结构的两大优势是：因为对头词的线性辖域没有约束，所以它能够更容易地处理语言中的非投影现象；它提供了一种用自然的方式获得意义的手段。

Langendonck(2003)从语义和句法角度探讨了依存关系。他认为，一般所说的依存关系，可以从积极(active)和消极(passive)两方面来进行归类和分析，而这种积极性和消极性分析不仅仅可以用在头(head)身上，也适用于从属成分(dependent)。头——从属成分关系在语义方面可做这样的区分：①从头的积极方面看，头所代表的是一个包含它自己以及从属成分的合成体，而从属成分只是一种伴随性的东西。也就是说，在语义上，头是所必需的，而从属成分是可选的；②从消极的一面看，我们可以说头是被其从属成分修饰的。从这样一些用来表示从属成分(dependent)的术语 modifier、specifier、operator 可以看出头的这种消极性，此时的头(head)就成了 modified、operand。这种情况下，所说的从属成分修饰(modifies)它的头，更多的指的是一种组合(syntagmatic)

方式，即它使头成了上位类型中的一种子类。在句法结构方面，头有以下特征：①头的范畴决定了在它身上添加从属成分后形成的句法结构的范畴；②结构的外部功能关系是由结构中的头来决定的；③头是一种必有成分；④头构建了一种配价结构；⑤头是支配成分；⑥头是展现句法形态的要素。这样的划分，对于我们更深入地理解依存关系（头——从属成分关系）显然很有帮助。

应该指出的是依存语法中所说的头（head）和短语结构语法中的头是不一样的[7]。在短语结构理论中，说一个词是头词，指的是其所在短语结构的头，而依存理论中，头是其从属成分的头。Hudson（1993b：275）用英语句子 He lives in London 为例，对此进行了解释。如果问"in 是谁的头？"在短语结构理论里回答是 in London，而在依存理论里，回答则是 London；如果又问"谁是 in London 的头？"短语理论的回答是 in，而依存理论则是 lives。Mel'čuk（2003b）认为"头"是一个源于短语结构的概念，在依存语法里用支配成分（governor）可能更好一些。换言之，一个短语的头不等于一个短语的支配成分，支配成分处于短语之外，而头却在短语内。图 3-4 对此做了进一步的说明：

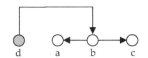

图 3-4   短语结构和依存结构中的头

图中的 abc 构成了一个短语，它的头为 b，而它的支配成分为 d。

Maxwell 给依存（dependency）下的定义是：如果词 B 是词 A 出现的必要条件，那么词 A 是词 B 的从属成分。在依存语法界，一般说上位词支配其从属成分，或是后者的支配者（1995：8）。

---

7 有关头(head)在不同语法理论中的应用，可参考 Corbett et al.(1993)。

Mel'čuk(1988)说依存句法是建立在最终句法单位关系的基础上的，因此它更关注成分间有意义的联结（语义）。依存结构揭示了实际组成句子的成分之间的层级联系。依存分析的主要目的就是建立词与词之间的二元关系。因此给依存树中的所有树枝赋予恰当的标记便成了 Mel'čuk 的"意义 ⇔ 文本"理论中的重要工作。他认为句法关系应该具有这样一些属性(1988：21~23)：

- 非对称性(antisymmetric)：如果 X 支配 Y，则 Y 不能支配 X；
- 非自反性(antireflexive)：X 不可自己支配自己；
- 非传递性(antitransitive)：如果 X 支配 Y，Y 支配 Z，则 X 不能直接支配 Z；
- 有标记性(labeled)：应该区分这些关系的类别，并标记于表示关系的线段上。

如果用 X→Y 表示依存句法关系，那么我们可说 X 支配 Y，或 Y 从属于 X；也可称 X 为 Y 的支配成分(governor)，Y 为 X 的从属成分(dependent)。按照这些原则构建的句法结构，最适宜用**联通有向标记图**(connected directed labeled graph) 来表示(Mel'čuk 1988：23)。Mel'čuk(2003b)将一个句子中词形的横向组合依存关系分为三类：语义依存，句法依存和形态依存。语义依存：在一个句子中，当而且仅当，词形 w_1 的意义是一个谓词，词形 w_2 的意义为一个论元，此时可以说在这个句子里 w_2 在**语义上依存**于 w_1。形态依存：在一个句子中，当而且仅当，w_2 至少有一个（语）法素(grammeme)是由 w_1 决定的，那么可以说词形 w_2 在**形态上依存**于词形 w_1。Mel'čuk 认为语义依存和形态依存的基础分别是意义和句子的表面形式，所以是容易把握的，而句法依存由于与意义和形式没有直接的关系，所以是抽象的、难以定义的。为了建立句中两个词形间的句法关系，人们需要首先确定这两个词形的连接可行性、词形间的支配方向以及这两个词形间句法依存关系的类型。换言之，这也可以称为句法依存关系的三要素：可连接性，支配方向和依存关系类型。在此基础上，Mel'čuk 给出了句法依存的定义：在一个句子中，当而且仅当，一个词对满足了句法依存的所有三个要素时，才可以说词形 w_2 通过关系 r 在句法上依存于词形 w_1。句法依存可以细分为三大类：补足、修饰和并列。如果 w_2 也是 w_1 的语义从属成分，那么就可以将 w_2 称为 w_1 的一个补足语或句法行动元。此时，句法依存和语义依存的方向是相同的。如果 w_2 是 w_1 的语义支配成分，那么 w_2 就称为 w_1 的**修饰语**或句法属性成分。此时，句法依存和语义依存的方向是相反的。当而且仅当，两个词形在语义上互不依存，而且 w_1 和 w_2 又都是语义要素(semanteme)"and"或"or"的语义从属成分时，可以将 w_2 说成是 w_1 的连接成分(conjunct)。这实际上是 MTT 中处理并列关系的一种手段。这样句法依存不仅含有支配关系，也容纳了并列关系。

Schubert(1987)的目标是构建一个用于机器翻译的对比依存句法体系。依存关系是该句法的基础。他把依存(dependency)定义为**有向的同现**。定义中的"同现"被认为是一种句法分布，Schubert 说这是一种比形态和词序更具有跨语言性的指标。"有向"展现的是同现关系的层级性，是语言学家任意选择的结果。他的这一定义基本上也是从 Engel(1982)的定义发展而来的。Schubert(1989)对此做了进一步的解释：同现不意味着相邻，而是一同出现在同一个文本段(一般为句子)中。确切地讲，如果一个词的出现能在句法上使另一个词出现，则二者是同现的。这也就是我们所说的配价根据自己的组合能力，在具体的语境中所展现出来的句法预示能力，即依存是配价的实现。

Tarvainen 将依存语法视为一种用层次结构来描写句子的语言学方法，而形成结构的基础是句子成分之间的依存关系。依存方法的目标就是寻找句中的支配成分和这些成分的从属成分，即通过语言学的操作尽可能将句中的句法关系显式表示出来。句中的支配成分不但可以支配别的成分，而且也是有不同级别的，这种层次性也导致了句子结构具有的层级性。句子中级别最高的支配成分是动词，它是句子的结构中心，不依附于其他成分。含有支配和从属成分的依存语法是一种用来描写句子成分间联系（connexions）或内部关系的方法。联系是一种同现（co-occurrence）关系。联系可分为三种：语法语义，纯句法（形式）或纯语义。在依存语法中，配价指的是，为了句法和语义完整的结构，动词（或其他词类）与其他成分结合的一种能力（1981，1983）。

关于依存结构，Lexicase 理论的创建者 Starosta 是这样说的：在Lexicase 里，合格的句法结构必须满足结构树需要的所有条件，如：结构的联通性，只有一个根节点，没有相交的树枝，在每一条树枝的两端都有一个实词等。在一个句子中，除主动词（或非动词性谓词）外，其他所有词项都依附于另一个词项，即它的支配词（regent）。一个结构的头携有结构作为一个整体所具有的语义和语法信息，而限定成分（attribute）则修饰它们所在结构的头。一个 Lexicase 表示可视为由句中词项间关系形成的网络。每一个词都被限定了可以携带的从属成分，它决定什么样的词类或子类可成为自己的下属，这些下属可出现在自己的左边还是右边，这些下属成分之间的词序又是如何排列的，它们的语义解释（格关系）是什么等（1988：104-105）。

van Valin（2001）认为：如果两个或两个以上的元素同现于一个句法结构（arrangement）中，那么在它们之间就会形成某种依存关系。一般说来，会有一个支配元素来担当本结构特征的主要决定者，它被称之为头（head），其他的元素被称为从属成分（dependent）。他将依存关系分为单边（unilateral）、双边（bilateral）和并列：所谓双边就是发生关系的两个元素相互依赖，二者（支配和依存）的出现是一种同现；而单边关系中，可以只有支配元素，没有依存元素；换言之，双边关系是一种依从关系，支配者和被支配者缺一不可；单边关系虽然也是一种依存关系，但是被支配者的出现是可选的；并列关系是两个支配成分之间的关系。

Shaumyan（1987）提出了一种基于符号学的语言理论 Applicable Universal Grammar（AUG，可应用的普遍语法）。AUG 认为语言的符号学属性不是语言学的附加物，而是理解所有语言中固有运算的基础。其语法部分主要由一个句法功能（函数）形式演算体系和一套用来约束这种符号学法则构成。这是一部独具特色的语言学著作，我们从中也发现了有关依存和配价的段落。鉴于此书具有强烈的形式化色彩和符号学意义，它对依存的定义值得关注。Shaumyan 把构造事物名称（term，项）和情景名称（sentence，句子）的表达式叫做算子（operator）。算子是任何作用于一个或多个叫做运算对象（operand）的表达式并形成一种叫做结式（resultant）的语言学单位。在此基础上，他给出了一个精确的依存定义（1987：106~107）：

- 设表达式 C 为算子 A 作用于运算对象 B 的一个结式。那么，有两种情况：A 为头，B 为从属成分；或 B 为头，A 为从属成分。如果表达式 C 与运算对象 B 属于同一范畴，则 B 是头，A 是从属成分；如果表达式 C 与 B 的范畴不一样，那么 A 是头，B 是它的从属成分。

- 如果运算对象 B 为头，算子 A 为它的从属成分，则 A 叫做头的修饰语（modifier）

- 如果运算子 A 为头，运算对象 B 为它的从属成分，则 B 叫做头的补足语（complement）

Shaumyan 认为他的这种定义克服了传统依存语法的问题，即依存不再只是一种词间关系，而是一种面向语言功能单位的关系。他也提出，在描写语言的句法结构时，依存和短语结构是缺一不可的，应该寻求一种结合二者的理论。

Shaumyan 也定义了算子的价。他把算子的价定义为算子可以结合的运算对象的数量。他认为这是一种泛化了的价概念，因为一般价概念只适用于谓语，但谓词只是算子的一种特类，不是全部的算子

（1987：117）。

我们认为 Shaumyan 的以上说法虽然从依存语法研究的角度没有太多新意，但依存和配价概念出现于这本旨在描述人类语言普遍结构的著作中，这一事实本身可能有助于说明这两种概念是语言的一种普遍属性。

认知语法理论的创立者 Ronald Langacker 在"认知语法基础"中也有一章论述配价和依存问题。Langacker 说，当两个或两个以上的符号结构组合形成一个更复杂的表达式时，在它们之间就形成了一种语法配价关系（1987：277）。鉴于认知语法的性质，我们不难理解 Langacker 的依存更多的指的是一种概念依存和音位依存（1987：306），而不是我们这里所说的句法依存关系。由此可见，Langacker 的认知语法理论是一种含有依存关系思想的概念（或语义）层的理论，正如他自己在一部纪念泰尼埃诞辰百年的文集引言部分的最后一句话所说的那样："大体说来，我认为泰尼埃所做的事和我自己现在所从事的工作是相同的。"（1995：37）

Hudson（1980a：191）认为对于句子描写而言，依存关系要比部分—整体关系（即短语结构关系）细致，依存关系是句子描写所必需的，而短语结构却并非必需。Korhonen（1977：83）也和 Hudson 持相同的观点。后来，Hudson 又认为在描写并列结构时，短语结构还是有用的（1980b）。但并列结构的处理，不仅仅是依存语法的问题，其他语法中对于此现象的描述也并非完美（Sgall/Panevová 1989）。Hajičová/Sgall（2003：571）也认为，从功能的角度看，基于依存的方法对于语言的理论和形式描写，对于自然语言的自动处理是精确的。在这方面，短语结构并非一种最优的选择（2003：570）。

Mel'čuk 分析了当前语言学研究的状况，认为基于短语结构的语言理论得以流行的原因主要有（1988：6）：英语是研究者们的母语和主要的数据源；形式主义的影响；可以使用的数学手段以及缺乏对语义的兴

趣。他也明确指出就句法结构的描写而言，依存是比短语更适合的手段
(1988：13)。

Hudson(1995)在考察了乔姆斯基关于短语结构的最新思想后，认为
句法研究正收敛于一种句子结构的理论，在这种理论里，单独的词(抑或
功能范畴)扮演着重要的角色，词间关系是其基础。事实上，这种收敛不
仅仅发生于基于短语结构的句法理论之中，也可见于依存语法理论，如：
Hudson 的 Daughter Dependency Theory(1976)是一种含有短语结构
的依存句法理论，但其 Word Grammar(1984，1990)则是纯粹的基于依
存的句法理论了；Heringer 的理论也经历了从混合(短语＋依存，1970)
到纯依存的变化(1996)。按照 Sgall 的说法，他们的理论也有过这样的发
展历程(1989：77)。具体而言，现代句法理论的发展趋势可归纳为以下
几点(Hudson 1990：108)：短语范畴中所含的信息，在逐步减少；对范
畴语法(Categorial Grammar)的兴趣在增加；语法关系和/或格的使用增
多；加强了"头"(head)的使用；管约论(GB)中"管辖"(government)
概念的采用。所有这些趋势都说明"语言事实似乎正在逐渐将所有的语
言学家推向重新发现基本真理的道路，而这正是依存理论长期以来所追
求的。"(Hudson 1993a：337)

Hays 认为依存所反映的这种语言单位的连接性属于人类的本能和
直觉，"连接的这种本能属性可以被视为自然语言的语法就是一种依存语
法的直接证据，也可作为语义或认知结构是一种连接结构的证据；也在
一定程度上说明通过依存语法可以更清楚地进行语义或认知分析。"
(1977:213)Hudson(2003b)也用大量事实论证了依存语法具有更好的心
理现实性。

詹卫东(2005)在讨论汉语语法研究中的"本位"问题时，也强调了"关
系"的重要性。他认为，"离开结构关系，整个语法体系无从谈起。……
'实体'只能在'关系'的基础上被认识，离开了'关系'，'实体'也
就无从谈起。"

基于依存关系的语言学理论，目前主要有 Word Grammar、Meaning-Text Theory、Functional Generative Description 和 Lexicase。

Word Grammar（词语法，以下简称 WG）是英国语言学家 Richard Hudson 提出的一种语言理论（1984，1990，2007）。从这个名字，就可以看出 Word（词）在这一理论中所占的地位。在 WG 里，语法就是由一种语言中所有的词构成的网络。如果这种说法还好理解，那么下列说法可能就不一定是所有的语言学家都同意的：语法没有天然的边界，也就是说，不存在语法甚至语言模块。语法网络只是有关词汇知识的整个网络的一部分，它和这个网络中有关百科知识、社会结构、语音等子网络密切相关。"语法"和"词汇"在描写上没有什么本质的区别，只不过前者处理的是一般性的模式，后者描述的是有关单个词素的事实。从形式上看，一般模式虽然涉及的是有关词类方面的事情，但表现方式与描写词素的方法没有什么不同（Hudson 2003a）。和下述的 MTT 一样，Hudson 的 Word Grammar（词语法）也是被引用最多的依存语法理论之一，特别是该理论使用的依存有向图更是成了大多数计算语言学家表示依存关系的常规手段。虽然词间依存是构成词语法的基础，但不能把词语法理论简单地视为是一种句法理论，它是一种几乎涵盖了共时语言学诸分支的语言学理论[8]，并将这些研究领域统一在一面旗帜之下：语言是一个概念网络（Hudson 2007）。Holmes（2005）认为词语法中同时含有依存语法、认知语言学和构式语法的思想。

Meaning-Text Theory（意义 ⇔ 文本理论，Mel'čuk 1988，Kahane 2003）是从苏联早期机器翻译研究发展起来的一种形式化程度很高的语言学理论。MTT 是一种分层次的、基于依存关系的语言理论，多年来，MTT 已经被用在了众多的自然语言处理应用上。但总的说来，在生成方面的研究和应用要远远多于句法分析方面，这可能与 MTT 创始人之一的

---

8 这一点，我们也可以从 Hudson 编写的《社会语言学》（1996）中看出。

Mel'čuk 对于语言的根本看法有关，他认为对语言学家而言，生成过程是可研究的，而理解过程却因为牵涉到不少非语言的东西，难以做完全彻底的研究。这一点，也可从这一理论的名字"意义 ⇔ 文本"的先后顺序看出来。研究 MTT 的学者主要分布在加拿大、俄罗斯、德国和法国。2003 年在巴黎，2005 年在莫斯科，2007 年在奥地利的克拉根福，2009 年在加拿大的蒙特利尔，召开过 MTT 的国际会议。在目前几种基于依存关系的语言学理论中，"意义 ⇔ 文本"理论的力量是最强的，文献也是最多的，这些文献涉及了语言的各个层次，较重要的有 Mel'čuk(1988，1995, 1997, 1999, 2001, 2006)、Mel'čuk/Pertsov(1987)、Wanner(1996，2007)、薛恩奎(2006)、Polguère/Mel'čuk(2009)。

Functional Generative Description(功能生成描述理论，FGD)是以 Petr Sgall 为首的布拉格数理语言学家创立的一种分层次、基于依存原则的语言描写和形式化理论(Sgall/Hajičová/Panevová 1986，Petkevic 1995，Hajičová/Sgall 2003)。依据这一理论，他们构造了一系列的自然语言处理应用。特别值得一提的是，建立在这一理论基础上的分级(三级)标注的布拉格依存树库(Prague Dependency Treebank，PDT)是目前世界上最大的依存树库(Böhmová et al. 2003)。PDT 中的三级标注体系，除了词法(词性标注)外，其他的两个层次为表层句法和深层句法，也就是我们一般说的句法和语义层。围绕 FGD，布拉格的学者也在依存语法，特别是自由词序的语言的依存语法的形式化理论和计算机实现方面做了许多开拓性的工作。

Lexicase(词格理论)是夏威夷大学的 Stan Starosta 于 20 世纪 70 年代初创立的一种句法理论(1988，2003)，它不但是一种泛词汇主义的理论，也是一种依存理论。Starosta 本人和他的学生已经用该理论分析了大约 50 种语言的各类问题。Ng(1997)采用词格理论对新加坡华语的动词进行了较深入的研究，值得参考。遗憾的是在 Starosta 本人去世后，该理论基本处于停滞状态。

除了上面提及的依存和配价语法著作外，用英语写成的含有依存关系概念的语法教科书类著作还有 Mathews(1981)、Huddleston(1984)、Brown/Miller(1991)、Hudson(1998)、van Valin(2001)等。

我们说，基于依存关系的句法是一种实用的分析句法，所谓实用主要针对的是这样两个领域：语言教学和计算机自然语言处理。这两个领域有一个共同点就是语言知识的传授和习得，只不过前者的目标是人，后者的对象是机器。这也就是我们多次所说的，在计算语言学和语言教学领域间存在一种密切关系的缘由。Hudson(1994b)列出了依存句法作为实用句法的一些优点：不含词本身之外的其他成分；具有更明显的功能关系表示；对功能关系和词序进行了区分，这使得不同词序语言间的比较成为可能等。孙茂松(2004)也认为句法分析采用依存语法，语义分析基于配价理论，是今后一段时间中文信息处理的研究重点。Ninio(2006)通过对大量儿童语言习得语料的分析，提出了儿童句法发展过程是学习词汇单元及这些单元的语义配价和句法表达式的观点。这些发现和说法，有助于强化配价和依存的普适价值。

3.4 依存关系的属性和依存句法的构建

在前一节里，我们列举和讨论了一些学者对于依存关系的定义。表面看，这些定义异彩纷呈，但它们有一个共同的特点，就是将依存关系视为一种词间的非对称二元关系。Nivre(2006：50-52)把目前依存句法理论问题归结为以下四类：对于自然语言的句法分析而言，依存是不是必要而充分的；依存句法应该是单层的还是多层的；依存是一种词间的，还是一种更大的语言单位间的概念；依存关系是一种语法功能关系，还是语义角色关系。我们认为，这些问题的回答应该视具体的句法理论来看，在不同的理论架构中，可以有不同的依存关系，但其定义应该在理论是内部一致的。

　　此前我们说过依存关系是实现了的配价关系。因为配价关系本质上是一种一对多的关系，即支配词开出可能不止一个的空位，而依存关系又是一种二元关系、一对一的关系。二者似乎是一种不兼容的对应。但是我们也说过在依存句法树里，一个节点虽只能有一个支配节点，但却可以有多个从属节点。换言之，在实例了的词(类)配价结构模式中，只能有一个输入，但却可以有多个输出。这样，配价关系可理解为一种含有多个二元依存关系的集合，而且构成这些二元关系中的一个元素是相同的。

　　综合上一节的讨论，我们认为，依存关系具有以下属性：

　　(1) 它是二元的，即它是一种两个元素之间的关系；

　　(2) 它是不对称的，即在关系的两个元素中，一般而言，一个元素会支配另一个元素，这是构成依存句法树层级体系的基础；

　　(3) 它是有标记的，即人们应该区分一种语言里的各种不同的依存关系，并且将它们显式标示出来；

　　(4) 有一种特殊的关系叫并列关系，构成这种关系的元素之间不存在支配关系。但通过并列关系标记，我们可以将它纳入依存句法树中。而此时，所表现的层级性是一种伪层级，人们通过标记可以方便地识别这个问题。这是一种面向应用的处理方式；

　　(5) 依存关系是一种有向的同现。线条性是语言的基本属性之一。这也意味着，我们工作的基础和对象，系统的输入和输出[9]最后呈现的总是线性的东西；

　　(6) 构造依存句法结构树的基础是词(类)的句法价，或句法结合能力。在词(类)的句法价的确定过程中，分布扮演着重要的角色。在不同的语言中，实现句法价的手段也会有不同，有的通过形态的屈折变化，有的主要利用词序和虚词；

　　(7) 确定词的语义价的基础一般是逻辑，即它是建立在语义完整性

---

9 这里所指是一个完整的可和人用自然语言交流的系统的输出，而不是本论文拟构建的二维树形结构。

基础上的。语义价是构建语义结构的基础，语义结构不必符合真树原则，它也不应含有词序信息；

（8）语言系统中的依存关系可分为三种：形式依存，句法依存和语义依存。其中形式依存主要指的是通过语法形态和词序的变化来表现的元素之间的依存关系，它是二维的句法依存结构的线性体现；句法依存也可称为结构依存，在没有特别说明时，本书所说的依存关系均指句法依存关系；语义依存指的是由于两个成分之间存在谓词论元关系，而形成的一种依存关系；

（9）如果从框架或槽的角度来看，那么可以把依存关系理解为担当框架主的词和它所要求的成分之间的一种关系；

从前面关于"依存句法结构树"和"配价词典"的两章里，我们看到无论是依存树中的节点还是配价词典中的词项，我们针对的基本都是词，这充分体现了依存语法理论中词作为基本要素的观点。但在实际操作中，如果我们只考虑词的个性，而忽视词的共性，那么我们的句法规则和词典表述，都会因失去概括能力而显得非常庞大，我们也难以实现"语言是有限手段的无限运用"这样已成为共识的思想。虽然在(计算)语言学的历史中，有像 Maurice Gross 那样认为"没有两个动词是具有相同句法属性的"(1994：227)的学者，但绝大多数的学者认为语言研究还是可以在更抽象的层面上进行研究的，语言规则也应该通过抽象的表述来概括。这一点就是在提倡泛词汇主义的 Word Grammar 和 Lexicase 里也得到了一定程度的应用。为了简化词典和基本依存结构的描述，我们在模型中引入词类和词的子类的概念，并且通过词类间的依存关系来提高我们模型的概括能力。这样做也能更好地表现 Engel 的"配价是子类的支配能力"。

由此我们可以得出编写某种语言的依存句法的一般步骤：确定词类以及该词类的子类，理清每一种词类的支配和被支配能力，区分由词类支配能力(配价)形成的词类间依存关系的类型，并构成图 3-5 所示的依存关系结构图：

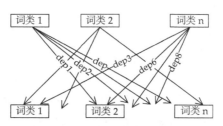

图 3-5 基于词类的依存语法原型图

　　有了这样的依存结构图后，在编写词典时，对于具体的词，我们就可赋予它相应的词类标记，通过继承手段词类的句法依存属性就被该词所有了，进而减少词表中的冗余信息。

　　关于词类的划分标准，学者们仍有不同的看法。对于汉语而言，陆俭明认为"划分汉语词类，最佳的出路是以词的语法功能为划类的依据"（2003：34）。那么什么是词的语法功能呢？郭锐对此做了进一步的阐述，"划分词类从实质上说就是根据词的分布特征推断词的词类性质。那些能出现于同一语法位置的词是因为具有相同语法意义，那些不能出现于相同位置的词可能是因为不具有相同语法意义。分布反映了词的语法意义，词的语法意义表现为分布。"（2002：128-129）

　　Schubert（1987）给出了在分布的基础上构建一种语言依存句法的六个步骤：找出同现关系，辨别具有语法意义的同现，建立同现模式，整理得到的结果，合并词类以提高规则度，平衡所得结果。通过这六个步骤，人们不但可以得到这种语言的词类，也可以得到每一种词类的同现模式。在此基础上，整理每一种词类的同现关系网络，对这些同现关系进行分门别类的比较甄别，并赋予它们不同的标记，就可得到这种语言的依存关系模型。Lopatková/Plátek/Kuboň（2005）所提出的归约依存分析法（Dependency Analysis by Reduction）也有助于把传统语言学中对依存的研究成果转变为适合于计算语言学应用的语言知识。

鉴于分布基本上是许多语言学家划分词类的主要依据，所以我们在制定一种语言的依存语法过程中，可以并应该借鉴使用语言学界已有的成果。当然，这种借鉴应该在一种统一的配价理论和依存语法框架下进行。

如果依存句法是一种具有普适意义的句法分析模型，那么一种语言中的词类和依存类型数量该有多少才合适呢？这个问题，在制定面向信息处理的依存句法模型时尤为重要，数量太多对人和机器识别关系均会造成问题，标注准确率和效率自然会降低，数量太少又可能不足以描述语言中的语法现象，降低了模型的表现力，并导致分析深度不够。为此我们从 Maxwell 和 Schubert(1989)一书和其他相关资料中提出表 3-1，

表 3-1　几种语言依存句法中的词类数、依存关系数

语言名称	词类数	补足语关系数	说明语关系数
英语[10]	11	14	11
德语[11]	10	17	9
丹麦语	11	9	6
波兰语	10	10	8
孟加拉语	14	10	10
芬兰语	14	12	9
匈牙利语	10	11	10
日语	19	13	7
世界语	12	8	10
法语	10	11	10
意大利语[12]	11	21	
荷兰语	13	13	2

10 Bieke van der Korst(1986). 在 Järvinen/Tapanainen(1997)中提出的英语依存语法中含有补足语 7 种，说明语 13 种，其他 13 种。Mel'čuk/Pertsov(1987)中的英语依存语法有 8 种句子级补足语，6 种句子级说明语；15 种短语内的句法关系；1 种并列关系。共计 30 种关系。

11 Foth(2007)的德语依存语法有补足语 14 种，说明语 20 种。

12 数据来自 Bosco(2003). 因该句法系统没有区分补足语、说明语关系，所以 21 种关系似为二者之和。

表中含有几种语言依存句法的词类数、补足语关系数和说明语关系数：

由此可知，一种语言的词(大)类一般在 10~20 种之间，而依存关系的数量在 15~35 之间。

3.5 汉语依存语法

写一部依存句法，一般应该包括以下两部分的工作：词类的确定，依存关系的确定。这两类工作实际上也符合现代系统论的思想(陈忠、盛毅华 2005)：词类划分研究的是系统元素的问题，依存关系则需要理清的是元素之间的关系。

3.5.1 现代汉语词类体系

由于我们的主要任务是建立一套基于依存和配价原则之上的自然语言句法分析模型，这种模型在一定程度上是人类语言理解过程的抽象，它应该有助于计算机仿真人类的语言处理能力。从这个意义上说，本书提出的模型是面向信息处理的。但是，因为模型本身力图做到对人类语言过程进行形式化的抽象和描述，所以它也应该可以用在(应用)语言学的其他领域，如：语言教学等。这样一来，就难免会涉及机器使用的词类体系和人所用体系的关系问题。我们认为在大的词类划分上，信息处理用体系和日常使用的体系，不能有太大的区别。但面向机器语言处理的体系，可把词类分的更细一些，这主要是为了向机器提供更多的语言知识，当然也不能太细，满足应用需要即可。考虑到配价在我们模型中的作用，以及 Engel 的配价定义"一种子类支配能力"在减少词项描述冗余信息的作用，我们需要在传统词类体系的基础上，进一步划分子类或者在词类层级中将一些子类的地位提高。

有关汉语词类划分的研究有很多，词的基本类的数量从汉语马建忠的《马氏文通》(1898)中的 9 种到郭锐《现代汉语词类研究》(2002)中的 20 种不等。限于篇幅和主题，有关这一方面的问题，我们在此不再展开讨论了。

　　语言学家对于汉语词类的划分有着不同的意见，这是很正常的。但是当这些不同的分类进入语言信息处理领域后，会产生一定的问题，导致数据交换困难。为此国家语委作为国家语言规划的部门，在"九五"期间开始着手制定《信息处理用现代汉语词类标记集规范》，力图通过颁布国家标准的方式来解决这个问题。此规范吸收了语言学家的研究成果，并兼顾各家的分类体系，是一套从信息处理的实际要求出发的现代汉语词类标记集的规范，它提供了现代汉语书面语词类标记集的符号体系，使得各种中文信息处理系统能够用较为统一的、各方都接受的词类标记体系标注各自的系统。此项《规范》刊登于 2001 年第 3 期的《语言文字应用》杂志上。该词类体系共有 19 类：名词、数词、量词、形容词、动词、副词、代词、介词、连词、助词、叹词、拟声词、习用语、简称和略语、前接成分、后接成分、语素字、非语素字、其他。如果去掉那些非句法层面的类，那么《规范》所依据的基本分类体系就是《中学教学语法系统提要》的体系。我们认为对大类进行这样的选择是适宜的，因为构造任何大规模语料库都需要很多人力，普及率高的"中学教学语法"有助于我们找到更多可用的人力资源。

　　本着充分利用现有资源的精神，我们提出的依存语法的词类体系是以该规范为基础的，但依据词类（大类及小类）的句法功能和词类的子类支配能力，稍微作了一些修改，定出本书拟采用的词类体系[13]。大类有：名词(n)、数词(m)、量词(q)、形容词(a)、动词(v)、副词(d)、代词(r)、介词(p)、连词(c)、助词(u)、叹词(e)和拟声词(o)。以上词类及其小类构成如下词类层级体系：

---

13 在拟定词类体系时，我们参考的主要著作有：邵敬敏(2001)，刘月华等(2001)，吕冀平 (2000)，方绪军 (2000)，张谊生 (2000)，郭锐 (2002)，吕叔湘 (2002)，丁声树等 (2002)。

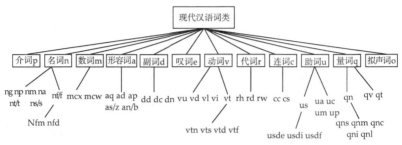

图 3-6　汉语词类层级示意图

这种分层次的词类体系描述和划分，对于词的详细、精确描述是有意义的。例如，我们可以在此基础上，用缺省传承(default inheritance[14])的方式来实现对不同词类以及它们的子类的支配能力的描述，从而提高基于词的句法系统的概括能力。

3.5.2　现代汉语依存关系

在基本确(选)定了现代汉语的词类体系后，接下来的工作就是理出一套这些词类之间的依存关系集。

在制定依存关系时，传统的汉语句法著作中提到的主语、谓语、定语、宾语、状语、补语等句法功能关系具有重要的参考作用，但是为了更精细地刻画句子中词(类)间的关系，只有这些是不够的，因为我们必须处理句子中所有的词间关系[15]。限于篇幅，这里不再给出详细的依存关系结构模式和例句了。

---

14 这里的"缺省传承"概念借用自 Dick Hudson 的"Word Grammar"。但类似的概念和术语，也可见于其他现代的句法理论中，如 HPSG(Sag/Wasow/Bender 2003：307)。这个概念在人工智能有关领域中也极为常见。

15 在依存关系标记的名词选用上，我们尽可能采用类似于 DLT 项目依存语法的标记(Schubert 1986，1987；Li 1988；Maxwell/Schubert 1989)。在制定依存关系时，主要参考了：Li(1988)，周明、黄昌宁(1994)，吴升(1996)，刘伟权、王明会、钟义信(1996)等文献。为了减少篇幅，除动词和助词外，我们基本没有按照词的子类来构造依存关系，而是仍然按照词的大类来做，如非谓形容词显然不能作为 SUBJ 关系的支配词，但在表中我们只是采用了形容词的大类标记 a，而没有做进一步的子类区分。

　　在我们构建的汉语依存句法中，有补足语（complements）20 种，说明语（Adjunct）14 种。这一数字基本控制在上述范围之内，但仍有些多，这需要通过观察这些关系在文本中的使用情况，进一步简练。

　　并列结构的处理需要特别说明一下。汉语中，并列连词"和"、"与"、"同"、"跟"，以及"、"（顿号）可以引入一种显式的并列结构。严格说来，这种结构中的成分在句法层次上是同级的、平等的。但为使依存理论可以处理这种现象，我们引入并列关系前缀 C-。因为并列连词（CC）可以引入名词、形容词、动词等，所以通过它形成的结构可以充任句子的主语、宾语、定语以及谓语。这种并列结构和 C-的关系如图 3-7 所示：

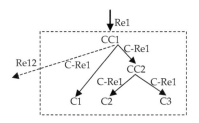

图 3-7　并列结构在依存句法中的表示

　　图中的用虚线标出的结构就是并列结构的依存树一般表示：连词 CC1 代表该结构和句中其他成分发生关系，标记为 Rel 的线条表示其他成分对该结构的支配关系，标记为 Rel2 的线条表示该结构对其他成分的支配关系。如句子：美丽的长江、黄河和黑龙江都是中国的河流。其中：Rel-SUBJ，Rel2-ATR，CC1-"、"，CC2-和，C-Rel-C-SUBJ，C1-长江，C2-黄河，C3-黑龙江。

　　Lobin（1993）和 Osborne（2003）详细讨论了如何在依存语法架构下，更有效地处理并列结构的问题，很有启发意义和理论价值。赵怿怡（2008）对在依存语法框架下的汉语并列结构的处理及自动分析进行了详细的研究。她的研究表明，不同的处理方式对于句法自动分析的精度是有影响的。

　　Žabokrtský(2005)采用了类似的方法来处理并列结构，但认为应该把这种方式引入的支配节点叫做直接支配者，而不是实际的支配者。我们认为在句法层面，完全可以将连词作为被连接成分的支配者。Žabokrtský 所谓的实际支配者，可以视为一种语义层面的处理。因为他的配价词表所依据的 FGD 理论，更注重语义关系的处理，所以做这样的区分可能是有必要的。而在句法层面，我们的处理方法是可以接受的。

　　根据依存关系的功能，我们可做出如下现代汉语依存关系层级图：

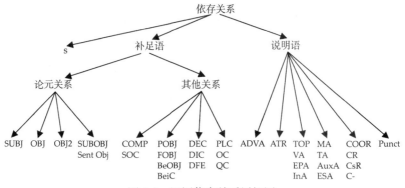

图 3-8　汉语依存关系层级图

3.6　概率配价模式和汉语配价模式

　　将前一节得到的依存关系和词类联系到一起，就可以得到一个简单的现代汉语词类组合能力的模式，也就是我们在第 2 章所说的词类的广义句法价模式。显然，一个词类可支配的依存关系不是均衡的。换言之，虽然某个词类从理论上说可以通过若干依存关系支配其他若干类词，但是这些依存关系出现的概率是不一样的。如：名词作为"主语"和"宾语"的可能性明显要远远大于它作"谓语"的可能性。这意味着，可以在词类的句法配价模式中引入量的概念。可以通过语料库来得到所需的量，并用来标注依存关系的强度，出现多强度就大。我们说过一个词的结合力（配价），可以分为被支配(输入)和支配(输出)两类，被支配力表示词受别的词的支配能力，支配力则是它支配其他词的能力。既然是力，就会有大小，我们可以用一个词类所能(被)支配的依存关系在数和量上的不同来定性地描述它的能力的大小，也可以通过语料库来获得更精确的定量描述。引入依存关系的联结强度后，我们所提出的模型有望更好地使用统计语言信息处理的一些技术，从而进一步提高系统的分析和理解精度。在配价模式中引入概率的概念，对于建立更具普适意义的语言处理或理解模型也是非常必要的，因为"大量的语言事实证明，语言是一种概率的东西。在语言理解和生成的过程中，无论是在存取、歧义消解，还是在生成阶段，概率都在起作用。……在句法和语义领域，概率对范畴的渐变性(gradience)、句法合格性的判定以及语句的解释，都有意义。"(Bod/Hay/Jannedy 2003：vii)这样我们所提出的配价模式就成了一种"概率配价模式"，所谓"概率配价模式"就是我们在描述一个词或词类的配价模式时，不仅应该用定性的方式来描述它可支配什么样的依存关系，可以受什么样的依存关系的支配，而且也应该用定量的方式给出这些依存关系的分布，如名词作主语的概率是多少、作宾语的概率又是多少等。

　　这样上一章提及的价图就变成了这样图 3-9：

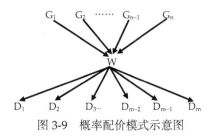

图 3-9　概率配价模式示意图

　　图 3-9 中的 W 仍为一种词类或一个具体的词，G_1, G_2, ... G_n 为 n 种可以支配 W 的依存关系，D_1, D_2, ... D_m 为 m 种 W 可以支配的依存关系；wg_1, wg_2, ... wg_n 为相应的依存关系在 W 的整个被支配能力中的概率，

$wg_1+wg_2+...+wg_n=1$；wd_1, wd_2, ... wd_m 为相应的依存关系在 W 的总支配能力中的概率，$wd_1+wd_2+...+wd_m=1$。在采用配价模式驱动的句法分析中，可支配的成分能多于一个，而被支配者只能接受一个在它上面的词的支配。换言之，虽然一个词或一种词类的支配与被支配能力不是呈均匀分布的，但被支配关系具有排他性，即一个词不能同时有两个或两个以上的支配者。

也可以通过如图 3-10 的方式描述构成某种依存关系的概率分布：

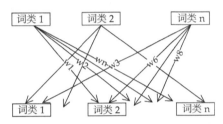

图 3-10   概率配价模式下的词类关系示意图

假设一部语法含有 n 个词类，那么对于此语法中的任何一种依存关系 D 的实现，理论上可以有 $n(n-1)$ 种可能，实际上几乎没有这样的 D 存在，如形成主语关系的词类多为动词和名词，而不可能是数词和量词。这样，如果我们去掉那些不可能的组合，剩余的组合也有量的不同。图 3-10 就是这种思想的一种反映，图中上方的词类表示支配者，下方的表示从属者，词类之间有连线表示在他们之间可以形成依存关系 D，每一条连线上的标记 W_i 表示这种连接在关系 D 的总构成里所占的权重，$W_1+...+W_n=1$。当然此图中的词类也可以为词，现在这样只不过是为了便于表述。

将定量的方式引入配价描述，可以更好地体现概率统计在语言分析中的作用，也对我们所提出的配价模式中的支配、被支配力有了一个更好的解释。概率配价模式也有助于解释对一篇文本进行依存关系统计分析时，各个依存关系的出现频率为什么是不一样的，这样我们就可以更好地把"依存关系是实现了的配价关系"这一思想和语言研究中的概率与统计方法结合在一起。利用"概率配价模式"我们也有可能更好地描述熟语和固定搭配的语言单元，因为在这样的结构里，各部分之间的结构强度非常大，难以分开，我们也可以用此作为基础，研究固定搭配结构的搭配强度，以及花园幽径句的理论解释等问题。

　　按照我们所构拟的汉语依存句法和概率配价模式的一般原则，不难得到汉语主要词类的配价模式结构图[16]。

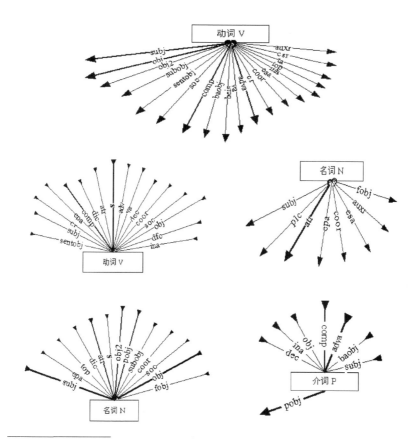

16 因为缺乏精确的统计数据，我们这里只能用线条的粗细来作为一种描述框架模型。我们基本没有区分词的子类，原因已在上文提过。我们会在"基于树库的现代汉语定量分析"一章中，进一步讨论这个问题。

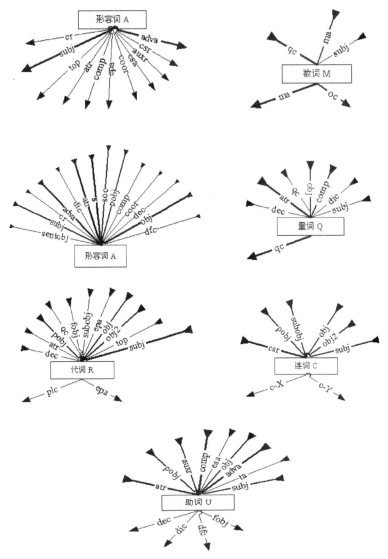

图 3-11　汉语主要词类的配价模式图

对于结合力较强的词类，如动词、形容词、名词等，我们将输入和输出分开表示。图中箭头向外的关系表示的是该词类可以支配的关系，箭头向里的关系表示该词类可以满足这种关系。前者可视为词(类)的主动结合力，这是一种开辟空位的能力；后者为词(类)的被动结合力，它是一种填补空位的能力。为了简化起见，我们只给出了词的大类结合能力，将一些子类属性也一并归入大类。在具体实现时，需要注意这个问题。

　　显然，这些词类结合能力的模式不能解决现代汉语中的全部问题。但这样的模式对于构造一个结构紧凑的词表是有用的，而且也在更抽象的层面上体现了我们随后提出的句子句法分析模型和方法。这里提出的模型也允许我们进一步处理那些超出模式范围的词，即：针对词，而不是词类来描写其依存结构和组合能力。

3.7　汉语依存树库

　　基于语料库的方法是自然语言处理领域中的一个研究热点。经过句法标注的语料库也被称之为树库[17]，树库建设(treebanking)是目前语言信息处理领域，特别是研究广域(broad coverage)句法分析器的一个非常重要的环节(Abeillé 2003)。当然，树库的用处还不仅限于此，它也有助于语言学家定量研究语言的句法结构。这样我们构造了一个试验性的汉语依存树库，建库的主要目的是：

- 检验所提出的依存句法模型分析真实语料的可行性；
- 为依存句法模型的修改积累资料和经验；
- 标注基本要求是能对真实文本进行二元依存关系标注，包括标点符号都应联结到句法树上；
- 探索用投影依存模型来处理汉语的可能性；
- 对得到的树库进行统计分析，期望得到"概率配价模式"的数据，

---

17 虽然有学者把经过语义、语篇等标注的语料库也称为树库，但本书仍用树库专指经过句法标注的语料库。

如：某个动词的价数和价量，其他词类的结合能力等；词类之间结合的强度，即我们提出的配价支配、被支配力的量化；依存距离问题；其他词类语料中的依存关系统计，以寻求一种基于依存关系的现代汉语定量研究方法；

- 探索树库标注的一般问题，如：一致性问题，多人标注、一人修订，还是个人标注、交叉修订；

- 为基于树库的一般语言学研究和依存句法分析提供一些可用的资源。

考虑到中央电视台"新闻联播"在传媒语言研究中具有的代表性，我们选取了该栏目 4 天的内容作为语料。标注采用本书提出的《现代汉语依存关系语法》，原始语料选自中国传媒大学"传媒语料库"中经过词性标注的语料。由于我们所提出的依存语法中的词类标记与原语料有些不同，所以在标注中，须对原词性标记做一些修改。采用已经过切分和词性标注语料的初衷是，为了更好地利用现有资源，但这也带来一些问题，如标注者过于依赖原语料中词性标注，造成一些不必要的标注错误。

为了探索树库建设的模式。我们将语料按照两天一组，分别采用了不同的标注方式。每一组的语料数量大致相当，都在 10000 词左右。前一组标注者由 20 名汉语言专业（应用语言学方向）三年级本科生组成，每人大约标注 500 词左右；后一组为一名应用语言学专业硕士生。本科生完成的标注，再交由硕士生校对和修订。最后，再由本书作者对全部语料进行修订，修订的主要任务是解决明显的标注错误，特别是会导致句子不联通的错误。通过构造树库的过程，我们认为：首先应该预处理语料，如数字的全角化、标点的标准化；如果采用已标注过词性的语料，除应保证标注质量和精度外，还应该采用自动的方式对与原语料中不一致的词性标注进行转换，确保一致性；采用多人标注，虽然有可能更多地发现一些有争议的标注问题，这有利于（依存）语法模型的完善，但也会产生难以处理的一致性问题；树库标注应该尽可能采用全自动或半自动的方式进行，至少应该具有一些工具帮助标注者发现标注中的问题，特别是对于平均句长较大的语料，更是如此；事先对标注者进行培训是必要的，是树库正确性和一致性的基础；对于模棱两可的情况，标注手册中应有明确的判定方式，这种方式不一定是最合理的，但必须一以贯之，因为这是保证一致性的必要手段。

最终形成的树库含句子 711 个，词 20 034 个，平均句长 28 个词，不含有循环句、非投影句和不联通句。一致性问题仍然没有得到彻底解决，所以只能说是一个试验性质的树库，但已基本达到了预期的目的。树库采用的格式如表 3-2 所示。

表 3-2　汉语依存树库的格式

句子编号	句中词序	词	词性	支配词序号	支配词	支配词词性	依存关系
s1	1	这	rd	2	是	v	subj
s1	2	是	v	6	。	bjd	s
s1	3	一	m	4	个	q	qc
s1	4	个	q	5	例子	n	atr
s1	5	例子	n	2	是	v	obj
s1	6	。	bjd				

此格式便于标注者采用 Excel、Access 等常用的办公软件来进行标注。原则上，上表中的"句子编号"、"支配词"、"支配词词性"等是一些冗余信息，因为我们可以很容易地用一种自动的方式，得到句子的序号，如从"支配词序号"也可以方便地得到"支配词"、"支配词词性"等内容。事实上，我们在用本树库训练依存句法分析器时，采用的格式也是一种不含这些信息的精简版。但由于我们建立树库的目的不仅仅是为了训练和评价句法分析器等计算语言学应用，而且也希

望可以用这个树库做一些基于依存关系的汉语定量研究，所以这些显式信息还是必要的。

树库标注过程中的主要问题有两个。首先是关于依存关系标注真实语料的可行性问题。虽然有一些原定的依存关系在新闻联播语料中，出现甚少，有的甚至没有出现，但总的说来，现有的依存关系集可以满足标注的需要。当然，可以根据标注结果的统计分析，从原依存关系集中提取出一个子集，专门来标注此类语料可能精度和一致性会更好一些。考虑到依存关系集不宜过大，加之我们所制定的依存关系集要处理的不仅仅是这一种语料，所以在用现有依存关系可以解决问题的情况下，我们不提倡增加依存关系[18]。至于是否要减少依存关系，应该再使用不同的语料进行依存关系标注试验后再做决定。另外，对于一些容易出现随意标注的关系，如 adva 和 atr 要制定更明确的标注规则。

关于依存树库标注格式，限于可用的相关工具不多，本树库基本采用手工标注。实践证明，目前的这种基于二元关系的表示方式是可行的，展现了依存标注的简易性和易学性。现有许多标注问题表面看可能是由于目前采用的格式不直观造成的，但所处理语料的平均句长过大也是一个不容忽视的原因。因为短句标注的准确率，要远远好于长句。下一步要做的工作是采用可视化的标注工具(左伟 2006)，尽可能对标注的语料进行一致化的预处理，并开发一些相应的辅助工具，如可以搞一个集分词、词性标注、生成所标注句子的 CSV 格式、将 CSV 显示为依存树结构等功能于一体的软件。

对树库标注错误进行分析后，表明单人标注的准确性要比多人标注的准确性和一致性都要好得多，对于长句更是如此。

---

18 后来，我们又用同一汉语依存句法标注过数量大致相同的《实话实说》语料（关润池、赵怿怡 2007）。这说明本节所提出的汉语依存句法体系具有较强的分析处理真实语料的能力。

3.8 小结

我们认为配价是一种词与其他词结合的潜在能力，它是对词的一种静态描述。当词进入具体语境时，这种潜在能力得以实现，也就形成了依存关系。换言之，依存关系得以存在的基础是词的结合能力或配价，词间依存关系不能脱离词的结合能力而存在。词的结合能力或词的配价，可以在不同的层面[19]进行分析和研究，这些层面是有联系的，但不一定是一一对应的关系。配价的层级性导致由此而生的依存关系也有了层级性，这样就有了句法依存关系和语义依存关系等，同样在句法关系和语义关系之间也存在着密切的关系，但它们之间也不是完全对应的。因为句法关系和语义关系的基础都是词的配价，而且这些关系都是词间关系，所以依存句法关系结构更容易转换为语义关系结构。

不同层面的依存关系，其普适性也会不同。从形态、句法到语义，依存关系的普适性呈增长势态。也就是说，人们有可能制定一套适合多种语言的语义关系，但很难找到适合不同类型语言的形态关系集。这在一定的程度上说明了句法层面的必要性，它是介于形态(或线性结构)和语义间的一个接口。

在本章中，我们根据现代汉语语法研究的成果和依存句法的一般原理，初步建立了一个现代汉语的依存句法体系，包括：词类体系和依存关系集。严格说来，依存句法是一种词语法，引入词类以及词的子类的目的是为了减少构造词表时的冗余信息，而不是要排除词语法的本质——词汇中心说。对于那些难以概括为词类的词语法结构属性，仍然应该把词作为描述的中心。这一点，在构造词表时需特别留心，也很重要，因为基于依存关系的体系本质上是一种词汇化的体系，决不能为了提高语法

---

19 这里的层面指的是形态、句法、语义和语用等。

的概括能力而丢掉它的本源。

我们也简要介绍了本章理论研究的两个副产品，一是现代汉语主要词类的配价模式，二是一个 20000 词的汉语依存树库。配价模式是本书所提出的句法分析方法的基础，依存树库是实践部分所需的资源。

无论是词的配价模式还是依存句法树库，都是一种语言知识，语言知识是人类知识的一部分。为了使计算机能用这些知识来分析自然语言，我们需要对所提出的理论架构进行形式化描述。于是，形式化便成了下一章研究的重点。

第 4 章

依存语法形式化研究

4.1 引言

此前我们提出了一种基于复杂特征的依存树结构，并认为语言理解和分析的首要任务就是构建这样的依存结构树。词是构造依存结构树的基本单位，对词的组合能力的研究将我们引入到配价领域。我们认为配价是一种词与其他词结合的潜在能力，它是对词的一种静态描述。词的这种潜在能力在具体语境中的实现形成了依存关系，即句法结构树中的依存关系。换言之，依存关系得以存在的基础是词的结合能力，词间依存关系不能脱离词的结合能力而存在。

按照我们的理解，一个词(类)具有和其他词形成多种关系的能力。这种能力在词表中的描述应该尽可能详尽，一旦进入到具体的语句中，受周围词的影响，能实现的依存关系是有定的和有限的。从这个意义上说，基于配价模式的语言理解和分析系统是一种基于约束的系统（constraint-based system）。

一个词可以通过支配不同的词，形成不同的句法依存关系。一个词也能够通过填补不同的句法关系槽，来帮助别的词实现不同的依存关系。但是，一个词与其他词之间可有的依存关系不是等概率的，由此我们提出了词(类)的概率配价模式。这样基于配价模式的语言分析也可理解为一种基于概率的语言分析系统。

为了让计算机使用这些语言知识来理解和处理自然语言，需要算法的支持。算法是用计算机模仿人类语言能力最重要的一个环节。为了寻求适宜的算法，应首先对前面提出的语言分析理论进行形式化的描述。刘海涛（1995）采用软件工程的思想，在计算语言学研究中引入模块化的概念，文章认为计算语言学家的主要任务就是语言的形式化描述。

　　本章首先引入语言形式化，特别是语法形式化的概念和意义。然后评介一些重要的基于依存关系的形式化体系。最后，引入一种符合本书所述的形式化体系。

4.2　语言的形式化

　　语言的形式化是指"运用数学形式和形式逻辑描写自然语言。与非形式化的描写相比，形式化的优点是词汇（=术语）有较大的明确性、精确性和经济性，对论据能够进行较容易和可靠的验证。"（布斯曼　2003：158）

　　虽然采用数学或形式逻辑的方法来描写自然语言的努力，可能在哲学等领域早已有之[1]。但一般认为，现代意义的语言形式化描述始于美国语言学家乔姆斯基，关于一点，GPSG 和 HPSG 的创立人之一 Ivan Sag 是这样说的："乔姆斯基对于语言学的主要贡献是在语言结构的研究中引入了可对假设进行数学般精确描述的工具，这使得收集各类数据并用其来证明某些假设的不成立变成了科学研究。……试图采用清晰、精确的假设来研究句法、形态或词汇的思想，要比'空语类原则'，'支配与约束理论'更有生命力。"[2]

　　为什么要在语言研究中引入形式化方法呢？乔姆斯基本人在其经典

---

1 可参看分析哲学和语言哲学的有关著作，如马蒂尼奇（1998）。也可参看有关计划语言方面的文献，如 Blanke（1985）、Sakaguchi（1998）和 Eco（1994）。

2 参看荷兰学生计算语言学刊物 Ta! 1993 年第 2 期上对 Sag 的采访。http://www.let.uu.nl/~Anne-Marie. Mineur/personal/Ta/Sag.html。

著作《句法结构》的前言中对此有详尽的阐述[3]：

　　从正反两方面说来，精密地编写出语言结构的模式，能在发现的过程本身起很重要的作用。要是用一种精确的然而不适用的公式表示法推论出一个无法接受的结论来，那么我们往往由此能够揭露不足的真正根源，因而也就能获得对语言材料的更深刻的理解。从积极方面说，一种公式化的理论还可以自动地解决它本来打算解决的问题以外的许多问题。而模糊不清的、囿于直觉的概念既不能引出荒谬的结论，也不能提出新的、正确的结论。所以这类概念在两个重要的方面都没有用处。用周密的措词陈述一种设计性的理论，并且把这种理论严格地应用到语言材料上来，而不想靠局部的调整迁就或者粗枝大叶的表达公式来躲避那些难以接受的结论，这种方法对于出研究成果具有很大的潜力。有些语言学家可能没有认识到这一点，所以他们不很赞成用严密精确的、技术性的措词去阐述语言理论。

　　乔姆斯基有关语言形式化的理论和方法的主要论述见（Chomsky/Miller 1968），其方法和理论不仅导致了语言学领域的革命，也推动了形式语言的研究，而形式语言又是计算机程序设计语言的基础。

　　采用形式化的方法来研究语言，有以下好处（Bröker 2003：294）：

- 通过形式推理得到的结论以及比较预测和语言现实来证实或证伪理论；
- 在同一语言学框架下，比较不同的分析结果，进而研究哪一种分析更适合经验数据或语言现实；
- 比较本语言学框架和其他语言学框架下的分析结果，目的在于从这些框架得到启发；
- 语言处理模型的研发，这能解释人是如何学习、产生和理解语言的，也可在机器上模仿这种能力。

---

3 引自乔姆斯基（1979），第 1 页。注意，译文中的"公式化"就是我们所说的"形式化"，英文为 Formalization。

Hellwig 对语言、语法、模型、形式化、图和树等概念的作用及联系有清楚的认识，他说："语法是关于语言的一种理论。可以通过自然语言来描述所涉及对象的特性，从而达到理论的精确表述。另外一种有关对象的描述是建立一种模型。模型是将对象的某些特征抽取出来形成的一种人造结构。在语言学中，形式模型扮演的角色很重要。形式模型（也称形式化体系 formalism）由一系列符号以及一套如何操作这些符号的指令组成。在语言学中，广为使用的一种形式模型是图，图的主要元素是节点和边，'树'就是一种特殊的图。"（Hellwig 2003）这样我们可以更清楚地认识到所谓语言或语法研究的形式化实际上就是用一套符号体系来对研究对象进行抽象的方法。

Pollard 和 Sag 对语言现实、模型及其语言的形式化之间的关系有非常精辟的认识，"在任何关于现实世界的数学理论里，我们所感兴趣的对象是用数学结构来模型化的，模型中的某些特征一般可理解为对象可观察属性的对应。理论谈论的不是现实世界本身，它所说的是模型结构或模型结构对现实的解释。因此，理论的预测能力取决于模型和现实之间的对应。"（1994：6）

归纳起来，语言形式化研究大致可分为以下步骤：寻求一种数学方法（手段，工具）；将自然语言观察到的语言现象转变为数学语言描述；使用构造出来的形式化（数学）模型对语言现象进行解释和预测。

4.3 泰尼埃的依存语法形式化体系

泰尼埃多次表达过这样的想法，"说一种语言，就是把结构次序转换为线性次序的过程。反之，理解一种语言就是将线性次序转换为结构次序的过程。"（6.4，7.5）换言之，语句的理解和生成是一个在线性次序（一维）和结构（二维）之间的转换过程。在这个过程中，图式的作用不可忽视，因为它可以将抽象的、潜在的概念，形象地表示出来。因此，虽然泰尼埃没有采用严格的数学方法来表述自己的句法理论，但我们似乎有理由认为他的句法理论是一种基于依存图的半形式化体系。

　　泰尼埃将词分为实词和虚词(28.1~2)，又把实词进一步细分为名词、形容词、动词和副词四类，并用字母 O、A、I、E 来表示这四个基本词类[4]。泰尼埃认为计划语言 Esperanto 或多或少可算作一种欧洲语言的平均化产物，所以他采用了 Esperanto 中相应词类的词尾标记，希望能够起到一种助记作用。

　　在泰尼埃的 Stemma 里，只有实词才有资格占据结的位置。这样我们可以生成一种带有上述四个符号的图式，这种含有符号的图式叫做**虚图**(或符号图，stemma virtuel)。有关虚实图的图样和相互之间的转换见第 1 章有关例子。

　　泰尼埃认为，这些符号的使用，提供了用**代数方法来计算语法**的手段，只不过在这种操作中，字母代替了数字。这种类似于代数操作的方法，为我们提供了一种从无限的、个体的语言材料中抽取有限的、一般的句子结构的手段，即用更一般的**公式来代替众多具体句子**的分析。(33.10~11)

　　如果我们按照前面所说的语言形式化研究的方法来衡量泰尼埃的这一思想，便更有理由相信泰尼埃希望采用一种基于图式的数学(代数)手段来研究句法问题。

　　我们认为，虚图不仅仅是一种句子抽象或一般化的表述工具，它也是一种用来描写句子构成规则的方法，体现了洪堡特"语言是有限手段的无限应用"的思想。由于图式所具有的二维性及层级性，使得泰尼埃的这种虚图句式表示格式比我们一般常用的线性(一维)句子格式的表现力和描写能力更丰富。这种带有词范畴的句子树型结构，可以算作是现代计算语言学中基于树结构的自然语言形式化理论和方法(如：TAG、DOP)的先驱(Joshi/Schabes 1996，Bod 1998)。

---

[4] 在实际分析中，我们不应该把这四种符号简单地视为一般意义上的词类。这四个符号也表示了一种词间句法语义关系。

虚图式作为一种句子结构的一般模式在泰尼埃的结构句法理论中占有非常重要的地位。甚至可以说，泰尼埃的结构句法是一种基于虚图句式的、面向句法分析的理论。由"价"产生出来的句子结构虚图式，是生成理解结果的基础。泰尼埃图式中的结是实词，这一点通过虚图可以看得更清楚。换言之，介词之类用来表示语法关系的虚词在泰尼埃的图式里是不能充当结的。从这个意义上讲，泰尼埃的句法结构树可以视为一种面向语义的结构树。我们说面向语义，而没有说语义，这是因为这些虚词虽然不能占据一个完整的结，但是还是会以这样或那样的身份出现在图式里的，一般会成为某个转用结的组成部分。泰尼埃的这种思想，在现代数理语言学中得到了证实。Ferrer i Cancho/Reina(2002)用统计方法和信息理论证明了在一个(x, y, z)的结构中，如果 y 是介词，x 和 z 是实词，(x, z)之间的联结强度是最高的，相比而言 y 的作用几乎可以不计。类似的发现也可见于计算语言学的有关研究(Yuret 1998)。这一点对于我们构造理解结果的表示是有意义的。事实上，在一些更现代的依存理论中，其语义层的表示已经完全没有这些虚(句法功能)词了(Sgall/Hajičová/Panevová 1986)。

在泰尼埃 1959 年的著作里，他用近 300 页的篇幅来论述一个叫做转用(Translation)的概念及其实现，这几乎占了这本书一半的篇幅。遗憾的是后人对于 Translation 却没有什么大的兴趣，以致有学者认为"转用"是"一个不幸的概念"(Koch/Krefeld 1993)，显然这种不幸是与广为流行的配价和依存等概念相比而言的。我们说"转用"是基于虚图式句法分析理论的必要成分：没有它，基于虚图的句法结构体系就无法运作；没有它，我们就无法将无限的语句纳入有限的句式中；没有它，我们也难于在整个句法体系中实现递归操作；没有它，就很难将依存规则限制在一个可控的范围之内；没有它，也就无法将简单句的规则推广到复杂句的分析领域(Weber 1996, 2000)。由于递归已被认为是人类语言的基本属性(Hauser/Chomsky/Fitch 2002)，为此一种句法理论如果没有实现递归的手段，则无疑是不完备的，是没有足够的解释和描写能力的。泰尼埃通过虚图和转用，使得自己的句法理论有了现代句法理论应该具有的基本功能。

此前说过泰尼埃的理论本质上是一种基于虚图式的句法分析理论和实图式的分析表示体系，所以我们可以根据泰尼埃的有关论述，作出一棵泰尼埃依存语法理论的抽象句法树：

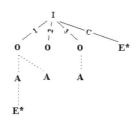

图 4-1　泰尼埃的句子结构虚图

图 4-1 的 I 和 O 之间形成了泰尼埃所说的配价关系或补足语关系；I 和 E 之间构成的是说明语关系，E*表示 E 是一种可重复的成分；此外，E 也可和 A 之间形成关系，O 也可和 A 联在一起。所谓转用指的是这几种语法范畴间的功能转换，如：O→A、A→E、I→O 等。

泰尼埃理论指导下的句法分析和研究，就是想办法将所有的句子纳入到上面这个图里。这个图不但给出了一个句子的合格性条件，也指明了理解句子的目标。这个图也表明泰尼埃的"结构句法"是一种语义驱动的功能句法理论，因为图式中已没有虚词的存身之地。要将任何句子纳入这个图式里，不用转用不行，而转用的使用和赋予什么样的标记又很难单凭句法做到。如果按照我们对"价"的理解，那么为了顺利进入图式，某些通过"转用"的节点在保持自身支配能力的同时，会改变自己的被支配能力。

语言的形式化研究的最大特点是严密性、精确性和可操作性。按照这一标准衡量，泰尼埃所采用的方法只能算是一种半形式化的方法。

4.4 美国的依存语法形式化模型

Hays(1964)是计算语言学或依存语法形式化领域被引用最多的文献之一，其原因不仅在于这篇文章源自 Hays 在 RAND 公司的机器翻译实践，也由于这篇文章是世界上第一篇用严格的形式化方法来对依存语法进行描述的研究，当然其发表语言英语和刊物 Language 也有助于文章的流传。在 RAND 公司的机器翻译系统研制过程中，不仅产生了一种形式化的依存语法理论，也诞生了世界上第一个(依存)树库(Kay 2000)。Hays 关于依存语法的思想不仅影响了英语世界的研究者，而且对其他地区相关领域的研究者也产生了极大的影响。"意义 ⇔ 文本"理论的创始人 Mel'čuk 回忆说，"在机器翻译及语言学领域，我也许是第一位做依存句法分析的人。一位美国研究者关于投影(Projectivity)和句法结构的思想对我们影响极大，他就是 David Hays。实际上，他的两篇优秀的论文完全改变了我对句法的看法。"(Mel'čuk 2000)[5]

Hays(1964)的题目为"依存理论：形式化方法及一些观察"，但正如他自己在文中所言，他所采用的依存形式化描述体系，实际上是基于 Gaifman(1965)的[6]。换言之，依存语法形式化第一人是 Gaifman，因此，我们下面的介绍也以 Gaifman(1965)为蓝本[7]。

下列研究涉及词或其范畴的有限序列。我们用带有下标或不带下标

---

[5] Mel'čuk 这里所说的两篇文章是指 Grouping and dependency theories(1960)和 On the value of dependency connection(1961)。因为这两篇文章前者为 RAND 公司内部报告，后者也出现在一个不大的专业会议论文集里，所以其影响不如他 1964 年发表在 Language 上的文章。

[6] 对此问题，其他学者也有提及，如：Bröker (2003: 296)，Fraser (1993: 24)。

[7] 由于 Gaifman 也是 RAND 公司的研究者，所以 Hays 才有可能在自己 1964 年的文章里引用 Gaifman 1965 年的文章。为了真实了解 Gaifman 的体系，我们尽可能从原文译出。这样做可能是必要的，因为 Hays 的论文是发表在语言刊物上的，而 Gaifman 的论文是发表在 Information and Control(《信息与控制》)上的。读者的不同，会影响作者的表述方式。作为计算语言学领域的研究，Gaifman 的表述可能更适合一些。

的字母 u, v, w, x, y, z 和 U, V, W, X, Y, Z 来表示这些序列的成员，其中小写字母表示词，大写字母表示词范畴。在讨论这些序列时，也应涉及词(范畴)的现次(occurrences)问题。这样就能区分在序列中出现于不同位置的同一个词。严格说来，现次是一个有序对<x, i>，其中 x 是词(范畴)，i 是其出现的位置。带有下标或不带下标的"P"，"Q"，"R"，"S"，"T"表示词或范畴的现次。如果 P = <X, i>，则 P 的序号 S(P) 被定义为 i，而且 P 的范畴为 X。

所谓依存系统，是这样一种系统，它含有有限数量的规则，利用这些规则可以对一种语言进行依存分析。规则可分为以下三类：

(1) 可以从相对位置推导出每个范畴直接相关范畴的规则。对于每一个范畴 X，有一组形如 $X(Y_1, Y_2...Y_1^* Y_{l+1}...Y_n)$ 的有限数量规则，其意义为 $Y_1...Y_n$ 按照给定的顺序依存于 X，*表示 X 自己在序列中的位置。其中的 l 可以为 0 和(或)n。如规则形如 $X(^*)$，则意味着 X 可以没有任何从属成分。

(2) 可列出某一范畴所有词的规则。每一个范畴至少应该有一个词，每一个词至少应该属于一个范畴。词可属于一个以上的范畴。

(3) 可列出所有可以支配一个句子的范畴的规则。

我们用 L_1、L_2 和 L_3 来表示这三个规则集合。

句子 $x_1x_2...x_m$ 可用依存体系进行如下分析：构建一个范畴序列 $X_1X_2...X_m$，其中 X_i 为 x_i 的范畴，$1 \leq i \leq m$。在序列 $x_1x_2...x_m$ 中的词现次之间建立依存关系，这是一种二元关系 d。"PdQ"的意思是"P 依存于 Q"，即在 P 和 Q 之间有一种关系。

我们可以为每一个 d 定义另外一种关系 d^*：iff(当且仅当)存在 P_0，$P_1...$, P_n 使得 $P_0 = P$，$P_n = Q$，并且对于 $1 \leq i \leq n-1$，$P_id P_{i+1}$，则 Pd^*Q。

关系 d 应该满足下列条件：

(1) 不存在一个 P，使得 Pd^*P 成立。

(2) 对于任何 P，最多只能有一个 Q，使得 Pd^*Q 成立。

（3）如果 Pd^*Q 成立,并且 R 位于 P 和 Q 之间,即:$S(P){<}S(R){<}S(Q)$ 或 $S(P){>}S(R){>}S(Q)$,则 Rd^*Q 成立。

（4）所有的现次都是通过 d 相连的。也就是说,最多并且只能有一个现次不需依存于其他现次。

（5）如果 P 是 x_j 的一个现次,并且依存于它的现次为 $P_1, P_2\ldots, P_n$, P_h 是 x_{ih} 的一个现次,$h=1\ldots n$,这些词出现于句子中的顺序为 $x_{i1}, x_{i2}, \ldots,$ $x_{ik}, x_j, x_{ik+1}, \ldots, x_{in}$,那么 $X_j(X_{i1}\ldots X_{ik}{}^* X_{ik+1}\ldots X_{in})$ 是一个 L_1 规则。如果没有现次依存于 P,此时 $n=0$,这样 $X_j({}^*)$ 也是 L_1 的规则。

（6）支配句子的现次是一个词的现次,这个词所对应的范畴在 L_3 中。

范畴序列 $X_1X_2\ldots X_m$ 和关系 d 共同构成了句子的依存树,简称 d 树 (d-tree)。依据不同的句法解释,同一个句子可以有一棵以上的依存树。如果一种语言中的每一个句子都能对应于一棵依存树,而不是句子的词串没有对应的依存树,那么我们就说这种语言是可用依存体系精确描述的。

以上就是 Gaifman 对依存语法的主要论述。我们可以将这些定义归结为这样四条原则:

（1）仅有一个现次不用依存于其他成分;

（2）所有其他现次都依存于某些成分;

（3）没有现次能依存于一个以上的成分;并且,

（4）如果 A 直接依存于 B,那么某个位于它们中间的现次 C,只能直接依存于 A 或 B 或者同样位于其间的其他成分。

这也就是广为人知的依存语法的四条公理（Robinson 1970：260）。应该注意的是,Gaifman 所说的依存系统的三类规则和 Hays（1964）中所说的依存语法三种规则有所不同。Gaifman 体系里只有第一类规则可以算是真正意义上的依存规则,这规则反映了支配词和从属词之间的依存和配置关系;第二类规则实际上是一种词汇规则,是有关词表的另一种说法;第三类规则指的是可以担当句子支配成分的范畴集合。Hays 把依存规则定义为"一种有关句法单位价的描述",它由一个支配成分和有限数量的从属成分构成。他的依存规则具有下列三种形式：

$$X_i (X_{j1}, X_{j2}, \ldots, {}^*, \ldots, X_{jn}) \quad (1)$$

$$X_i ({}^*) \qquad\qquad (2)$$

$${}^* (X_i) \qquad\qquad (3)$$

不难看出，Hays 的三条依存规则基本上是 Gaifman 第一类规则的细化。Hays 的规则没有包括有关词汇方面的规则，因为他认为"终极符号不应出现在依存规则中。"我们可以结合 Hays 和 Gaifman 的依存语法形式化体系，写出这样一个简单的汉语依存语法片断：

$${}^* (V)$$

$$N ({}^*)$$

$$N (A, {}^*)$$

$$V (N, {}^*, N)$$

$$A ({}^*)$$

N: {人，花}

V: {喜欢}

A: {好，漂亮}

根据此语法片断，采用自顶向下的方法，我们可以生成符合语法的句子：

$${}^* (V)$$

$${}^* (V (N, {}^*, N))$$

$${}^* (V (N (A, {}^*), {}^*, N (A, {}^*))) \ldots {}^* (V (N ({}^*), {}^*, N ({}^*)))^{8}$$

$${}^* (V (N (A ({}^*), {}^*), {}^*, N (A ({}^*), {}^*))) \ldots {}^* (V (N ({}^*), {}^*, N ({}^*)))$$

用相应的词代替*，就得到：

$${}^* (V (N (A (好)，人)，喜欢，N (A (漂亮)，花))) \ldots {}^* (V (N (人)，喜欢，N (花)))$$

---

8 因为在规则中有两条关于 N 的规则，所以这一步可以得到四种不同的结果。为了简单起见，我们只列出了两种。

对应的依存树如图 4-2。

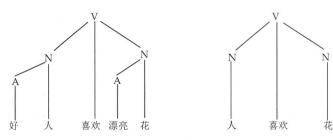

图 4-2　Hays 依存语法体系分析汉语示例

从以上讨论来看，Hays 和 Gaifman 的依存语法更像是一种上下文无关文法（CFG）的变体。事实上 Gaifman（1965）的主要目的就是为了证明依存语法和 CFG 没有什么不同，他的结论"依存语法弱等价于 CFG"是建立在严格的形式依存和投影结构的基础上的。这样的形式化体系，既不是对泰尼埃依存语法的形式化，也不符合我们在依存关系一章里对于依存的定义。Gaifman 和 Hays 得到这样的结论是意料之中的，因为我们在这两篇文章里根本就没有看到泰尼埃的身影。

在这一点上，另一篇采用 Gaifman 依存形式化体系的，同样属于引用最多的依存语法文献的作者 Robinson 的看法，也是有问题的，此文虽然提到了 Tesnière（1959），但仍然是在 PSG 的框架下对依存语法的讨论，只不过这次说的是依存语法比 PSG 中的转换规则能把"Head"（头词）处理的更好一些[9]。在谈到上引的依存语法四条公理时，Robinson（1970）说："这些理论的公理是由泰尼埃提出，并由 Hays 和 Gaifman 形式化的。"（1970：260）更准确的说法是，这其中有些是泰尼埃提出的，但其中的第四条却与泰尼埃的原意相违。第四条公理不但使 Gaifman 的依存理论和

---

9 如果我们考虑到今天流行的几个英语的 Parser 都是 Head 驱动的（Collins 1999, Charniak 2001），那么 Robinson 论文中关于依存语法比 PSG 处理 Head 具有优越性这一观点，可能仍然具有现实意义。

泰尼埃的理论有了区别，也开创了一种新的依存理论形式化体系——投影依存语法(Projective Dependency Grammar)或线性有序的依存语法(Ordered Dependency Grammar)。我们说，为了让泰尼埃的理论更严格，应用更广，对其简化以便形式化描述，这是可以理解的，但 Gaifman 却把"婴儿跟洗澡水一起倒了"(Bröker 2003：296)这也不能怪 Gaifman，因为他在写那文章时，根本就没有意识到要对泰尼埃理论进行形式化，而只是想对 RAND 公司机器翻译的实践做一个理论总结。

4.5　基于特征结构的依存语法形式化体系

美国语言学家 Covington(1990a，1990b，2001)提出了一套依存语法句法分析的一般算法，因为其算法针对的是自由词序语言，所以他对于依存语法的理解比较符合泰尼埃的思想。Pedersen 在"面向自由词序语言的语法形式化体系评价研究"的博士论文(2000)里认为 Covington 的依存语法形式化体系是所有依存语法形式化系统中最具中立性的，因此他选择 Covington 的依存语法作为他研究比较的基本框架，并对其进行了词序限制方面的扩展和形式化的描述。本节主要介绍 Pedersen 对 Covington 的依存语法所进行的形式化描述[10]。几个基本概念的定义如下：

- 依存分析：对词串进行的一种语言结构分析，它是由词以及词间有向有标记的关系组成的；
- 依存结构：表达依存分析的形式体系；
- 依存语言：可由依存语法生成(或识别)的语言；
- 依存语法：可从属于依存语言的输入串中产生依存结构的语法，反之亦然。

依存结构 DS 定义为元组：

---

10 本节主要内容选自 Pedersen(2000)，第 45~50 页。

$$< I, \ w_r, \ R, \ f_{POS} >$$

其中，I 为输入串中的词集；w_r 为根词；R 为 I 中词间依存关系的集合；$f_{POS}(w: W)$ 是一个将 I 中的词映射为自然数的函数，即：$\forall w: I \cdot f_{POS}(w) \to n$，式中的 n 为 w 在输入串中的位置。

对应于依存语言 DL 的依存语法 DG 为元组：

$$< W, R_D, f_{SUB}, f_{CO} >$$

其中，W 是 DL 中的词集，词是用简单的特征结构[11]来表示的。为了方便定义，这些特征结构被表示为函数 $w(f: F) \mapsto V$，其中 F 是特征集合，V 是这些特征可能的值；R_D 是 DL 中所有可能的词间依存关系的集合。为方便起见，这些依存关系可以被定义为表示实际词范畴的两个未定特征结构间的关系；$f_{SUB}(x: W) \mapsto P R_D$ 是一个 W 上的函数，表示 x 的次范畴框架，它映射出一个依存关系的集合，在此集合中 x 总是作为支配成分；$f_{CO}(r: R_D) \mapsto P\rho$ 是一个用来表示共现限制的函数，对于已知关系 $r(w_1, w_2)$，ρ 是如下形式谓词的集合：$unique(w_1, r)$；$precedes(w_1, w_2)$；$next\_to(w_1, w_2)$；$adjacent\, t(w_1, w_2)$；$x(f) \triangleq v$，其中 $x \in w_1, w_2$，f 是 x 的特征，v 是特征值，$\triangleq$ 表示合一操作。

对于 $w_1, w_2 \in I$，这些谓词的定义如下：

- $unique(w_1, r) \Rightarrow \#(w_1 \triangleleft r) = 1$　这意味着 w_1 只能有一种类型为 r 的依存关系
- $precedes(w_1, w_2) \Rightarrow f_{POS}(w_1) < f_{POS}(w_2)$
- $next\_to(w_1, w_2) \Rightarrow f_{POS}(w_1) - f_{POS}(w_2) = 1 \lor f_{POS}(w_2) - f_{POS}(w_1) = 1$
  $adjacent(w_1, w_2) \Rightarrow \exists S \subset I \cdot \forall x \in S, f_{POS}(w_1) < f_{POS}(x) < f_{POS}(w_2) \land$
  $x \in f_{DESC}(w_1) \cup f_{DESC}(w_2)$

其中 $f_{DESC}(w: W) = ran(w \triangleleft f_{TRANS}(R_{Di}))$ 是一个返回 w 的子成分集合的

---

11 即特征值为原子，而不能用特征结构。

函数，这些子成分包括直接和间接从属成分，$f_{TRANS}(R_D)$ 为所有依存关系的传递闭包，我们将其域限定在 w 上。$adjacent(w_1, w_2)$ 限制说的是任何出现于 w_1 和 w_2 之间的词要么是 w_1 的子成分，要么是 w_2 的子成分。值得注意的是，这条限制并没有要求 w_1 或 w_2 的所有子成分都出现在 w_1 和 w_2 之间。也就是说，本限制的能力要比一般所说的投影性要弱。

- $x(f) \triangleq v$ 表示值 v 和属于 x 的特征 f 的值合一。如果 $x(f) = \varnothing$，则合一操作成功，并且 $x(f) = v$。如果 $x(f) \neq \varnothing$，则只有 $x(f)$ 的值等于 v 时，合一操作才能成功。如果 v 不等于 $x(f)$ 的值，则合一失败。

在有了这些定义之后，我们现在可以定义依存结构的完整性条件了：

$$f_{COMPLETE}(DS) \Rightarrow root \cap ran\, R_D = \varnothing$$
$$\land \forall w \in \{I - root\}, \exists h \in I, r \in R_D \cdot r(h, w)$$
$$\land \forall w \in I, \exists d \subseteq \{I - w\} \cdot ran\, f_{SUB}(w) = d$$
$$\land \forall r \in R_D \cdot f_{CO}(r) = TRUE.$$

此式表明，在 DS 里，根词不是任何词的从属成分，除根词之外的每一个词只有一个支配成分，每一个词有一个从属成分集合来满足其次范畴框架的要求，DS 中的每一个关系应遵守同现限制。从以上描述可以看出，该形式化体系不但考虑了依存语法的一般原则，而且也考虑了词序、次范畴框架，是一种较完整的基于复杂特征和合一的依存形式化体系。

4.6　基于树结构的依存语法形式化理论

第 2 章曾简要提及我们所理解的基于词类配价模式的句子分析和生成过程。本质上，那是一种基于树结构的句子分析过程。

Nasr(1995, 1996)结合"意义 ⇔ 文本"理论(MTT)和树邻接语法(TAG)的思想提出了一种基于依存树的形式化理论，并在机器上实现了这种思想。他的方法是建立在基树(elementary tree)之上的。虽然基树的概念借自 TAG，但他进一步发展了这一概念。在他的方法中，基树描写了一个词位的句法环境，基树中的词位被称为树的锚（anchor）。这种做法模糊了词表和语法的界线，当然这也是依存语法的理论家们所习惯了的。基树通过一种叫做连接（attachment）的操作组合形成更大的树。基树由锚及它作为支配成分或从属成分出现于句子中时所需要的从属成分构成，即基树可以含有锚的所有可能的从属成分和支配成分。

值得注意的是，基树不仅可以表示上述这些简单的结构，而且也可以扩展到更大的范围，从而表现一种复杂的句法结构。

为了进行基于基树的句子分析和生成，Nasr 引入了一种叫做树连接（tree attachment）的组合操作，把树 T1 连接到 T2 指的是将 T1 的根节点连到 T2 的一个节点上。

Nasr 的方法深受 TAG 的影响。依存语法和 TAG 的这种亲缘性也受到 TAG 研究者的关注，Rambow/Joshi（1997）从词序变体方面比较了 TAG 和依存语法，认为虽然 TAG 中的推导树是一种短语结构树，但其与依存结构树极为相似。受 Nasr 工作的启发，Joshi/Rambow（2003）也提出了一种基于基树的依存语法形式化理论框架。因为此文的作者之一是 TAG 的创始人，所以他们所提出的方法与 Nasr 方法的主要区别就在于基树的组合方法方面，Nasr 使用了"连接"作为组合基树的手段，而 Joshi 和 Rambow 则将 TAG 中的"替代"（substitution）和"邻接"（adjoining）移植到依存基树的组合领域。这样做的好处是保证了 TAG 原有的许多资源和方法也可以用在新的依存形式化体系中。Joshi/Rambow（2003）没有使用严格的数学方法，而是用例子来描述了这种形式化体系的工作原理。如图 4-3 描述的就是四棵基树（eats，John，apples，often）如何来形成句子 John often eats apples 的依存树的过程。从这个例子我们可以看出该体系和 Nasr 的方法差别不大，甚至黑白节点的想法也借自 Nasr。Rambow 等（2001）在 LTAG 的基础上提出了一种依存树替换语法（D-Tree Substitution Grammars，DSG）也可以表示句法依存结构。

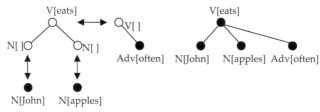

图 4-3　依存树替换语法示例

　　Kahane（2004）进一步发展了 Nasr 的这种用黑白点来表示结构组合的方式，提出了一种叫做"极性合一语法"（Grammaires d'Unification Polarisées, GUP）的语言形式化理论。它是一种通过极化基本结构中的单元，进而最终得到一种饱和结构的形式化体系。这是一种具有普遍意义的形式化理论，它不仅可以用在依存语法的形式化描述上，也可以用于其他语法理论的形式化。为了验证理论的普适性，Kahane（2004）用 GUP 对 CFG、TAG、HPSG 和 LFG 进行了简单的分析。Kahane/Lareau（2005）则用 GUP 对"意义 ⇔ 文本"理论（MTT）进行了详尽的讨论，甚至提出了一种"意义文本合一语法"（Grammaire d'Unification Sens-Texte: Modularite et polarisation）。在说到 GUP 的特点时，Kahane 说，"我们可以将 GUP 中句子的建构比拟为在化学中通过中和原子价来形成分子的过程。"（2005：24）。从这个意义上讲，GUP 更接近我们所提出的基于配价的语言处理体系，也较好地反映了泰尼埃的原意。

　　Ding/Palmer（2004）提出了一种面向机器翻译的同步依存插入语法（SDIG, Synchronous Dependency Insertion Grammar）。这是一种基于依存句法树的双语转换语法。如果撇开双语的问题，那么可将 SDIG 视为一种依存树语法，作者称其为依存插入语法（DIG），这与前面所说的两种树语法很相似，但在描述手段上，他们采用了更数学化的语言。这在一定程度上弥补了前两种理论的不足。DIG 的合一操作要比 Joshi/Rambow（2003）简单一些，有些类似于 Nasr 的连接操作。DIG 在基树中引入头概念有助于降低句法分析的复杂性，是值得借鉴的，但在含有多个词汇化节点的基树中如何选择头还是个有待于解决的问题。

4.7 基于约束的依存语法形式化研究

如果把自然语言分析(理解)的任务看做是将线性字符串转换为二维的树形结构，那么可将分析的过程理解为一种人工智能中的问题求解过程。这是一种约束满足问题(Constraint Satisfaction Problems[12]，CSP)的求解过程。CSP 是人工智能和运筹学的一个研究热点。

用更形式化的方式讲，约束满足问题是由一个变量集合 X_1，X_2，…，X_n 和一个约束集合 C_1，C_3，…，C_m 定义的。每个变量 X_i 都有一个非空的可能值域 D_i，每个约束 C_i 都包括一些变量的子集，并指定了这些子集的值之间允许进行的合并。问题的一个状态是由对一些或全部变量的一个赋值定义的{$X_i = v_i$, $X_j = v_j$, …}。一个不违反任何约束条件的赋值称作相容的或者合法的赋值。一个完全赋值是每个变量都参与的赋值，而 CSP 问题的解是满足所有约束的完全赋值(Russell/Norvig 2004：108)。

具体到基于依存的语言分析来说，我们可以将句法分析视为给每个输入的词选择支配成分以及依存关系的过程，因为无论是可选的支配成分还是可能的依存关系都是有限的集合，选择过程本身也要受语法的约束。因此，基于依存的句法分析特别适合用这种方法进行形式化。将自然语言句法分析作为一种 CSP 来处理，有这样一些好处(Schröder et al. 2000)：

- 约束满足过程提供了进行鲁棒句法分析的可能。通过逐步加载约束的方法，可以弱化故障(fail soft)。
- 约束不仅可以用来区分合乎语法和不合乎语法的情况，也可以用来判定语句合乎语法的程度。这可以通过为约束指定不同的惩罚分值来做，如：给严重违犯语法的约束高一些，给可以接受的违犯约束低一些等。

---

12 http://en.wikipedia.org/wiki/Constraint_satisfaction_problem.

- 把句法分析作为一种 CSP 求解意味着在可能的集合中选择可接受的依存关系。这样可以做到视可用时间来得到不同质量的句法分析结果。

- 为了能够诊断语言学习者的语法问题，我们需要有一个细颗粒的语法规则。约束正是这样一种东西。

约束依存语法（Constraint Dependency Grammar，CDG）是日本学者丸山宏（Hiroshi Maruyama）于 1990 年提出的，此后美国普渡大学的 Harper 等人又将其用于口语的计算机分析，并进一步发展了这种理论（Harper 1995，White 2000，Wang 2003）。

CDG 在德国汉堡大学也得到了进一步的发展（Menzel 1994，Schröder et al. 2000，Daum 2004，Foth et al. 2005），Menzel 等人不但从理论上在 CDG 中引入权重的概念，提出了"加权约束依存语法"（weighted constraint dependency grammars，WCDG；Schröder 2002）。WCDG 的引入使得我们有了一种办法来处理语言结构的渐进性，即：某个句子合乎语法的程度，而不是简单地说 Yes/No。显然，这种方法要更合乎语言的本质。

基于约束的依存形式化理论还有 Duchier（1999）提出的依存形式化和句法分析模型，在此基础上 Duchier 和 Debusmann 又将其发展为拓扑依存语法（Topological Dependency Grammar，TDG；Duchier/Debusmann 2001）和可扩展依存语法（Extensible Dependency Grammar，XDG；Debusmann et al. 2004）。前者在 Debusmann 的硕士论文（2001）中有详细的描述，后者为 Debusmann 博士论文（2006）的主题。我们认为 Duchier 等人提出的依存语法形式化方法虽然也是基于约束的，但其理论语言学动因似乎更为明显，这一点我们可以从他们文章中所用的术语也可看出。TDG 的另外一个重要的贡献在于词序的形式化，在 TDG 中有两种相互关联的结构：句法依存树（ID 树）和拓扑依存树（LP 树）。在 ID 树中的树枝上标的是句法功能标记，而 LP 树的树枝上标的是拓扑区域的名称。XDG 是一种扩展了的 TDG，在维数方面，TDG 只有 ID、LP 两层，但 XDG 可有任意数量的层；在所用的原则方面，TDG 中的原则是固定的，但 XDG 的原则是可扩展的。XDG 的这种可扩展性使得理论不但能够处理句法结构，也可以扩展到语义、语用等结构。这样 XDG 就有了元语法形式化理论[13]的性质。

　　基于约束的形式化体系的实践证明，在现阶段这种方法是有效的和普适的。当然，这种方法的不便是它难以用生成语法的观点来考量其生成能力，这是因为模型本身不是生成的，而是分析和描写的。此前，我们说过泰尼埃的依存语法的实质是分析语法。用约束满足问题较成功地解决依存语法分析的实践，在一定程度上证明了我们的这种说法。应该承认，用约束的方法来进行句子的依存分析需要人来书写大量的语法规则(词表和约束等)。虽然现阶段构造任何自然语言处理系统都离不开人的参与(刘海涛 2001)，但尽量减少这种参与也是计算语言学家努力的主要目标。因此，如何采用一些自动或半自动的方式来构建词表和语法规则，可能是这一领域研究者们的一个努力方向。

4.8　德国的依存语法形式化研究

　　在非计算语言学家中, Heringer 的语法理论是形式化程度最高的了。他的第一部著作(1973)组合了短语结构和依存语法的特点形成了一部形式化程度较高的德语语法。这部语法的架构是由 29 条短语规则和 93 条词汇规则构成的，并辅之以 59 条依存规则。为了将短语结构和依存结构连在一起，首先需要计算出每一结构层中最有影响的节点。然后，将短语规则转换为依存规则，此时最有影响的节点就成了支配成分。用这种方式我们也可构建句法范畴之间的依存关系。在 313 页的书中，有关依存规则的内容只占了 13 页，由此可见短语结构仍是此书的主角。有趣的

---

13 元语法形式化理论的概念是 Candito 在其博士论文（1999）中提出的。

是为什么作者会在这样一套已自成一体的德语形式化程度很高的理论中
引入依存的概念,并从短语结构中提出头,然后又把它转换为依存结构
呢?作者在书的最后一段对此作了解释,"因为句法描述的目的是解释句
子的意义是如何与组成它的各成分之间的意义相关联的,上下文无关的
短语体系在这一方面是不足的。因此,短语结构体系必须要由依存理论
来补充。……通过某些规则将短语结构树转换为依存树,因为后者形成
了句子语义解释的基础。"(1973:296)

　　Heringer(1973)问世已有数十年了,但书中的某些思想,如将短语
结构树转换为依存树以便于提取语义却吸引了越来越多的计算语言学家
(Bohnet 2003, Daum et al. 2004, Zabokrtský 2002)。

　　1980 年,Heringer 与人合著了一本"句法"教科书,其中有关依存
语法理论的内容占了约一半的篇幅(150 页)。书中不但有一章题为"泰
尼埃的结构依存语法",更是单列了一章"形式依存语法"(Fromale
Dependenzgrammatik,约 100 页),介绍了有关依存语法形式化的各种
问题,当然受所处时代和书的性质(教科书)的限制,此书介绍的依存形
式化还是基于 Hays 和 Gaifman 的有关理论和方法的。Heringer(1993a,
b)可视为其 1980 年书中有关依存语法内容的英语升级版。

　　Heringer 有关依存语法的代表作,当数 1996 年出版的"德语依存
句法"。这本书含有 99 个图式,112 条规则,163 个例句,95 条词汇规
则[14],所有这些形成了现代德语的依存语法架构。有关 Heringer 依存结
构图式(树)的例子,请参见第 1 章。

　　Heringer(1996)将成分之间的依存关系视为依存句法的基础,也就
是说,它用句子各部分间的从属关系来描写句子的结构。他认为一个纯
粹的依存句法具有如下特征:表层性:它不处理句子深层的逻辑结构,
而只关心其句法形式;词汇性:它不含比词汇更高层面的范畴;头优先

---

14 有如此之多的词汇规则是由于包含了不少的子类,如动词的子类就列出了 21 种。

性：构造句子结构时，从图式的顶部开始；解释性：它把句子从线性结构转变为树形结构；规则性：它是基于句法规则和条件的；容许性：它规定了可进一步扩展的框架。

Heringer（1996：36）认为一种形式依存句法应该有这样一些组成部分：表示词汇范畴的符号；如何来定义句法规则的形式；词汇规则，即词表中词项的组成和排序；词项的格式。

Heringer 将德语词划分为主类（如，V 动词，N 名词，A 形容词，D 限定词，P 介词等）、副类（如，ADV 副词，KON 连词等）、语素类（如，VM 动词语素，AM 形容词语素等）、次类（如，N_pro 代词，V_aux 助动词等）。由此可以看出，词类的划分是必要的，对于有些词类还需要进一步区分次类。

依存规则的形式我们在其他章节已有提及，这里只强调一点，在形如 X [Y$_1$, Y$_2$, ~, Y$_3$] 的规则中，方括号外面的 X 为括号里面元素的支配者，括号里的 '~' 为支配者在线性串中的位置。这种表示类似于 Hays 和 Gaifman 的依存规则表示方式，因此不再赘述。按照规则的表现形式和图式的属性看，Heringer 似乎结合了泰尼埃和 Hays 方法的优点。但不知为什么在 Heringer（1996）的参考文献里没有发现这二位学者的大名。

所谓词汇规则，实际上就是关于某一词类中包含哪些词的描述，如 N_pro {ich, du, sie, er, …}，就是一条关于代词的词汇规则。为了精确地描述语言，只将词归为几个大类是不够的。他的词项例子见第 3 章的相关举例。

Mel'čuk（1988）是依存语法研究者们引用最多的著作之一，但他自己却说，他的书并不是一本完整和全面的有关依存句法理论的著作，Kunze（1975）才是关于依存句法的 Handbuch[15]（1988：7）。下面我们就来翻开这本得到 Mel'čuk 赞誉的 Handbuch。

---

15 德语，意为"手册"、"大全"。

　　Kunze(1975)的目标是建立一种纯粹的依存语法理论。在 500 多页的书中，作者构建了一种严格的依存语法理论，说严格是因为书中的立论和观点都有数学定义和证明，说依存是因为整个理论是建立在依存概念之上的。在本书的参考文献中，我们没有发现泰尼埃，也没有看到 Hays，倒是见了几位苏联学者的影子，因此作者使用诸如 *Abhängigkeitsgrammatik*、*Abhängigkeitsbäume*、*Unterordnung* 的术语来称呼依存语法、依存树和依存也就不奇怪了。考虑到此书和 Marcus(1967b) 中所用的术语较为接近，我们将本书视为一部数理语言学著作可能更合适一些。Kunze(1982)是一部论文集，书中所收论文为利用 Kunze 所提出的依存语法理论分析德语时的一些问题及解决方法。

　　Kunze 的理论是建立在构形(configuration)基础之上的。构形是代数语言学中的一个重要概念(Marcus 1967b：156-199)。在引入构形前，我们先来看看如何通过归约化(reduction)定义依存关系[16]。设 L 为语言的词汇集，其元素为 x_i；设 $\alpha = x_1\ x_2...x_{i-1}\ x_i...x_n$ 为语言中一个合格的字符串。如果约化 $\beta = x_1\ x_2...x_i...x_n$ 为不合格的字符串，则我们说 x_i 从属于 x_{i-1}，用 $x_i \leftarrow x_{i-1}$ 表示。我们可以看出所谓的约化不过是我们常用的"省略"法的数学说法而已。下面是构形的一个简单定义：设 $\alpha = \alpha_1 \Phi \alpha_2$ 为 n>1 的字符串，当且仅当，存在一个 x_i，使得 $\alpha_1 \Phi \alpha_2$ 可以约化为 $\alpha_1 x_i \alpha_2$ 时，α 为一个构形。由此我们可以得到一个以 x_i 为 α 中支配成分的部分依存树：$x_{i-1} \leftarrow x_i$。但在将此构形的原则用到具体的自然语言例子时，仅这样做是不够的。如，我们可以用上面的例子得出在法语字串 une fleur blanche(一朵白花)中的 blanche 从属于 fleur，但我们无法解决字符串 la fleur très blanche(这朵非常白的花)中 la fleur très 仍然不是一个合格串的问题。为了解决这个问题，可将构形的原则重复使用。

　　这种构型形成的树形结构简单易懂，并且适于数学描述。但在自然

---

16 Lopatková/Plátek/Kuboň(2005)也提出了用归约化来构建依存树的方法。

语言分析中，不同的语法结构有可能有相同的依存树，所以有必要对节点和边加以区分。这样 Kunze 又引入了束（Büschel）的概念（1975：362~483），所谓束实际上就是一种最小树的集合，形式上，它是一种以节点为句法范畴，边为语法功能标记的树。束分为基（本）束（elementare Büschel），简单束（einfache Büschel）和复杂束（komplexe Büschel）。我们认为 Kunze（1975）的贡献之一就在于引进了束的概念，并建立一套基于束的句法分析方法。如果我们将"束"字换成"树"字，那么今天我们所熟悉的许多基于树的自然语言句法形式化模型的东西差不多都可以在 Kunze（1975）中找到。与其他同时代的学者有所不同，Kunze 是将束看做一种句法规则来用的[17]。基束是一种带有节点标记的有序束，它的根可视为一种特征的组合，每一个终极节点都是用可替换的变量。利用束，我们可以自顶向下生成所需的依存树。树上的节点是一种复杂特征节点，含有变量的节点只有在特征兼容的情况下，才能用更低一级的束替换。

在 Kunze 的书里，我们不但看到了基于复杂特征的合一，也可以看到由基本树结构形成的句子框架是如何被实例的。而所有这些思想都来自于 30 多年前一本用德语写成的著作。因此，我们有理由说 Kunze（1975）是一部依存关系形式化的重要著作，但由于书是用德语写的，又出版在民主德国，加之书中采用了语言学家难以理解的数学方法，所以没有得到应有的重视，这不能不说是一个遗憾。

除此之外，应该提及的依存形式化体系还有 Bröker（1999）的"模态逻辑依存语法"（Modal-logical dependency grammar）和 Kruijff（2001）的依存语法逻辑（Dependency Grammar Logic，DGL）。

Bröker 为自己设立的目标是不用短语和语迹之类的东西，依存语法能处理词序问题吗？他对依存语法的观点主要有两点：依存是一种

---

17 这一点可参看 Dorothee Reimann 在 Kunze（1982）中的文章 "Büschel als syntaktische Regeln"（作为句法规则的束），175-192 页。

语义驱动关系，所以投影不是必须的；为了处理词序问题，可用两种结构，即依存树和词序域结构。词序域结构决定表层词序，而不是像短语结构语法那样通过遍历句法结构树来进行。在此认识上，Bröker 使用模态逻辑作为树描述手段构造出了一个词汇化、陈述性和形式化的依存语法架构。

Kruijff(2001)认为语法是能够反映意义的形式描述,因此意义才是我们关心的重点。关系结构和本体层级结构是研究意义的两个核心内容。混合模态逻辑能够将意义表示为一种关系结构,并将语义复杂性(本体层级结构)转换为一种分类策略。所有这些形成 DGL 的基本架构。在此架构下,他研究了布拉格学派关于语言意义的理论,包括:信息结构、配价和依存等问题。这样,DGL 可算是一种基于范畴语法的功能生成描述(FGD)的单层形式化方法。

4.9　基于配价模式的依存语法形式化模型

在第 1 章里，我们提出了一种节点为多标记、边为多层级的依存结构树。这种依存结构树不仅能表示句子的句法结构关系，在理论上也可以用来表示语义、语篇关系。在第 2 章所提出的配价词典格式，旨在满足构建"依存树"的需要，因此也包括了语义等层面的元素。在第 3 章，我们提出了"依存关系是配价的实现"的说法，此时我们已将讨论和研究的架构限定在了句法层面。也就是说，虽然我们在第 1 章和第 2 章，涉及了句法以外的其他层面，但目的是为了展现模型的普遍性。

我们认为基于依存语法的句子分析可以视为是一种把虚树变为实树的过程：依据词的配价信息，生成每个词的片断树和结构框架，通过填补空位或槽的办法，试着将片断树联合在一起，逐渐将虚树中的范畴符号用具体的词语合一、实例。从这个意义上说，完全由符号构成的虚树，有符号也有具体词语的虚实树，只有具体词语的实树都是合格的依存树。

如果我们也将配价词典的格式限定到句法层面，那么第 2 章提出的配价词表的一般格式就成了：

表 4-1 基于配价模式的二级词表格式

词汇规则	
词项（Lex）：	具体的词
词类（Cat）：	词类、子类
词项的句法信息（Syn）：	性、数、格等信息
词位（pos）：	词在句中的位置（可实例的变量）
句法配价模式	
模式种类：	句模、词类模、词子类模、词模
模主的句法信息：	性、数、格等句法信息
配价模式（Val-Model）：	带有句法功能的结构
从属成分（Dep-slot）：	词类、次类、词
线性位置（Word Order）：	价模主和其从属成分间的线性位置关系
支配者（G）：	价模的支配成分
概率信息（PT）：	价模的概率信息

类树形结构的表示为：

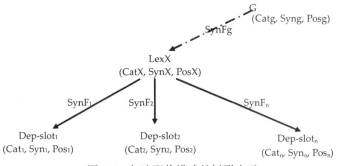

图 4-4 句法配价模式的树形表示

　　我们将词汇的描写分成了两部分：其一是一般常用的词汇规则，该规则只描述这个词属于什么词类，词的句法信息可以来自系统中的形态处理模块，也可预先由人填入词典。词的位置信息是一种动态信息，它的获取是由句法分析器中的预处理模块完成的，在编制机器词典时，可以先不考虑。这里列出是为了更好地理解后续部分；其二是句法配价模式，这是构建本模型的主要工作。配价模型可以理解为一种句法模型或句法规则。为了构建某种语言的句法配价模型，首先得理出这种语言的词类和词类的主要次类，确定语言的句法依存关系的种类，在此基础上，进一步细化每一种依存关系的支配成分和从属成分，最终形成语言中词类和词类的主要次类的配价模式。模式中的概率信息为一种可选项，供构建概率配价模式时使用。

　　我们所提出的基于句法配价模式的依存语法模型是对泰尼埃依存语法理论的一种发展，不含具体词的配价模式在一定程度上相当于泰尼埃理论中的虚图，但我们的配价结构不仅仅含有 I、O、A、E 四类节点，而是包括了一种语言中的所有句法范畴。泰尼埃的依存树是一种语义和句法混杂的结构，为了能够将一个句子的结构纳入到句子的虚图架构中，人们应该根据语义进行各种转用操作，这样只有实词才能在图中占有节点，而在我们的架构里句中的每一个词都可在树中找到自己的位置，也就是说，我们的树是一种比泰尼埃树更面向句法的结构。泰尼埃树偏向语义的特性使得树中的边既没有标记，也没有词序信息，在我们的树中句法功能标记是显式标在边上的，词序信息也作为一种判定句子合乎语法的条件列在其中。所有这些改变，提高了模型的可操作性，是信息时代对泰尼埃理论的发展和扩充。

　　与其他面向计算语言学的依存语法形式化理论相比，我们的模型具有更明显的语言学动因。我们不但从语言教学领域提取出我们的工作目标——依存句法结构树，而且对依存结构树的历史进行了较为详细的回溯，由此得出了树的格式。这种树格式同时兼顾了人和计算机的需要，符合信息时代的语言观。为了构造提出的依存树，我们将自己汇入到了当今语言学研究的词汇主义洪流中，从词的配价入手，根据信息处理和分析句子的需要提出了一种广义配价格式。明确提出了"依存关系是配价的实现"，将配价词典和依存语法紧密结合在一起形成了我们的基本架构。在构造语言的依存关系时，我们充分继承和利用了传统语言学界的研究成果，并将这些成果合理地纳入到我们的依存句法框架中。在此基础上所建构的一对多配价模式，有助于保证"依存关系是配价的实现"。

在模型的构造中，我们不但考虑了语法的描述能力，也吸收了前人在依存语法实践方面的经验和教训。词典的多种表示预示着我们的模型可以用传统的基于规则的方法、基于复杂特性和合一的方法、基于约束的方法以及基于树操作的方法来进行句子的自动分析。

最后我们给出一种简单的基于树的依存形式化数学描述[18]。设 N 为节点的集合，R 为 N × N 上的一种非对称、非自反和非传递的关系。通过对 R 设置不同的条件，我们可以得出我们需要的依存树：

（1）非循环性（Acyclicity）节点不能支配自身：

$$\neg \exists x \in N : xR^+x$$

（2）真树性（Treeness）节点只能有一个支配节点：

$$\forall x, y, z \in N : (yRx \wedge zRx) \Rightarrow (y = z)$$

（3）有根性（rooted tree）所有节点都由一个节点支配，该节点为树的根：

$$\exists x \in N : \forall y \in N : xR^+y \vee x = y$$

如果 $x, y \in N$ ，则这两个节点之间的关系 xRy 被称作为直接支配（immediate dominance）关系，也可以说节点 x 支配节点 y。为了更好

---

18 这里所用符号的意义，可参考 Hopcroft/Motwani/Ullman（2002）。

地描述语言，我们一般应对支配关系 R 作进一步的区分。即树中的边是有标记的。

设 D 为依存关系类型的集合，我们需要为每一个 $d \in D$ 定义一种 $N \times N$ 上的关系 R_d。所有的 R_d 组合起来形成了 R，$R = \cup_{d \in D} R_d$。

（4）节点间关系的唯一性，即所有的 R_d 是两两不相交的：

$$\forall d, d' \in D : R_d \cap R_{d'} = \varnothing$$

对于节点的多标记，我们采用函数的办法来处理，如定义函数 F_c: $N \rightarrow C$，将节点映射为节点的词类；函数 F_w: $N \rightarrow W$ 将节点映射到了它们所对应的表面词形。

这样，我们的依存树就成了以下元组 $\langle r, N, R_{d1}, \ldots R_{dn}, F_c, F_w \rangle$，其中 $r \in N$ 为树的根结点，$D = \{d_1, \ldots d_n\}$ 为依存关系类型的集合，$R_{di} \subset N \times N$ 为类型 d_i 的依存关系，F_c: $N \rightarrow C$ 为指派词类函数，F_w: $N \rightarrow W$ 为指派表面词形函数。依存关系和集合可以用偶对的集合来表示，如 $R_{subj} = \{ \langle n_2, n_1 \rangle \}$ 表示在节点 n_1 和 n_2 之间存在 subj 依存关系，并且是由 n_2 支配 n_1 的。

在此句法结构的基础上，我们可以构造一种简单的依存语法形式化模型。这种模型的主要作用就是将句子的句法结构和句子中的词联系在一起，然后再通过合一的办法将所得到的词汇结构组合成句子的依存句法结构树。首先定义函数 L 的作用是将词映射为树：$L(w) = \langle r, N, R, F_c, F_w \rangle$，其中 $\langle r, N, R \rangle$ 定义了一棵根为 w 的树，树中 $F_w(r) = w$、对于任何其他 $n \in N \setminus \{r\}$，$F_w(n)$ 未定。这种从词汇到树结构的映射，实际上就是一个词实例它所属词类配价模式的过程，词成了价模的主。借用 LTAG（词汇化树邻接语法）中的术语，r 也可称为 L(w) 中的词汇锚（lexical anchor），因为此时的树中只有一个具体的词，其他节点均为有待于填充的空位或可进一步实例的变量。

4.10　依存语法和短语结构语法的等价性

短语结构语法[19]是美国语言学家乔姆斯基(N. Chomsky)在 20 个世纪 50 年代根据公理化方法提出的一种语言的形式描述理论。

乔姆斯基在《语言描写的三个模型》(*Three Models for the Description of Language*, 1956),《句法结构》(*Syntactic Structures*, 1957),《有限状态语言》(*Finite-state Language*, 1958),《论语法的某些形式特性》(*On Certain Formal Properties of Grammars*, 1959),《语法的形式特性》(*Formal Properties of Grammars*, 1963)等论著中,提出了形式语言理论,这种理论基本上是从语言生成的角度来研究语言的。

依据形式语言生成能力的不同,乔姆斯基把形式文法分为 4 类:0 型文法;上下文有关文法(CSG);上下文无关文法(CFG)和正则文法(RG)。每一个正则文法都是上下文无关的,每一个上下文无关文法都是上下文有关的,而每一个上下文有关文法都是 0 型的,乔姆斯基把由 0 型文法生成的语言叫 0 型语言,把由上下文有关文法、上下文无关文法、正则文法生成的语言分别叫做上下文有关语言、上下文无关语言、正则语言。正则语言包含于上下文无关语言之中,上下文无关语言包含于上下文有关语言之中,上下文有关语言包含于 0 型语言之中。四种文法之间的这种包容关系,也称为乔姆斯基层级。

依存语法的本质是一种分析语法,其注重的是对语句的描写和分析。当然,短语结构语法可以用作分析,依存语法也可以用到生成领域。本节将对两种语法的等价性做一些研究,研究的目的是想说明依存语法不仅仅只等价于短语结构语法中的上下文无关文法,它本身也可按照生成能力的不同,形成一种类乔姆斯基的层级。图 4-5 为汉语句子"大学学

---

19 美国语言学家 Bloomfield 在其 1933 年的"语言论"(Language)中引入了"成分"(constituent)和"成分分析法"的概念,一般认为这就是短语结构的缘起。但今天我们所说的短语结构语法常特指乔姆斯基的短语结构语法及其形式化的表示。

生喜欢流行歌曲"的短语结构分析和依存分析。

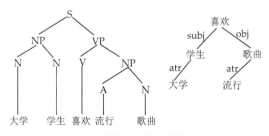

图 4-5　短语结构树和依存结构树对比图

据此，我们可以整理出这样一个对照表 4-2。

表 4-2　短语结构语法和依存语法比较表

	短语结构语法	依存语法
结构基础	短语	关系
主要的逻辑操作	集合包含	构建二元关系
短语	明显	隐含
关系	隐含	明显
头	可选	必有
节点类型	非终极、终极节点	终极、前终极节点
节点数量	多	少
节点的线性顺序	必须	可选
语法关系标记	无	有

　　为了比较两种语法，我们还需要引入两种概念：弱生成能力（weak generative capacity，WGC）和强生成能力（strong generative capacity，SGC）。这两个概念都是乔姆斯基首先使用的，"我们现在来谈谈什么是一部文法弱生成一个句子集合和强生成一个句子结构描述的集合[...]。假设语言理论 T 提供了语法 G_1, G_2, ...，其中 G_i 弱生成了语言 L_i，强生成了结构描述系统 Σ_i。则类 $\{L_1, L_2, ...\}$ 构成了 T 的弱生成能力，类 $\{\Sigma_1, \Sigma_2, ...\}$

为 T 的强生成能力。"[20] 如果我们定义 L(G) 为语法 G 生成的语言，Σ(G) 为 G 生成的结构描述集合，那么[21]：

(1) a. WGC(G) = L(G)

  b. WGC(T) = {L(G$_1$), L(G$_2$), ...}，其中 T 提供了{G$_1$, G$_2$, ...}

(2) a. SGC(G) = Σ(G)

  b. SGC(T) = {Σ(G$_1$), Σ(G$_2$), ...}，其中 T 提供了{G$_1$, G$_2$, ...}

由此可以得到弱、强生成能力等价的定义：

(3) a. 两部语法 G$_1$ 和 G$_2$ 的弱生成能力是等价的，当且仅当，它们生成了相同的字符串集合，即：L(G$_1$) = L(G$_2$)

  b. 两种理论 T$_1$ 和 T$_2$ 的弱生成能力是等价的，当且仅当，对于每一部由 T$_1$ 提供的语法 G$_i$ 都有一部由 T$_2$ 提供的语法 G$_i'$ 使得 L(G$_i$) = L(G$_i'$)，并且对于每一部由 T$_2$ 提供的语法 G$_i'$ 都有一部由 T$_1$ 提供的语法 G$_i$ 使得 L(G$_i'$) = L(G$_i$)。

(4) a. 两部语法 G$_1$ 和 G$_2$ 的强生成能力是等价的，当且仅当，它们生成了相同的结构描述集合，即：Σ(G$_1$) = Σ(G$_2$)

  b. 两种理论 T$_1$ 和 T$_2$ 的强生成能力是等价的，当且仅当，对于每一部由 T$_1$ 提供的语法 G$_i$ 都有一部由 T$_2$ 提供的语法 G$_i'$ 使得 Σ(G$_i$) = Σ(G$_i'$)，并且对于每一部由 T$_2$ 提供的语法 G$_i'$ 都有一部由 T$_1$ 提供的语法 G$_i$ 使得 Σ(G$_i'$) = Σ(G$_i$)。

这样，两种理论的弱(强)生成能力是否等价完全取决于它们所提供的语法是否等价。就像 Kuroda 所说的那样"说两种句法是强等价的，它们必须是弱等价的，并且对于它们所生成的每一个字符串都有相同的结构描述"。(1976：306，转引自 Miller 1999)

按照以上 WGC 和 SGC 的定义，我们可以看出很难进行依存语法和

---

20 Chomsky (1965：60)，汉译本第 60 页，这里转译自 Miller(1999)。

21 以下定义引自 Miller (1999)。

短语结构语法的强生成能力比较，因为二者的结构描述极不相同。当然，二者的弱生成能力是还是可以比较的。事实上，学者们所研究的也大多是依存语法[22]和 CFG 的弱等价比较。

　　有关这一领域的早期研究(Gross 1964，Hays 1964，Gaifman 1965，Robinson 1970)认为，依存语法弱等价于 CFG。Gross 甚至断言"依存语言完全就是上下文无关语言"(1964：49，转引自 Fraser 1994)。除此之外，早期的研究者由于没有可参照的对弱等价和强等价的严格和权威定义，也导致对问题的分析模棱两可。如：Gaifman(1965)在证明了两种语法具有相同的弱生成能力(equipotence)后，又试图证明依存语法只是强等价(equivalent)于 CFG 的一个子集。而这个结论是只考察了从依存结构到短语结构的转换后得出的，没有考虑从短语结构到依存结构的情况。这样的结论，就连像 Lyons 这样的语言学大家也迷惑不解，"配价语法常被形式化为依存语法，它是弱等价或者也许是强等价于短语结构语法的。"(1977：85)当然被迷惑的不仅仅是英国学者，受 Gaifman 的影响，美国学者 Robinson 也说"对于每一个上下文无关的依存语法都有一个强等价的上下文无关短语结构语法，对于每一个上文无关的短语结构语法也有一个对应的上下文无关依存语法。"(1970：263)考虑到这几篇文章都是被引用最多的依存语法文献，这些对于依存语法的不完整理解(或误解)流传之广，是不难想见的[23]。显然，如果两种语法完全一样，只要研究一种就够了，有不少学者认为是这些早期的等价性研究阻碍了依存语法的形式化研究和发展。确切地说，依存语法弱等价于 CFG 是有条件的：语法的规则集是用上述 Gaifman 规则形式定义的；并且它还应满足这样几条原则(Fraser 1994)：①唯一性原则——在一个依存

22　确切地讲这里所说的依存语法只是一种 Hays 和 Gaifman 所提出的(生成)依存语法。不是源于泰尼埃的依存语法。

23　当然，这些对依存语法和短语结构语法等价性进行研究的美国学者自己后来对此问题也有了更清楚和更客观的认识。如 Hays 说过"因为没有什么依存结构和短语结构是一样的，所以二者之间的强等价是不可定义的。"(1977：219)

结构中，除了一个被称为句子根（root）的词外，所有其他的词都必须从属于某一个词；②整体性原则——一个句子中的所有符号都必须是同一个依存结构中的一部分。一个词要么是根，要么是根的下属成分；③单头原则——除了根之外的每一个符号都只能依附于一个其他的符号；④相邻性原则——如果两个词 A 和 B 构成依存关系，并且如果 A 紧跟着 B 或二者之间有一个 C，但 C 从属于 A 或 B，此时我们说 A 相邻于 B。Obrebski/Gralinski（2004）也证明了依存语法与上下文无关语法生成能力等价的必要和充分条件：①能够表现终极符号和范畴符号间的一对多（或多对多）对应关系的词表；②能够区分可做树根的范畴符号子集；③至少有两个从属成分；④能标明从属成分与支配成分的相对位置；⑤能够表示必有从属成分；⑥能够表示不可重复的从属成分。总结起来，就是要有表达下列概念的能力：词汇歧义、根节点、二叉、依存方向、必有性和不可重复性。Miller（1999）从强生成的角度比较了依存语法和其他几种形式语法，由于采用的依存语法格式也是一种类 Gaifman 的形式，所得结论也基本相似。

显然，这样的依存语法只是我们所说的依存语法中的一类，因为它没有体现依存语法的标记性和非投影性。但即使就是在此限制下，也不能把依存语法视为 CFG 的完全等价物。

按照 Gaifman（1965），依存语法的规则有如下三种[24]：

(1) $X(Y_1, ..., Y_i, {}^*, Y_{i+1}, ..., Y_n)$

(2) $X({}^*)$

(3) ${}^*(X)$

Gaifman 证明，规则 (1)+(2)+(3) 生成的是一种上下文无关语言。我们把用这三种规则构成的语法称为上下文无关依存语法[25]（CFDG）。

---

24 这一部分内容主要参考了 Fraser（1990，1994）。

25 Nivre（2002）中给出了 CFDG 的一个详细的形式化描述及相关证明。

如果对规则 1 进行限制，使得 n = 1，则规则 1 变为以下两条规则：

(1a)　$X(Y, {}^*)$

(1b)　$X({}^*, Y)$

如果我们把规则 1 视为一种词的一对多的关系（配价模式），则分离后的规则将依存分析回归到了最基本的二元关系。

修改后的两条规则与原有的规则 2、3 形成了一种每一个头只含有一个从属成分的语法。该语法生成的语言包含在 CFDG 生成的语言当中，因为前者是后者的一种限制版本。这种语法生成的是一种正则语言，它不能生成 $a^n b^n$。如果只将 1a 或 1b 和规则 2、3 结合，则其能力分别相当于左线性正则短语结构文法和右线性正则短语结构文法。我们将这种文法叫做正则依存语法（RDG）。

自从有了乔姆斯基层级以来，许多学者就开始研究自然语言到底属于哪一个层级的问题。研究表明，CFG 可以解决自然语言的绝大部分问题，但对于有些语言现象还是无能为力（Shieber 1985）。这样，自然语言应处于 CFL 和 CSL 之间，它是一种弱上下文有关语言[26]（mildly context-sensitive language）。既然如此，依存语法是否具有超 CFG 的能力就极为重要了。下面我们来试着构建一种加标依存语法（indexed dependency grammar，IDG）。加标语法（indexed grammar，IG；Partee et al. 1990：536-542）与 CFG 的主要区别在于：它的非终极符号可以携带从一个已知有限集中选定的标记（indices），在进行推导的过程中，可以对这些标记进行增、删。这样一个标记序列就像是一个加在非终极节点上的下堆栈。IG 包含了 CFG，因为一个 CFG 可视为一个所有标记序列都非空的 IG。IG 可以生成非上下文无关语言 $\{a^n b^n c^n : n \geqslant 0\}$，所以它是一种弱上下文有关文法。

为了定义加标依存语法，我们需要一个堆栈来存放标记。我们用 [ ]

---

26 Kuhlmann（2005）也定义了一类弱上下文有关依存语言。关于人类语言的弱上下文有关性，可参见 Joshi（1985）。

表示空栈，[i]为包含一个符号 i 的堆栈，并且[i, ...]是一个栈顶元素为 i 的栈。

有了堆栈后，还需定义两种规则推入(push)和弹出(pop)。推入规则将栈的内容从支配成分复制到从属成分并将 i 推入从属成分栈顶。规则形如：

$$H[...]\,(..., D[i, ...], ..., {}^{*}, ...)$$

$$H[...]\,(..., {}^{*}, ..., D[i, ...], ...)$$

弹出规则将支配成分栈顶元素弹出，然后将支配栈的剩余内容复制到从属栈。规则形如：

$$H[i, ...]\,(..., D[...], ..., {}^{*}, ...)$$

$$H[i, ...]\,(..., {}^{*}, ..., D[...], ...)$$

这样，我们就可在 Gaifman(1965)的基础上派生出三种生成能力不同的依存文法 RDG、CFDG 和 IDG，它们的生成能力分别对应于短语结构语法中的 RG、CFG 和 IG。它们自建也形成了这样一种层级：$RDG \subset CFDG \subset IDG$。因此，我们说不能简单地将 DG 等同于 CFG。

在依存语法和短语结构语法等价性的研究还有：Tapanainen(1999)证明了 FDG 可以生成加标语言；Maruyama 证明 CDG 的弱生成能力要比 CFG 强； Harbusch(1997)扩展了 Maruyama 的证明，认为 CDG 能够生成一种 TAG 所不能生成的语言 $a^n b^n c^n d^n e^n f^n$。这样 CDG 应该有能力可以识别 MCSL 语言；Bröker(2003)认为投影依存语法只能生成诸如 $a^n b^n$ 的 CFL，而非投影依存语法可生成 $a^n b^n c^n$ 类的 CSL，但不能生成 $\{ww \mid w \in \sigma^+\}$ 类的 CSL，因此它也是一种不完全的 CSL。Kuhlmann(2007)对依存语法的生成能力和句法分析的计算复杂性进行了深入的研究，这对于我们了解依存结构和词汇化语法之间的关系及它们的数理特征，很有帮助。

　　值得注意的是，随着语言处理对象变为真实文本，自然语言处理的方法也不再只是单一的基于语法的方法，人们考虑更多的是理论和方法的鲁棒性与歧义消解能力，以及理论和系统解决实际问题的能力，而不再过于注重语法的生成能力了。

4.11　小结

　　语言理论的形式化研究是现代语言学理论的一种主流趋势。理论的形式化不仅可以证实或证伪理论，也可以对各种语言学理论进行科学的比较，这在信息时代更是意义重大。形式化也是自然语言信息处理和计算语言学的基础。因此，依存语法的形式化研究不但能澄清依存语法理论缺少像乔姆斯基理论数学精确性的说法（Lyons 1977），对于依存语法理论的进一步应用也非常重要。本章首先讨论了泰尼埃理论的形式化特点，然后对流传其广的 Hays 和 Gaifman 依存语法形式化理论作了较为详细的介绍和评述，也对 Covington 和 Pedersen 的依存语法形式化体系、基于约束的方法、基于树的依存语法形式化理论、Heringer 和 Kunze 等德国学者的理论作了简单介绍和分析。限于篇幅，我们没有讨论芬兰学者的 FDG（Tapanainen/Jarvinen 1997）、捷克学者的 FGD（Petkevic 1995a, b; Holan et al. 2000）、苏联的依存语法形式化研究（Dikovsky/Modina 2000）、Buch-Kromann（2006）的非连续语法等很有价值的依存语法形式化理论。

　　分析表明，依存语法不但不完全等价于 CFG，而且其本身也存在一个不同生成能力的层级体系。

　　我们也对本书提出的依存语法模型进行了简单的形式化描述，说简单是因为我们所提出的体系是在充分研究已有成果的基础上提出来的，所以它集成了许多体系的优点。这种兼收并蓄的特质是有利于它的形式化描述的，我们可以借用不同的形式化方法对其进行描述。本章只给出了其中一种易于理解的描述。

就计算语言学应用而言，语法的形式化只是实现的理论基础。为了让机器能够处理自然语言，或更确切地讲，为使机器能自动完成一维字符串向二维依存树结构的转换，我们需要句法分析算法和句法分析系统。这是下一章讨论的主题。

第 5 章

依存句法分析

5.1 引言

无论是人还是计算机，要把线性形式的句子转换为二维结构的句法结构树，都需要有关语言和非语言的知识。非语言知识在这一过程中的作用，已超出了本书讨论的范围，这里不再多说。为了能够建立一套基于语言学理论之上的句子分析模型，此前我们已经讨论了依存句法树、配价和依存关系三者之间的关系，以及如何从词的配价出发，逐步建立词与词之间的关系，最后形成句子的依存树，进而完成将线性串转换为二维树形结构的任务。为了能够让计算机模仿这种转换过程，我们也研究了依存语法的形式化问题。从有关讨论中，可以看出所谓形式化是用更数学化的方法对我们前几章内容的描述。对于计算语言学家而言，采用形式化的方法研究语言结构有助于在计算机上实现。也可以说，形式化是程序化的基础。值得注意的是，形式化还不是程序化，为了在计算机上实现某种语言处理功能，我们还需要用机器理解的语言告诉机器该做些什么，有时还需要告诉它怎么去做。在用程序设计语言编制具体的程序之前，人们一般要采用一种(半)结构化的方式把问题以及解决问题的步骤与方法写出来，这就是算法[1]。按照计算语言学应用模块化的概念(刘海涛 1995)，算法设计与编程实现是计算机科学家的工作。

---

1 本章所说的句法分析算法是一种广义的说法，受材料和本书主题的限制，有些时候也包括句法分析器的结构等内容。严格说来，本章介绍的大多是方法，而不是计算机科学中的算法。

本章先引入句法分析（parsing）的概念，简要评介几种有代表性的基于依存语法的句法分析算法和句法分析器。最后引入一种基于槽填充的线图句法分析算法。

5.2 句法分析的概念及定义

英语中的术语 Parsing（句法分析），来自拉丁语 pars orationis（话语的组成部分），最初用来描述对句子进行的语法解释。今天，一般用来特指句子的句法分析，基本与原拉丁语中的意义相当。但不同领域的学者，对这一术语的理解还是有差别的，下面是其中的几个例子。

句法分析是指"对语言的句法结构进行机器分析，以便检验某一具体词链（如句子）是否合乎具体语言（形式语言和自然语言）的规则，如果符合就可得出该词链的句法和语义结构的图式。"（布斯曼 2003：390）

"在理解多个词组成的话语时，我们不仅应该存取每一个词，也需要考虑它们之间的关系。一般认为，这些关系不是以某种方式预先存储在某个地方等着被'存取'或'识别'。因此，我们说'存取'某个词，却说'处理'或'计算'它们之间的关系。描述这一过程最常用的术语是'句法分析'（parsing）"（Garman 2002：312）

"句法分析意指按照一种形式语法来决定一个句子句法结构的分析过程。"（Samuelsson/Wiren 2000：59）

"句法分析是按照一部已有语法结构化一个线性表示的过程。"（Grune/Jacobs 1990：13）

由此可见，依所处学科的不同，"句法分析"的定义也略有不同：

- 计算机科学：为一个字符串指定结构描述的过程。
- 语言学：为句子指定句法描述的过程。
- 知识系统：为话语指定知识表示的过程。

简单说，句法分析是将线性串转换为二维结构的一种过程。句法分析和形式化模型的最大不同在于，后者是静态的，而前者是动态的。我们将能够实现句法分析这一过程的计算机程序称为句法分析程序或句法分析器（parser）。

句法分析器一般由以下三部分组成：一种语法形式化体系；一部语法；一个算法。

上一章我们已经讨论过依存语法的形式化问题，它成为句法分析器之基础的原因在于，我们只要写语法，就需要用形式化的方法。选定了形式化方法后的主要任务是用它来描写自然语言的语法。算法的任务是在有了语法、有了输入的句子后，怎么来有效地检验输入的句子是否合乎语法，如果合乎语法其结构又是什么。如果将语言处理放在人工智能的框架下去考虑，那么这三部分就分别对应于：知识表示，知识库和知识处理。这三部分追求的东西也不一样，语法形式化体系注重的是表现力，语法强调的是精确性，算法追求的是效率。

句法分析是计算机科学、计算语言学等领域的一个重要研究方向，该领域已经有了大量的理论和实践（Grune/Jacobs 1990，Hellwig 2004，Langer 2001，Naumann/ Langer 1994，Sikkel 1997）。

我们将以上这种句法分析叫做基于形式语法的方法或基于语法的句法分析，因为在这样的框架里，一部形式化了的语法是句法分析能够得以顺利进行的基础。基于语法的句法分析可定义为：已知语法 G 和输入字符串 s，句法分析的任务就是根据 G 生成 s 的几个或全部句法结构。

一般而言，按照此类方法构造出来的句法分析器的输入为一个词串，输出要么是简单的 Yes/No，要么是在回答 Yes 的同时也给出一棵或多棵句法树。我们暂且不说构建语法形式化体系和用这种体系来书写自然语言规则的种种困难，而把目光转向输入和输出。如果计算语言学要想真正解决人类遇到的某些语言问题，主要是跨语人际交流和人机自然语言交流的问题，那么它面对的就应该是一种真实的非受限文本，这样的文本显然不一定是完全符合语法的。按照基于语法的句法分析方法，对于这样的输入，系统只能说 No，但对于实际应用而言，单说一个 No 是不够的，例如一个语法校正程序遇到一个不合语法的句子，它能简单地说一声 No 吗？显然不行。因此，如果计算语言学要走向实际应用，必须考虑如何解决这一问题。换言之，即使系统由于输入和可用的知识问题，导致完整句法分析失败，也应该具有一定的能力从失败中走出来，尽可能多地输出部分句法分析结果，而不是说个 No 就了事。具有这样功能的句法分析器，我们将它称为鲁棒句法分析器，对应的句法分析过程也叫做鲁棒句法分析（Robust Parsing）、基于数据的句法分析或面向真实文本的句法分析。此类句法分析可定义为：已知语言 L 中的文本 T = $(s_1, \dots s_n)$，句法分析的任务是为每一个属于 T 的 s_i 生成正确的分析。

为了更好地理解这两种定义，我们来看一个例子。图 5-1 为句子"这是一个例子"的依存句法结构图[2]：

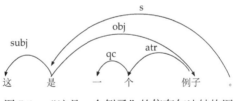

图 5-1　"这是一个例子"的依存句法结构图

基于语法的依存句法分析的任务，就是在一部依存语法的支持下，将输入的线性词串（句子）转变为一个或一个以上的依存结构图。而面向真实文本依存句法分析器的任务是为输入文本中的每一个句子生成一个依存结构图。

为了实现对输入句子进行鲁棒句法分析，只采用基于形式语法的方法是不够的。与传统的句法分析技术相比，鲁棒句法分析技术对输入的

2 这个图是我们在第 1 章提出的依存结构图的简化形式，也是目前最常见的依存句法结构表示形式。

分析一般没有基于形式语言的方法深入，这样也有人将这种句法分析称为浅层句法分析(Shallow Parsing)[3]。浅层句法分析是计算语言学中特有的一种面向应用的方法。

有学者认为计算语言学从基于语法的语言处理到面向真实文本处理的转变意味着在计算语言学中出现了革命。革命大致开始于1990年代，按照 ten Hacken(2001)的说法，可以从以下三个方面来证实在计算语言学里确实发生了一场革命。

表 5-1 计算语言学革命

革命前	问题	理解人类语言处理的机理
	知识	当代语言学理论
	解决方法	一个可在计算机上运行的程序
革命后	问题	现实生活中遇到的实际问题
	知识	有助于解决问题的一切东西
	解决方法	具有实用价值的系统或程序

我们认为，计算语言学从理论研究到实际应用的这种转向，虽然从科学革命理论的角度而言，可能算是一种革命性的变化。但也应该看到革命前的许多东西，在革命后的今天仍然在默默地工作着，起着重要的作用。

如果将这场革命具体落实到句法分析领域，我们可以将基于语法的句法分析和面向文本的句法分析视为索绪尔的语言和言语(Saussure 1916)、乔姆斯基语言能力和语言运用(Chomsky 1965)之区分在自然语言处理领域的反映。基于语法的句法分析可以看做是对人类语言处理机制的一种模拟，而面向文本的句法分析主要是一种侧重语言运用能力的活动。当然，正如语言能力和语言运用有着密切的关系一样，今天的自

---

3 关于浅层句法分析、深层句法分析和鲁棒句法分析的关系，可参见 Stede(2002)。

然语言句法分析技术也正在呈现一种结合这两种方法的趋势。因为语言处理是一项非常复杂的事情，这种技术上"取长补短"的合作势态有助于问题的最终解决。句法分析需要处理的是自然语言，模拟的是人类的语言处理能力，所以它不仅仅是一种理论，也需要有实际系统的支持，这样就会涉及句法分析(器)的评价。在只涉及基于语法的句法分析方法和技术时，句法分析器的评价似乎要容易一些，但这种主要依据主观指标来评价句法分析技术的方法，如果用在面向文本的句法分析技术评价中，就显得有些不足了。今天一般倾向采用更客观的基于标注的语料库[4]来进行句法分析系统的评价。Nivre(2006)认为评价一种句法分析方法的好坏可以从以下四个方面进行：鲁棒性，歧义消解，精确度和有效性。我们认为他的这种定义不但全面，而且也考虑到了目前句法分析的发展趋势和基本任务。这四种指标的正式定义为(Nivre 2006：41-43)：

- 鲁棒性(Robustness)：一个用来句法分析语言 L 文本的系统 P 是鲁棒的，当且仅当，对于任何属于 L 的文本 $T = (x_1, \ldots x_n)$，P 能为每一个属于 T 的 x_i 指定至少一种分析。

- 歧义消解(Disambiguation)：一个用来句法分析语言 L 文本的系统 P 是具备歧义消解功能的，当且仅当，对于任何属于 L 的文本 $T = (x_1, \ldots x_n)$，P 能为每一个属于 T 的 x_i **最多**指定一种分析。

- 精确性(Accuracy)：一个用来句法分析语言 L 中文本的系统 P 是精确的，当且仅当，对于任何属于 L 的文本 $T = (x_1, \ldots x_n)$，P 能为每一个属于 T 的 x_i 指定一种正确的分析。

- 高效性(Efficiency)：一个用来句法分析语言 L 中文本的系统 P 是有效的，当且仅当，对于任何属于 L 的文本 $T = (x_1, \ldots x_n)$，P 在处理每一个属于 T 的 x_i 时，其所用的时间和空间相对 x_i 的长度都是线性的。

---

4 这种由人工进行标注的语料库，英文称为 Golden Standard(金本位)。黄昌宁在 2005 年的"全国第八届计算语言学联合会议"论文集中，将这种具有标准意义的带标语料库，也称为"金本位"。

在下面有关句法分析算法和句法分析器的讨论中，我们将尽可能地按照这些指标来考量所提及的句法分析算法和句法分析器[5]。

5.3 基于泰尼埃理论的依存句法分析

此前我们说过泰尼埃的句法理论本质上是一种基于虚图式的句法分析理论和实图式的分析表示体系。在泰尼埃眼里，任何句子都可以纳入他所提出的句子虚图式中。换言之，泰尼埃理论指导下的句法分析和研究，就是想办法将所有的句子纳入到图 4-1 的句子图式里。为了在此框架下进行句子分析，我们必须使用转用。虽然泰尼埃用 300 多页的篇幅讨论了各类转用，但转用还是一种需要动用语义才能判定的操作。而没有转用操作的依存句法分析很难说是泰尼埃理论的实现。就我们所掌握的资料看来，声称自己的句法分析方法最接近泰尼埃理论的有三家：Giguet/Vergne (1997)、Järvinen/Tapanainen (1997) 和 Lepage et al. (1998)。

Giguet 等人认为他们的法语依存语法分析器是泰尼埃式的，但在具体实现上，该系统却是一种组块分析和依存分析结合的产物。系统首要的任务是识别一种叫做非递归短语 (nr-短语) 的成分，然后再想办法将这些组块连在一起。该系统由以下两部分组成：(1) 在词的层面上，进行 POS 标注和组块分析，由此构造出短语结构成分，这样的成分被称为 nr-短语；(2) 在 nr-结构的基础上，使用连接规则构造句子的功能结构。该句法分析器使用了两种不同的技术分层级构建的原则，这样做的好处在于降低了依存关系选择时的复杂度，提高了句法分析器的效率。Zhou (2000) 也提出了一种结构类似的汉语依存句法分析器。在树库建设方面，也出现了一些把短语和依存结合在一起的树库标注方案，如德国的 Negra (Skut et al. 1997) 和 Tiger 树库 (Brants et al. 2002)，清华大学

---

5 由于材料来源的多样性和涉及的时间跨度较大，以及有些原始资料的叙说方式的不同。难以对每一种算法和句法分析器都按照这些指标做出详细的评价和描述。考虑到本书的文科性质，在叙述中，我们也尽可能避免使用过多的数学语言。

的 TCT 树库（周强 2004）。

按照 Abney(1989)的说法，"一个典型的组块是由一个内容词加上一些功能词构成的"，顺着这个思路，我们可以认为一个组块的核心是内容词，也就是泰尼埃的实词。如果把实词换成泰尼埃所用的 I、O、A、E，会怎么样呢？这样尽管这种方法建立的不是词间依存关系，而是组块间的依存关系，但如果承认组块和泰尼埃虚图中的节点有一种天然的联系的话，说 Giguet 的依存句法分析器是泰尼埃式的倒也可以接受。

功能依存语法（Functional Dependency Grammar，FDG）的理论框架是由 Tapanainen/Jarvinen(1997)提出的，其目的是构造一种非投影的依存句法分析器。FDG 的实现是建立在约束语法（Constraint Grammar，CG，Karlsson et al. 1995）基础之上的。1997 年文章中提到的句法分析器约有 2500 条规则。规则 #(3) INDEX(@INFMARK)) IF(1(INF @-FMAINV) HEAD—infmark：)的意思是：不定式标记通过名为 infmark 的关系连接到不定式动词上。FDG 句法分析器要求的输入和其他基于 CG 的系统一样，都需要先经过形态和形态句法分析的预处理。作者认为他们的系统是第一个实现了的泰尼埃的依存理论。FDG 展示了依存语法形式化体系的普遍性和描写能力，目前已有英语、西班牙语、法语、德语、意大利语、荷兰语、芬兰语、丹麦语、挪威语和瑞典语的依存句法分析系统可供使用。

基于 Karlsson et al.(1995)提出的约束语法（Constraint Grammar）概念之上的研究，还有 Bick(2000)针对葡萄牙语的句法分析器实现，在此基础上，Bick 不同程度地实现了丹麦语、法语、德语和世界语的依存句法分析功能[6]。Aranzabe et al.(2004)给出了一个巴斯克语的 CG 句法分析器实现。

此前我们说过 Lepage et al.(1998)是目前可见到的最能体现泰尼埃

---

6 http://visl.sdu.dk/constraint_grammar.html 提供了这些 CG 句法分析器的联机版，供访问者学习和测试。

思想的计算语言学应用，说它最具代表性的原因在于，它使用了虚图和
转用。Lepage(1998)的文章介绍了如何采用泰尼埃理论来构建一个含有
6553 个句子的日语树库。我们知道树库对句法分析器的意义主要在于：
它可以用作句法分析器的训练集和测试集；它也可以采用 DOP 的方法直
接作为句法分析器的规则使用(Bod/Sha/Sima'an 2003)。Lepage 采用了
类比的方法使用树库进行句法分析(1999)，虽然基于树库，采用类比来
进行句法分析的思想在 Sadler(1989)中就能见到，但在那个时候这只能
算作是一种思路(刘海涛 1992)，而 Lepage 等人不仅构造了树库而且也
实现了这种思想[7]。Lepage(1999)使用一个基于短语结构的英语树库和以
上所说的日语依存树库进行了测试，用 5000 句构成的树库作为训练集，
1553 句作为测试集。实验取得了比较满意的结果。用这种方法，Lepage
实现了一种基于泰尼埃句法理论的句法分析。

5.4　基于上下文无关文法的依存句法分析

Hays(1964)把依存规则定义为"一种有关句法单位价的描述"，它
由一个支配成分和有限数量的从属成分构成。他的依存规则具有这样三
种形式：

$$X_i(X_{j1}, X_{j2}, ..., {}^*, ..., X_{jn}) \tag{1}$$

$$X_i({}^*) \tag{2}$$

$${}^*(X_i) \tag{3}$$

在此基础上，Hays 给出了一种句子语法合格性判定的过程，他将其
称为决策过程(a decision procedure)。按照我们今天的术语来说，他给
出的是一个句法识别器(recognizer)的算法。识别器使用的主要数据结构

---

7 Lepage(2003) 详细论述了类比在信息处理中的原理及作用。

为表(table)。假设我们已有一部用以上格式写就的语法 Δ，那么判定一个输入串是否合乎语法的过程如下[8]：

(1) 从 1 开始，由左至右，增量为 1，为字符串中的每一个词指定一个整数。每一个词得到的整数表示该词的位置 (P_w)。令 Max 等于最右边词的位置。

(2) 建立一个含有 Max 个位置的表，表中的单元表示为[a, b]，其中 $1 \leqslant a \leqslant b \leqslant Max$。

(3) 用语法中形如 W：$\{X_1, ..., X_n\}$ 的词汇规则为输入字符串中每一个词 W_i 指定词性(类)。如果 P_i 为 W_i 的位置，则将 $X_1...X_n$ 写入单元[i, i]。

(4) 检查表$(1 \leqslant j \leqslant Max)$单元[j, j]的每一个词类 X 是否有一条规则 $X^{(*)}$。如有，则在表元[j, j]中插入 $X^{(*)}$。

(5) 令 V 为一个变量，并设 V = 2.

(6) 这一步处理 V 个相邻表元的序列。对于每一个只含有一个词类符号 X 和 V-1 棵树的序列 $Y_1, ... Y_i, X, Y_j, ..., Y_{v-1}$，在语法 Δ 中寻找形如 $X(Z_1, ... Z_i, ^*, Z_j, ..., Z_{v-1})$ 的规则。如果表中每棵树 Y_n 的根与语法中的从属成分 Z_n 相同，并且 Y_1 在表元$[Y_{1left}, Y_{1right}]$ 中，Y_{v-1} 在表元$[Y_{v-1left}, Y_{v-1right}]$ 中，则在表元$[Y_{1left}, Y_{v-1right}]$ 中插入一棵新树。新树的形式为 $X(Y_1, ... Y_i, ^*, Y_j, ..., Y_{v-1})$

(7) 如果 V = Max 转入第 8 步，否则 V+1，回到第 6 步。

(8) 如果在表元[1, Max]中有一棵树，如果此树的根为 X，并且在 Δ 中有一条形如 $^*(X)$ 的规则，则识别成功。否则，识别失败。

从以上描述，我们可以看出这个算法非常相似于 CYK 算法[9]。事实

上，这个算法正是 CYK 算法中的 C(ocke)，在陪同 Hays 参加了一次机器翻译会后提出来的。在听了一些有关语言分析的做法后，Cocke 说"Dave, is what these people are trying to do something like the following?"，接着 Cocke 写下了四分之一页的 Fortran 代码，这就是第一个具有普遍意义的计算语言学算法的诞生过程(Kay 2000：166-167)。

Lombardo/Lesmo(1996)是现代版的 Gaifman(1965)，他们实现了一种类 Early 算法的依存句法分析，这使得此类依存语法句法分析效率达到了 CFG 的水平。Lombardo/Lesmo 基本采用了 Gaifman 的依存语法形式化方法，但在算法方面他们对 Early 算法作了一定的改进，主要是对"预测"(predictive)部分进行了预处理，将其编译为一种句法分析表，以提高识别效率。将依存规则转换为句法分析表要经过两个步骤，首先把规则转为"转移图"(transition graph)，然后再将图映射为句法分析表(parse table)。

5.5　基于扩展上下文无关文法的依存分析

Nasr(2004)提出了一套完整的依存语法句法分析理论和实现。系统首先从树库中提取 TAG 语法，然后将 TAG 语法转为 GDG(生成依存语法)，接着用 GDG 句法分析经过词性标注的输入文本。这个句法分析系统所用的依存语法形式化方法叫做 GDG，它是一种字符串重写形式化方法(Nasr/Rambow 2004)。GDG 允许在推导树中存在无限制的子节点数，这就要求对规则右部的成分没有数量限制。一般的 CFG 是不允许这样做的。GDG 的实质是一种词汇化的扩展上下文无关文法(lexicalized Extended Context Grammar)。

扩展上下文无关文法(Extended Context-Free Grammar，ECFG)基本上就是一种 CFG，只不过它的右部是一种由终极符号和非终极符号组成的正则表达式。在推导的每一步里，我们先选择重写规则，然后选择字符串，该字符串应该处于由规则中正则表达式所表示的语言当中。这样，处理字符串就如同处理 CFG 重写规则的右部一般。如果我们规定 ECFG 规则的右部的正则表达式中必须含有至少一个终极符号，那么此时的 ECFG 就被词汇化了，词汇化的 ECFG 我们也称它为生成依存语法（Generative Dependency Grammar）。

为了进行基于 GDG 的句法分析，Nasr/Rambow（2004）对 CYK 算法作了一些扩展。其要点就是在线图中项的表示上采用了有限状态机来表示规则的右部。一个用范畴 C 作为左部的规则所给出的有限状态机，即 C-rule_FSM。它的终止态标识着标记为 C 的成分的完全识别。

从句法分析的角度看，把依存语法视为一种 ECFG 不仅克服了第一代生成依存语法模型（Gaifman 1965）的不足，而且还仍然可以利用许多已有的 CFG 句法分析算法。在 Nasr 的新系统中，不仅仅使了用 CYK 算法，而且也结合了 FSM 技术，这使得句法分析器的效率更高。Nasr/Rambow（2004）是 Kahane/Nasr/ Rambow（1998）的继续和简化，但加强了系统的 FSM 部分。Nasr（2004）的 GDG 不但包含了如上所述的思想，也是 Nasr（1995，1996）的发展，是一种用 FSM 实现的基于树的依存语法。此时的 GDG 是一个六元组 〈C，Σ，F，A，θ，I〉，其中 C 为范畴集合，Σ 为词汇集合，F 为句法功能标记集合，A 为词汇自动机集合，θ 为连接 A 和 C 的映射函数，I 为起始符号。

Nasr 用 FSM 来构建自然语言句法分析系统的做法使人想起 Maurice Gross 的局部语法（Gross 1997），如果考虑 Nasr 的两份博士论文（1996，2004）都是在巴黎七大通过的，人们很自然会想到这种学术上的亲缘性。但遗憾的是，我们在这两份论文中都没有发现 Gross 的名字。

当然，使用有限状态机来进行依存句法分析的不止是 Nasr 一个人，Oflazer（2003）就提出过一种基于有限状态机的句法分析方法，并在此基础上，构建了一个土耳其语的依存句法分析器。

按照依存语法和配价的关系来看，Nasr（1995，1996）中提出的基于基树和黑白节点的句法分析方法在理论上更具吸引力。事实上，这种来源于化学中原子通过价饱和组合形成分子的方式，仍然吸引着许多（计算）语言学家的目光。我们在第 4 章，曾经提到过 Kahane（2004，2005）提出的 GUP 语法理论。我们也可以把 Perrier（2000）提出的"交互语法"（Interaction Grammars，IG）视为这一思想的延续，虽然 Perrier 自己说 IG 的主要目的是把 TAG 和 CG（范畴语法）中的某些东西组合在一起，以便形成一个能够克服二者原有缺点的理论。尽管 IG 是一种基于短语结构的语法，但由于形成它的主要基础的概念——极性，反映的是词的组合能力，所以它也可以用来描述依存语法（Perrier 2003：137-139）。

5.6 基于约束的依存句法分析

基于约束的依存句法分析是目前依存句法分析研究和实践中一支不容忽视的力量。虽然它也是一种语法驱动的句法分析方法，但与基于生成语法中的重写规则不同，它采用消去法来分析句子结构，即：句子分析是一种逐步消去那些违犯约束条件表示的过程，经过一系列的消去操作，最后剩下的表示就是所需的句子分析结果。

Maruyama（1990）认为 CDG 句法分析就是为 n × k 个角色指派值的过程，这些值选自有限集 L × {1, 2, ..., n, nil}。因此，CDG 句法分析可视为一种有限域上的约束满足问题。这样，人工智能中一些用来解决约束满足问题的算法也可以用在 CDG 的句法分析上。约束传播（constraint propagation），也称过滤（filtering）就是这样一种技术，它能在出现多个候选结构时，通过增加新的约束来得到更好的解。

德国汉堡大学的 Menzel 等提出了"加权约束依存语法"（weighted constraint dependency grammars，WCDG；Schröder 2002）。在 WCDG 中，约束条件几乎形成了语法的全部，而要构建一部广域句法分析器需要的语法，没有一套适用的语法研制环境是很难做到的，这样他们也开发了一套可以通过交互方式进行语法研制的软件系统（Foth 2007）。WCDG 可视为是一种扩展的 CDG，所以它的句法分析算法基本上和 CDG 的算法没有太大的区别，只是另有一套处理软约束，即加权约束的机制。理论上讲，大多数语言学家认为绝大多数的自然语言现象是可以概括为规则的，但实践证明，寻求这样的规则非常困难。因此目前的句法分析系统大多在以下几方面有所折中：

(1) 放弃完全句法分析，转向各种浅层句法分析，因为浅层句法分析已可以满足许多应用的需要了。这方面最有名的就是组块句法分析了。

(2) 不再将精力放在构建语言学动因的规则上，而是从已有的语料中自动提取出一个概率模型，然后用此模型将待处理结构的相似性最大化。这是一种鲁棒的和有效的方法，但得依赖大量的语料，生成的模型难于理解，也不易扩展。

(3) 使用显式规则来进行深层分析的形式化体系一般被限定在语言结构的一个子集或特定的领域里，这样，系统在处理领域之外的真实语料时，其鲁棒性和覆盖面就会很差。

WCDG 的研究者们认为他们的 WCDG 句法分析系统避免了这三个方面的问题。那么，他们是如何达到这个高远目标的呢？首先，系统使用了一种陈述性的形式化体系，而不是通常的推导式语法，合格性条件是通过对词间依存结构进行显式约束的逻辑式来表示的。由于对这些逻辑式的复杂性没有限制，所以任何可以表述的合格性条件都可以表达为一种约束。从理论上看，这种方法会导致句法分析问题难以处理，但 WCDG 的研究者发现了一种近似方法，使得系统可以得到令人满意的结果。

该系统中所有的语法规则都按照一种优先级测度来排列，这样就可区分不太重要的语体规则和非常重要的基本语法规则。这不仅保证了系统能够处理各类有问题的输入，而且也可以将一些来自外部浅层句法分析器的信息结合到系统里来。WCDG 句法分析系统的输出为一棵有标记的依存树。这棵树是将句法分析视为一种约束优化问题的结果。

　　如同绝大多数依存树一样，WCDG 输出的依存树也不含非终极节点。这就意味着，WCDG 里没有诸如 S→NP VP 的产生式规则。而在这种体系中规则的主要用途是说明两个词之间有没有联系，如果有的话，谁支配谁，形成的依存关系的类型又是哪一种等。也就是说，语法规则是一种关于可允许从属成分的约束性说明。这些约束可以涵盖涉及的词形位置、词汇属性，也可以是对相邻依存边的属性要求等。没有被任何约束禁止的从属成分都是有效的。在这样的情况下，句法分析器的目标就成了选择一组满足所有语法约束的从属成分集合。约束规则和短语结构中的产生式规则的最大不同在于，在采用约束规则的系统里，规则越多产生的语句越少，这与基于产生式规则的系统正好相反。

　　总的说来，WCDG 中的约束是一种可废止(defeasible)的约束。这种可废止性体现了语言的一个特点，因为有关语言中的规则不是绝对的，而且可以被更重要的规则所取代。

　　每一条约束都有一个介于 0.0 和 1.0 之间的分值，用来衡量其相对重要性。分析的可接受性是由它所违犯的所有约束的分值的乘积来决定的。这就意味着，具有 0.0 分值的约束是必须满足的，冒犯它就会得到零分。如，遗失名词前的限定词这条约束的分值为 0.2，这意味着遗失限定词是不对的，但也不是完全不能接受的。事实上，还有许多其他的约束要比这条限定语规则更重要。

　　WCDG 和其他 CDG 变体的最大不同就在 W(权重)上，因此为每一条约束确定一个适宜的分值就非常重要了。但这不是一件容易的事，因为理论上存在太多的可能，这种太多的可能搞不好就会导致不能。一条新写约束的分值可以通过一个标注过的语料库来计算，也可以通过测量不同的权重对整体性能的影响来获得。

　　通过为所有的规则指定非 0.0 的分值，就可以将原有的规定性的语法转换为一部可以应付含有各种不规范语言现象输入的语法，也可使系统尽可能获得好的输出结果。WCDG 的实践证明，一部结构得当的语法可以达到近乎 100%的覆盖范围。通过赋予那些有可能禁止所有结构的高分值约束的办法，可以做到这一点。一种可保证此属性的简单办法是允许多余的词形成孤立子树的根。这是可行的，因为 WCDG 本身并不会强制唯一的 NIL 从属成分。

由于没有产生式规则，WCDG 不含推导机制。这样句法分析一个句子就成了一种多维优化问题，可以采用现有的约束优化方法来解决这个问题。WCDG 在一定的程度上克服了其他基于约束的句法分析方法的两个问题，一是给定输入没有一个分析能满足所有的约束，这导致了句法分析的鲁棒性较差；二是有可能出现多于一个的分析结果，这又产生了歧义消解问题。

WCDG 的方法取得了令人满意的效果，目前 WCDG 句法分析器在处理书面德语时识别依存关系的正确率约在 80%~90%之间，这基本达到了 Collins（1999）分析英语的水平，而用 Collins 算法构造的德语句法分析器，精度一般只能达到约 70%左右。分析所用的德语语法包括 750 条人工编写的约束规则。Daum（2004）通过引入亚指定依存边在已见到和仍未见到的词之间构建期望的关系，这样就可把原来的权重约束依存句法分析扩展为一种动态依存句法分析，进一步提高了 WCDG 的句法分析效率。

由以上讨论可知，WCDG 能够取得如此成绩在很大的程度上得益于由人手工构建的带有分值（权重）的约束，即 WCDG 中的语法规则。为了方便语法的研制，WCDG 的研究者们开发了 XCDG 工具。某种程度上，XCDG 类似于施乐公司曾经为 LFG 开发的 LFG grammar writer's workbench（Kaplan/Maxwell 1996）。但在指出所用的语法为什么不能产生所需的句法分析结果时，XCDG 能给出更有用的信息，并可以马上就用到下一步的开发过程中，从而加快了研发进度。

从依存句法分析的精度和覆盖面来看，基于约束的方法无疑是值得肯定的。然而面对无边无际的文本，要通过人工来提取规则或约束条件决然不是一件容易的事情。基于约束方法的努力方向，可能在除了继续挖掘更有效的 CSP 算法的同时，更应该把重点放在规则的自动获取，以及如何将这些自动获取的规则与人工的规则的结合方面。

5.7 规则与统计相结合的依存句法分析

Schneider(1998)较详细地比较了自然语言的短语结构和依存句法分析。文中把链语法(Link Grammar)作为依存语法的代表，进行了较深入的讨论，也探讨了链语法、依存结构和短语结构之间的可转换性。此后，Hoefler(2002)成功实现了一个把链语法结构转换为短语结构的系统。Schneider(2008)提出了一套鲁棒的、混合的、深层语言结构的，当然也是基于依存的句法分析方法，形成了一个可在多个平台上运行的句法分析器 Pro3Gres(PRObability-based，PROlog-implemented Parser for RObust Grammatical Relation Extraction System)。我们认为它基本或正在接近我们自己对于依存语法的期望和一个句法分析器最终应达到的目标。

Pro3Gres 处理文本的基本流程如图 5-2。

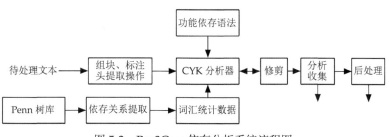

图 5-2   Pro3Gres 依存分析系统流程图

首先对输入文本进行形态分析、词性标注、组块分析和组块的头提取，相对句法分析而言，这一部分的研究比较成熟，已经有了不少软件可供使用。因此，Pro3Gres 使用了第三方的标注和组块分析软件。换言之，在进入 CYK 句法分析器之前，输入文本已经进行过一定的预处理，接下来的句法分析的主要工作是建立组块头之间的关系。这一点类似于前面所介绍的 Giguet 的工作。CYK 句法分析器使用的知识主要有两类：FDG 语法规则和词汇化的统计数据。前者是由语言学家手工编制的依存语法规则。

词汇化的统计数据是句法分析器需要的另一种知识，它是由一个关系提取程序从宾州树库中提取出来的，这些依存关系的统计数据被用来作为句法分析时的一种经验依据。这种基于词间关系出现频率的消歧手段，在荷兰的 DLT 机器翻译项目中就已经开始使用，并证明是一种有效的消歧手段（Papegaaij 1986）。为了将搜索空间保持在一个可控的范围，对于不太可能的句法分析结果的处理应该在句法分析过程中就开始，而不是在得到了几个结果后再开始消歧。这种边分析，边消歧的策略也符合人处理语言时的策略。在一个基于统计的句法分析系统中，对于中间结构的排序是一件顺理成章的事情，但在基于规则的系统中，这一过程还需要特别加以考虑。Pro3Gres 在这一方面结合了目前一些成熟的统计信息处理技术，对于句法分析过程中出现的中间树及时进行了剪枝处理。这种句法分析过程中的剪枝方法，将可能的结果（即搜索空间）控制在一个可以掌握的范围内，进而降低了句法分析的复杂性，提高了句法分析器的效率。Pro3Gres 目前的句法分析速度可达到大约每小时 30 万词。

总的说来，Schneider 的 Pro3Gres 在保持小搜索空间的前提下，并没有降低系统的语言学描述能力和理论的精度；在实现了依存语法特有的深层语言分析的同时，使句法分析器在大多数情况下都运行在上下文无关的架构里，这保证了对非受限文本的快速处理；为了达到这些目标，系统组合了许多有效的语言处理方法，形成了一个结构相对简单，具有模块化和开放性特点的句法分析器模型。

　　Pro3Res 的实践证明了诸如依存语法这样的最简语法理论[10]，其表现能力足以构建一个语言学上精确的句法分析器。也就是说，依存语法在这一方面不亚于其他语法形式化架构，而且还有更低的计算复杂性。注意：对于一个组块内部成分之间的关系，Pro3Gres 没有给出进一步的依存关系分析。从这个意义上说，Pro3Gres 是一种基于组块的依存句法分析器，是一种头驱动的依存关系提取器。按照我们所提出的一种理想的依存句法分析器的要求，Pro3Gres 还需要将那些没有得到二元依存关系连接的词进行处理，这也许会牺牲句法分析器的效率，但这是一个值得进一步研究的问题，因为这是实现一个完整的依存语法句法分析器所必需的。

　　Trushkina(2004) 利用形态句法信息进行的依存句法分析是另一种很有启发意义的句法分析方法。这种方法表面看和 Schneider 的做法有些相似，但在分析深度上不及 Pro3Gres。具体实现上，她利用施乐公司的增量深层句法分析系统(Xero Incremental Deep Parsing System，XIP)构建了一个叫做 GRIP 的德语句法分析系统。GRIP 由形态分析器，形态句法歧义消解器，组块句法分析器和依存句法分析器构成。这种结构使得系统总的说来是鲁棒的和确定性的。方法上，这与 Bangalore/Joshi(1999) 提出的基于 LTAG 的 Supertagging(超级标注)有异曲同工之妙，只不过 GRIP 是一种浅层依存句法分析器。说它浅，是因为它只有 8 个依存关系(Trushkina 2004：140)。Trushkina 的研究证明了在依存语法框架里，也是可以进行 Supertagging 的。但是如果人们追求的是传统意义的依存分析，可能还需要结合其他更多的词汇知识。我们所提出的基于配价的依存句法分析就是一种挖掘更深依存关系的方法。

10　将二元依存关系构成的依存语法视为一种最简语法理论的观点也见于 Ninio(2006)。

Gala（2003）提出了一种类似的双层（two tier）句法分析方法，她所使用的基本研制平台也是施乐的 XIP，而处理的语言为法语。与 Trushkina 的系统的最大不同在于，她的系统有一种从万维网学习依存关系的能力，她将这种能力称为"通过万维网对句法分析器进行词汇化"（Aït-Mokhtar/Gala 2003）。输入的字符串加入句法分析系统后，视输入句子的语言结构特征，系统选用核心（Core）以及特殊的语法模块来对其进行组块分析，即分析出 NP、PP 之类的结构，这主要由核心语法模块来进行，而诸如表格等的处理，则需要特殊模块来进行了。接下来的工作是提取依存关系，这里所说的依存关系也是两个组块中头词间的依存关系，如名词和动词间的关系。但对于介词而言，则指的是两个通过介词连在一起的头词之间的关系，形如 A（X，Prep，N），其中 X 可是名词、动词或形容词，Prep 为介词，N 为名词。与在第一层的组块分析一样，核心依存语法用来提取主要的句法关系（如，主语，宾语等）和介词依附关系。系统的输出包括输入句子的组块分析和一个依存关系表。

与前面所说的系统不同，Gala 的系统具有自学习的能力。目前这种自学习主要是为改善介词依附的精确性（PP-attachment）而设的。学习的基本过程是，首先将句法分析器的输出转换为一种次范畴框架，然后根据万维网上的文本来计算每一个框架的权重。这些权重信息被放入词汇知识库，供遇到难以判别的介词依附问题时使用。实验表明，采用这种方式后，系统解决 PP 依附的精度比只采用基于规则的方法有了很大的提高。这从另一个角度证明了在自然语言句法分析中，采用词汇化及配价信息的作用是明显的。

5.8 基于槽概念的依存句法分析

1974 年，Peter Hellwig 在自己的博士论文里（Hellwig 1978），提出了一种基于配价的意义分析方法，当时该理论的名称就叫配价语法

（1978：99）。它不但属于第一批系统研究配价理论在自然语言处理中应用的著作，也蕴含了若干年后在计算语言学界广为流行的"合一"思想。后来，他在自然语言处理系统 PLAIN（Program for Language Analysis and Inference）里实现了这些想法（1980），今天这种思想已经发展成了依存语法的代表理论之一"依存合一语法"（DUG，1986，1988，2003）。DUG 是少有的由语言学背景的计算语言学家在充分了解配价和依存语法理论的基本思想后，提出的面向机器处理的依存语法理论。Hellwig 对于语法的理解和一般的计算语言学家有所不同，他认为"语法就是词汇描述，也可以说，词表就是语法。"（1980：290）这样的看法，我们也可以在泛词汇主义的语言学家的论著里看到，如 Starosta（1988：38）。Hellwig 认为"句法差不多就是词的组合能力。词不仅仅是一种已有的结构模式的填充者，它们也是这种模式的真正源泉。从形式的观点看，依存语法的核心概念就是补足语。一个头（head）成分和一些可以完善头成分的成分形成了一个标准的句法结构。在现实世界中，自然语言是用来为某些事物指定属性和描述这些事物之间的关系的。据此，可将词分为两类：表示关系和指代事物。如果缺少补足语，表示关系的词就不完整了。但是，适宜于填补这些特定缺口的句法结构的数量和种类是可以预测的。如果这种补足语预测的能力在句法形式化体系中占主要地位，则该方法和体系就属于依存语法。"（2003：602）

　　句法分析是 PLAIN 系统的一个组成部分，由于系统所奉行的词汇中心主义，系统既没有短语结构规则，也没有状态转移网络，句法分析的唯一依据是有关词汇的描写。这样，词汇所要求的句法模式便是词表的一部分了。用表（lists）构成的一个词项中有一些空槽，复杂的表达式是采用一种自底向上的方式通过在其他表的空槽中插入表来形成的。语法的词汇化使得构建如何输入语言的依存描述都变得相对容易了许多。

　　DUG 语法（Hellwig 1986，1988，2003）是由一种叫做 DRL（依存表示语言）的人工语言来书写的。DRL 的基本元素是由括号构成的，类似于表处理中的表。概念上，它们表示的是由节点和有向弧构成的树图。DRL 的特征为它的每一个节点对应着话语中的一个词汇意义的原子单位，弧表示这些原子单位之间的有向关系。按照树图的层级结构，关系中的一个元素为支配成分，另一个为从属成分。依存语法认为这种不对称性反映了自然语言的实际情况。

DUG 对传统依存语法也作了一些扩展，如：将词的位置信息视为一种和性、数、人称一样的形态句法特征。我们认为，作为一种句法分析方法，对词的位置进行这样的处理是必要的，这与依存语法的根本属性并不矛盾。

为了便于理解和提高句法分析效率，Hellwig 也提出了一种基于线图的 DUG 句法分析算法（Hellwig 1988）。

DUG 是第一个真正含有配价思想的，并且实现了的依存语法理论。但是，DUG 的表示语言 DRL 过于靠近计算机语言了，这使得它难以成为一种一般意义的语言学理论，使用的范围受到了一定的限制，直到今天还没有一个广域的 DUG 句法分析器的事实，说明 DUG 也许应该吸收一些更现代的计算语言学的思想和方法。

另外一个采用槽概念的语法理论是 McCord 提出的槽语法（Slot Grammar, SG）。McCord（1980）是有关 SG 的第一篇文章。从此文中，我们可以看出作者创建 SG 的目的不仅是想让它成为一种自然语言的形式化体系，而更关注如何在自然语言句法分析中使用它。语法名字中带有槽这个字的原因是整个语法就是围绕槽以及如何填充槽来构建的。需要注意的是，虽然作者将槽理解为语法关系，学者们一般也将 SG 作为依存语法之一种来看待，但在 McCord 创建 SG 的这篇文章的参考文献里，我们基本没有看到任何依存语法的文献，不要说泰尼埃和德国学者的有关文献了，就是 Hays 和 Gaifman 也踪影全无。尽管我们看到了三个属于 Hudson 的作品，但考虑到 Hudson 第一部有关"词语法"（Word Grammar）的书是 1984 年出版的，所以 McCord 的 SG 和依存语法的联系的唯一纽带就是 Hudson(1976)。我们此前说过 Hudson(1976) 提出了一种称之为"子依存语法"(DDG) 的语法理论，这是一种融短语结构和依存原则于一体的语法理论。McCord 在文中承认了 SG 和 DDG 的这种理论上的亲缘性，并感谢了 Hudson 跟他就文章内容的讨论。当然，SG 和 ATN 以及 Minsky 的框架理论也有一定的关系，但语言学动因应该是出自 DDG 的，SG 中的槽相当于 DDG 中的"子依存"规则。

基于 SG 的句法分析器采用自底向上的策略，每一个正在构建的短语都带有一个叫做可用槽(available slots) 的表 ASLOTS。句法分析采用从短语中间开始(middle-out) 的策略，如果一个短语 ASLOTS 表中的某个槽由一个适宜的邻近的短语填充了，则该短语就会变长。随着短语的变长，它的 ASLOTS 表就会变短，这是因为一个槽一旦被填充，就会从 ASLOTS 移走。当然，也有例外，如果一个槽被标为 multiple，则它可被重复填充。McCord(1993) 将槽分为补足语槽(complement slots) 和说明语槽(adjunct slots)，其中说明语槽一般为可有的。补足语槽最多能被填充一次，而说明语槽的缺省值可被多次填充。这种划分使得 SG 又向我们所说的基于配价的依存语法靠近了一步。

McCord(1990) 根据 SG 多年来的实践，以及由于实现语言从 LISP 到 Prolog 的转变，对 SG 句法分析算法提出了一些改进。一般认为，这篇文章里提到的 SG 和算法是标准的算法。McCord(1993) 提出了一种 SG 架构下的歧义消解算法，该算法不仅能为不同的句法分析结果打分，也可以对句法分析结果进行剪枝处理，进而提高句法分析效率。

Slot Grammar 的第一个实现是用 Lisp 做的(McCord 1980)[11]。从 1980 年到 1995 年，有关槽语法的句法分析器和应用都是用 Prolog 实现的(McCord 1989, 1990, 1993)。1995 年后，SG 的实现语言转向 C，这种语言一直被 SG 的研究者用到现在。在 McCord 领导下，IBM 研究中

---

11 这一段有关 SG 的历史和现状的引自 McCord 的电子邮件(2005 年 8 月 4 日)。

心的语言分析和翻译小组,已经研制出了英语、德语和罗曼语族通用SG。在这些 SG 语法的基础上,IBM 开发了机器翻译产品 WebSphere Translation Server(WTS),其中的源语分析就是用SG做的。目前可通过互联网测试 WTS 所含几种语言的翻译效果[12]。在这个网站上,也可进行汉语、日语和韩语作为目标语的测试。有关汉语的模块是由 IBM 中国研究中心开发的。目前我们可以在市场买到名为"IBM 翻译家"的英汉机译软件,其中的源语分析模块就是采用英语的SG。IBM 中国研究中心也研制了基于汉语 SG 的汉英机器翻译系统。SG 也在 IBM 之外得到了较成功的商业应用,如德国出品的德英双向翻译系列软件(Linguatec Personal Translator),也是采用 SG 作为其理论基础的。SG在商业和实践中的成功使得 IBM 可以自豪地在 WTS 的宣传中说,"通过先进的槽语法语言分析技术,WTS 成了计算语言学领域中最好的文本分析器之一。"[13] WTS 每秒处理 500 词的速度使它可以用在实时翻译领域,这是颇为吸引用户的一个卖点。SG 的成功也说明基于槽的依存句法分析是一条可行之路。

5.9 基于语言学理论的依存句法分析

在第 3 章,我们说过有些语言学理论是建立在依存概念之上的。因此,所谓基于语言学理论的句法分析指的就是以这些理论为基础的句法分析算法或技术。尽管句法分析的主要目标是一样的,但在某个语言学理论框架下的句法分析研究,还肩负着验证理论的任务。本节主要讨论MTT(意义 ⇔ 文本理论)、Word Grammar(词语法)和 Lexicase(词格语法)的句法分析算法和系统。

MTT 是从苏联早期机器翻译研究发展起来的一种形式化程度很高

---

12 http://www-306.ibm.com/software/pervasive/tech/demos/translation.shtml.

13 IBM WebSphere Translation Server V2.0. IBM, 2002.

的语言学理论，它的主要应用领域在文本生成方面，如 Bohnet (2005) 采用图作为主要手段构建了一套基于 MTT 的从语义表达到表层形态的文本生成体系。但也有一些基于 MTT 的句法分析研究和探索。

　　ETAP-3 是俄罗斯科学院信息传送问题研究所计算语言学实验室的一个机器翻译系统，该系统可能是世界上唯一一个建立在完整的语言学理论上的机器翻译系统，这种理论就是 MTT。系统不仅采用了依存语法结构，而且也使用了 MTT 中词汇函数、组合词典等概念。在源语分析阶段，其句法分析模块将句子从形态层转为经典的 MTT 表层依存结构树。虽然 ETAP-3 在句法结构树中含有线性词序信息，但这不影响我们将其视为一种 MTT 句法句法分析器。下面的介绍主要来自 Apresian et al.(2003)，这是我们能找到的唯一一篇含有较多的 ETAP 句法分析模块信息的文章。

　　ETAP-3 句法分析模块的输出树的节点与句子中的词一一对应，连接节点的弧上标有表层句法关系。句法分析算法使用语段 (syntagm) 规则由线性的形态层生成二维的树形结构。这里所说的语段规则就是一种由两个节点加上一个带有表层句法关系的有向弧组成的最小子树[14]。一般来说，一个语段描述的就是一种特定的二元句法结构。句法分析器的工作流程由以下阶段组成：首先，语段为输入的形态层结构生成所有可能的句法假设或连接，此时所用的信息只有线性词序信息。在大多数情况下，这一步产生的连接要远远多于构造一棵树所需的连接数。在接下来的阶段中，通过几种过滤方法，可将错误的连接消除。主要的过滤方法有：投影性限制，全局和局部树约束，某些表层句法关系不可重复等。ETAP-3 对句法分析理论和实践领域的一个重要的具有原创意义的发展是引入一种"强行检测顶节点"(forceful detection of the top node) 的机制，这是建立在对句法结构进行长期的语言学观察基础之上的经验性

14　这种最小的线性串和二维结构之间转换的规则是 MTT 理论中句法层的重要部分，如：在 Mel'čuk/Pertsov (1987) 中有关这一方面的内容就占了该书的一半篇幅。

的优选规则。对有歧义的输入，ETAP-3 句法分析器可以产生多个句法树。ETAP-3 的最新进展包括：(1)在依存树中引入权重的概念；(2)引入一个交互模块，以便人参与词义消解过程；(3)建立在树库基础上的规则优选模块。

Sprecht(2003, 2005)构造了一种基于 MTT 的德语句法句法分析器。句法分析过程分为三个阶段，第一阶段的主要任务是将输入的句子切分为拓扑域，第二阶段的工作是在第一阶段的基础上，即在拓扑域内识别名词和介词性的短语，第三阶段才开始构造完整的句法分析树。他的方法与一般依存句法分析方法的不同主要有两点：采用了德语的拓扑域模型(Topological Field Model, TFM)代替了 MTT 中深层形态表示；不同表示层之间的映射采用了基于转移网络的方法，而不是 MTT 中的规则方法。如果我们将这些视为技术实现手段的不同，那么 Sprecht 的方法仍然是一种基于 MTT 的句法分析。我们认为 Sprecht 采用 TFM 可能是由于所处理的语言是德语的缘故。拓扑域的处理，实际上是一种类似于组块句法分析的技术，只不过拓扑域更适合德语的结构而已。采用基于转移网络技术来进行层级之间映射的原因是 Sprecht 使用了 PEP 句法分析器作为研制自己的句法分析器的基础。PEP(Pattern matching Easy-first Planning, Klatt 2005)是一种基于转移网络的句法分析技术，它的主要特点就是可以结合已有的各种句法分析策略和技术，使得系统可以实现由易到难的句法分析，由部分到完全的句法分析。PEP 是一种依据 X 阶标理论的短语结构句法分析器，为了进行依存句法分析，Sprecht 对它进行了一些修改。Covington(1992)从理论方面研究了 X 阶标形式的短语结构语法和依存语法的相似性，Sprecht 的实践证明了 Covington 的看法是有道理的。

除此之外，我们在前面提及的 Nasr(1996)也可算是一种基于 MTT 的依存句法分析。Galicia-Haro(2000)的西班牙语自动句法分析研究也与 MTT 密切相关。

　　Starosta/Nomura(1986)提出了一种基于 Lexicase 的句法分析方法。句法分析系统由以下部分构成：预处理器(Pre-processor)，形态分析器(Morphological analyzer)，占位符替换(Placeholder substitution)，占位符展开(Placeholder expansion，句法分析器(Parser)和输出(Output)。这是一个容易理解的句法分析系统和算法，但是一个效率不高的算法。计算语言学家可能难以理解，为什么一个能用基于合一算法来做的事情，要不厌其烦地一遍遍从头再来。只能说，该句法分析系统的理论验证的意义要大于实际应用。

　　MINIPAR 是一个基于原则的广域英语句法分析器(Lin 1998)，与 PRINCIPAR(Lin 1994)一样，MINIPAR 也采用了网络作为表示语法的形式，其中的节点代表语法范畴，节点间的连接表示语法关系的类型。MINIPAR 之所以叫这么个名字，是由于它吸收了乔姆斯基"最简方案"语法理论的某些思想。也正是由于这种改变，我们也可将 MINIPAR 视为一种基于依存关系的句法分析器。MINIPAR 的实践也从另一个角度证明了 Hudson(1995)所说的句法理论正在收敛到词间关系的观点。基于最简方案、基于原则和参数的句法分析器还有 Ed Stabler 的基于最简方案的句法分析器和 Sandiway Fong 的基于原则和参数的句法分析器 PAPPI。

　　MINIPAR 中的语法网络有 35 个节点和 59 种连接组成。可动态生成表示动词次范畴的节点和连接。MINIPAR 采用了一种消息传递算法，其本质是一种分布式线图句法分析算法。这意味着，系统不止使用了一个线图，而是在语法网络中的每一个节点都用了一个线图，它们含有该节点所表示语法范畴的部分结构。MINIPAR 所用的词表是从 WordNet 中提取出来的。词表约含有 13 万个词项，词项内含该词所有可能的词性和次范畴框架。词汇歧义是由句法分析器来处理的。作为线图句法分析器的一种变体，MINIPAR 也产生句子的所有句法分析结果，但只输出分值最高的一棵句法分析树。语法是人工构建的，最佳树的选择却是统计信息制导的，所用信息是从一个 1GB 的树库中获得的。

MINIPAR 的速度很快，一个带有 128MB 内存的奔腾 II 计算机每秒钟可句法分析 300 个词。在 Lin 的网站[15]上，不但能下载 MINIPAR 试用，而且可以下载到一个 30MB 的基于依存的类属词表，还可以：查询依存数据库，得到某个输入词的依存关系及出现的频率；比较两个词的依存关系；进行基于依存的相似词汇查找等。

Hudson（2002）认为与转换生成语法相比，基于词语法的句法分析器最大的优点是它不必处理那些"看不见"的词，词间依存关系也有助于把每一个有待于处理的新读入词可以和已经处理过的词集成在一起，而不必构造或重构更高层次的句法节点。下面就是这样一种简单的词语法句法分析算法：当前的词首先试图把最近的非从属词捕获为自己的从属成分，如果成功则重复此操作；接着它试图把自己奉献给某个不属于自己管辖的最接近的词的从属成分，如果不成功，则退而求次，看看能不能成为该词从属词的从属成分，并沿着依存链递归进行。最后再处理并列结构。Hudson 用英语句子 Short sentences make good examples 对以上句法分析算法进行了说明。箭头表示不带功能标记的依存关系，": -" 后的结构为在该时间点时，句法分析器的输出：

a　w1 = short. No progress : - w1.

b　w2 = sentences. Capture : - w1 ← w2.

c　w3 = make. Capture : - w1 ← w2 ← w3.

d　w4 = good. No progress : - w1 ← w2 ← w3, w4 ←.

e　w5 = examples. Capture : - w4 ← w5.

f　Submit : - w1 ← w2 ← w3 →(w4 ←) w5.

当然，举这个例子的目的不是为了提供一种面向应用的 WG 句法分析算法，其意义在于 WG 可以像其他基于依存关系的语法理论一样，通

---

15 http://www.cs.ualberta.ca/~lindek

过一种简单的寻头或查下属的办法实现增量句法分析。但正如我们此前所说的那样，为了实现有效的依存句法分析，一个算法仅仅从理论上简明易懂是不够的，也应该更有效才是。具体到 WG 而言，也有一些根据其特点的句法分析算法和句法分析器，下面就介绍其中两个较重要的 WG 句法分析器。

Fraser(1993)的 WG 句法分析器从泰尼埃关于配价的化学比喻出发，将句法分析视为一种类似于化学黏合的行为。在化学中，我们将带电荷的原子叫离子。带正电荷的原子为阳离子，带负电荷的原子为阴离子。一般将阳、阴离子所带电荷数称为该离子的价。价反映了离子的一种结合能力。这样一个词的结合能力也可以用价来衡量，如把有从属成分要求的词比作阳离子，把有头要求的词比作阴离子等。阴、阳离子相遇后，可结合形成分子。两个参与其事的离子在任何电荷方面的不平衡，将会成为它们所构成的分子的一种属性。本着同样的原则，如果没有特别的限制，一个需要从属成分的词可以和一个需要头成分的词形成分子。结合过程中，任何没有涉及的从属槽(电荷)将成为分子的一种属性。分子可以和其他分子结合。在这种情况下，句子的良构性(语法合格性)相似于化学中的分子稳定性，这样 Fraser 句法分析算法中的一个饱和分子可视为一个句子。因此，Fraser 的 WG 句法分析算法也叫做"结合算法"[16]。

理论上讲，Fraser 的句法分析算法基本运用了我们可以想到的基于配价的依存句法分析的主要思想，他的实践不但证明了这种想法是可行的，也证明了这种句法分析方法的效率不高，因为在 Sun 3/52 Workstation 建立一个依存关系的时间要 0.23~0.25 秒的时间，无论如何，这都不能说是有效率的。当然，Fraser 句法分析器的问题是绝大多数基于合一的句法分析算法所共有的，不能将其视为基于配价的依存句法分析

16 结合是配价的根本属性。从这一点看，日语对 valence 的译法"结合价"更为贴切。

所特有的。

　　Hudson 本人也开发了一个 WG 的句法分析器，如同他 1989 年的文章标题"一部可在计算机上测试的英语词语法"所说的那样，Hudson 构造句法分析器的目的主要是为了研制一套大规模的自然语言词语法，也就是说，他理想中的系统是一套能帮助人们书写语法的辅助系统，这种计算机辅助语法书写系统不但能够解决语法规则的一致性问题，而且也可用来测试语法的正确性。这样就引出了语言学家开发句法分析器的一个主要目标，"句法分析器应尽可能反映语言学理论的主张"（Hudson 1989：322）。Hudson 坚信应该可以构造一种计算机模型来模拟人脑处理语言的过程，他自己要做的工作就是尽可能做出这样一种模型来。因此，我们说 Hudson（1989）的主要贡献是在语言学理论及其计算机验证方面，而不是句法分析算法方面。当然，Hudson（1989）也提出了一种基于邻接原则（Adjacency Principle）的句法分析算法，其基本思想已在本节开始时说过，这里不再重复。

　　由此可以看出，基于 WG 的句法分析器注重的是句法分析器和语言理论本身的结合，即是否可以用它来测试理论中的观点。这是可以理解的，因为 WG 本身同时具有的认知、依存和构式等语法研究传统的属性。既然 WG 的目标是构造一套能够反映人类处理语言的理论，那么它的句法分析器首先应该解决的问题是行不行的问题，然后才是好不好的问题。也有一些根据一般句法分析器构造原则建构的 WG 句法分析器，如 Paul Butcher 在 1998 年就构造过一个类似左角句法分析器的 WG 句法分析器，但这些句法分析器大多是一种实验性的，不具备处理真实文本的能力。

　　WG 和计算机的关系并没有停滞不前，随着 WG 的网络化（Hudson 2007），Hudson 等人开始考虑如何用一般的网络理论来进行 WG 的计算机仿真，虽然这些想法表面看，不再是传统意义的句法分析了，但如果我们从更广的角度来考虑人类的语言理解和处理过程，这样的探索无疑具有更高的价值。这方面已做的工作有构建形态屈折变化网络的 WGNet，具有缺省传承能力的 WGNet++以及更具一般性的 NetForge 等。

5.10　基于统计的依存句法分析

虽然基于统计的自然语言句法分析不是我们研究的重点，但我们认为在有关依存句法分析的章节里，还是应该提及这一方面的内容。这样做的理由主要有：

（1）基于统计的句法分析技术是计算机背景的学者在研制句法分析器时使用的主要技术；

（2）当今水平最高的基于统计的英语句法分析器一般都使用了一些属于依存语法的概念，比较重视词间关系（Charniak 2001，Collins 1999）；

（3）采用依存关系作为基本标注体系的树库越来越多（Abeillé 2003，Kakkonen 2007），而树库和基于统计的句法分析器研制是密切相关的；

（4）有利于对依存句法分析技术有一个全面的了解；

（5）寻求将配价理论结合进入统计方法的途径。

目前基于统计的句法分析器研究大多采用美国宾州大学研制的树库（简称 Penn 树库），而 Penn 树库的语料性质决定了由它所生成的句法分析器所能处理的文本类型。为了提高统计技术的应用效率，我们需要大量的各种语言、各种语体的树库，遗憾的是 Penn 所用的基于短语结构的标注体系是难于掌握的，用此类标注体系建构树库的工作人员不仅应该具有较深入的语言学知识，而且还应明白基本的短语结构规则，还应有相关专业领域的知识。这当然不是一件容易的事情，以至于 Yamada/Matsumoto（2003）说"训练某一领域的专家使得他们能够对他们专业领域的文本进行 Penn 树库格式的标注，是不现实的和几乎不可能的。"在这种情况下，选择更适宜的标注方式将有助于这种新技术的应用和推广，与传统语法极为相似的依存语法便具有这样的功效。当然，多快好省植树造林不是人们选择依存语法的唯一理由。Klein/Manning（2004）列举了选用依存语法的三个理由：绝大多数最先进的句法分析器都使用了词汇信息，这可能说明这样的信息对于句法分析是有好处的；计算语言学中使用树结构的主要目的在于依存关系的提取，因此直接得到这些关系可能更方便；对某些难以界定词汇范畴的语言，依存结构可能更容易获得。

限于篇幅和主题，本节讨论不涉及那些在短语结构上添加词汇信息的类依存句法分析技术，而只提及几个有代表性并符合依存语法一般原则的算法和技术[17]。

就我们所知，基于概率统计（或树库）的依存句法分析研究，最早的应该是 van Zuijlen 的两篇文章（1989a，1989b）。他的工作是荷兰 BSO 公司的多语机器翻译项目 DLT 的一部分[18]。当 DLT 中的消歧手段从最早的 LKB（词汇知识库）转移到 BKB（双语知识库）时，原有的许多设计都需要做出相应的变化。鉴于 BKB 的本质就是我们今天所说的平行语料库（或更确切地说，是双语的依存树库），建立在此基础上的句法分析也应该是一种以树库为知识源、以概率为手段的方法。事实上，DLT 项目产生了一些直到今天仍然很有价值的研究成果，如基于信息网络的机器翻译思想，具有普适意义的依存语法架构，（平行）依存树库，基于 BKB 的语言信息处理，用压缩的方式处理依存句法分析树[19]等。遗憾的是，这些研究没有得到应有的重视。《机器翻译文选》（*Readings in Machine Translation*，MIT，2003）的主编之一 Harold Somers 在谈到破例选 Sadler（1991）进入该书时说，尽管此文仅发表于一次半公开的研讨会上，影响不大，没有被广

---

17 如 Nugues（2006：310）将 Collins（1996，1999）视为基于统计的依存句法分析研究，但我们认为 Collins 提出的是一种词汇化的短语结构句法分析算法，所以不属于本书讨论的对象。

18 有关 DLT 的整体情况，参见 Witkam（1983）。系统的句法架构见 Schubert（1986，1987）。语义部分，特别是消歧方法见 Sadler（1989）。Schubert（1986：114~165）较详细地介绍了 DLT 系统早期采用 ATN 进行依存句法分析的流程。

19 van Zuijlen（1988）。该方法叫做"结构化句法网络"（Structured Syntactic Network, SSN）。

为引用，但文中的某些思想在后来却得到了普遍应用。Somers 的说法，也可用作我们对 DLT 项目其他创新思想的评价。

此前，我们在讨论各种依存语法形式化体系和短语结构语法的等效性问题时，提出 Gaifman 和 Hays 等人提出的依存语法是一种 CFDG（上下文自由依存语法）。这样的定义和概念如果和基于概率的 CFG 联系起来，马上就会想到是否也存在一种对应于 PCFG 的 PCFDG 呢？也就是说，采用 PCFG 中为每一条规则指定概率的办法，也为用产生式书写的依存语法规则来指定概率。Carroll/Charniak（1992）做的就是类似的实验和工作。

Eisner（1996）提出了依存句法分析的三种概率模型，这三种模型可视为 Eisner（2000）中的加权双词汇化语法（weighted bilexical grammar）的依存语法实例化版本。所谓双词汇化语法指的是这样一种语法，它的语法规则不仅限定于一个词，而是涉及两个词。基于双词汇化概念之上的概率句法分析器要做的就是估计词 w 被词 v 所修饰的概率，这是一种建立在词间关系概率基础上的句法分析方法。双词汇化依存语法（BDG）在许多方面相似于 CFDG，二者都是投影的、无标记的依存语法变体。在 BDG 中引入权重的概念，就形成了 WBDG。

在处理方式上，PCFDG 对从属成分的构形按类进行了处理，而 WBDG 却采用了分别处理左、右从属成分的办法。换言之，WBDG 把头词两边从属成分的生成视为一种 Markov 过程，即每一个新的从属成分只由它的前从属成分的 POS 来限定的。从数据驱动的句法分析角度看，由于 WBDG 的参数少，可能会更灵活一些。但这两种模型却存在以下共同的问题：

（1）没有采用依存关系标记，这使得句法结构不够精细；

（2）没有考虑非投影的语法现象，这使得模型的普适性下降；

（3）只考虑了头和从属成分间的关系，而没有考虑更多的影响依存关系选择的因素。

Infante-Lopez et al.(2002)提出了依存句法分析的一般概率模型,但同样没有解决以上这三种问题。

Samuelsson(2000)提出了一种依存句法的统计句法分析理论,该理论的目标是解决非投影依存语法的随机(统计)形式化问题,这个模型由两个独立的随机过程组成,一个自顶向下的过程生成依存树,另一个自底向上的过程从依存树生成表层字符串。他认为自己的模型是建立在泰尼埃的经典依存句法模型之上的。

Samuelsson 采用了泰尼埃结构句法中的结(nucleus)的概念,这样为一个输入字符串指定依存描述的第一步就是找出这样的结,这一般是一个非确定性的过程。在有了这些结之后,接下来的工作是用有向和有标记的依存关系把这些结连起来。因为泰尼埃的依存结构树是无序的,所以 Samuelsson 认为应该将依存结构的线性实现作为一个独立的过程来考虑。Samuelsson 用 Prolog 实现了它的依存统计模型,句法分析采用的算法为 CYK 算法,这使得句法分析过程又接近与基于槽概念之上的依存句法分析,这是一种生成性的概率线图句法分析器。

Yamada/Matsumoto(2003)采用"支持向量机"(Support Vector Machines,SVM)技术进行了统计依存句法分析的研究。他们采用确定性自底向上的策略进行了词间依存句法分析,系统的性能基本接近最好的短语结构句法分析器。SVM 是由 Vapnik(1998)提出的一种基于最大间隔策略的二元分类器,近年来在基于统计的学习领域得到了广泛的应用。在若干挑战性的应用中,获得了目前很好的性能(Cristianini/Shawe-Taylor 2000)。采用 SVM 进行依存句法分析有这样两个好处:高维特征空间的高泛化性能力;通过多项式核函数可以进行多种特征组合的学习[20]。这样,人们不仅可以使用诸如词性和词本身在内的许多特征来训练依存结构规则,而且也可以使用它们的组合形式来训练句法分析器。

---

20 Vapnik 本人在《统计学习理论》中译本的前言中,也列举了 SVM 的这样一些优点:通用性、鲁棒性、有效性、计算简单性和理论完整性。

　　Yamada 和 Matsumoto 的句法分析器沿着输入句子的顺序，从左至右构建依存树，主要的句法分析活动有三种：Shift，Right 和 Left。这些活动针对的都是两个相邻的词(也叫做目标节点)。Shift 不在目标节点间建构依存关系，而只是将焦点右移一个词。Right 在两个相邻的词间构建一个依存关系，并且左边的节点称为右边节点的子节点。Left 在两个相邻的词间构建依存关系，与 Right 相反，此时右边的节点称为左边节点的子节点。句法分析算法由两个步骤组成：首先，句法分析器根据目标节点的上下文信息估计适当的句法分析活动，接着再进行估计所得的活动。估计适当的句法分析活动使用了两个函数：get_contextual_features 和 estimate_action. 函数 get_contextual_features 提取 i 周边的上下文特征 x。函数 estimate_action 基于模型估计出适当的句法分析活动。在依存结构的训练过程中，使用该算法对句子进行句法分析。上下文 x 中的句法分析活动 y 的每一个估计对应为 SVM 中的一个例子(x, y)。这是一种多级分类问题，Yamada/Matsumoto(2003)采用了三个二元分类器来处理这样一些活动：Left vs. Right，Left vs. Shift，以及 Right vs. Shift。

　　Yamada/Matsumoto(2003)采用了目前机器学习中较流行的 SVM 技术来进行依存句法分析，这不但拓展了依存句法分析的方法，使得我们又有了一种简便易行的依存句法分析方法。但是应该指出的是和其他基于统计的方法一样，他们的方法也只是建立了一种简单的词间依存关系，并没有对依存关系分类，而且也是针对投影依存语法的。当然，我们承认采用有标记的依存关系以及结合配价等信息于基于统计的句法分析系统中难免会遇到数据稀疏的问题，但这方面的工作仍然值得去做，因为只有这样的系统才是真正符合依存语法基本原则的系统和方法。

　　接下来要讨论的是 McDonald 等(2005b)的采用生成树算法来进行

的非投影依存句法分析[21]。Ribarov(2004)和 McDonald 等几乎是在同时在依存句法分析中使用了这种技术。该方法的精髓在于将依存句法分析视为一种在有向图中寻求最大生成树(maximum spanning tree，MST)的问题。虽然方法针对的是非标记依存关系句法分析，但对依存关系进行分类的重要性，他们也有了充分的认识，并将其作为进一步努力的目标[22]。

与其他基于统计的依存句法分析相比，他们的方法提供了一种处理非投影依存的模型。一般认为，非投影句法分析较之投影句法分析更为困难，但本模型却能较好地处理非投影问题。我们认为本方法的意义还不仅仅在于这一方面，如果我们将图视为构成网络的基本成分，那么基于图的语言句法分析的任何研究，对"语言是一种网络"的意义就不仅仅是一种方法，而是一种能够完善语言网络观的基础研究了[23]。

Zeman(2004)研究了可能影响一个基于统计的依存句法分析器的诸多因素，如词的次范畴等，他的研究对于构造更多参数的统计依存句法分析算法具有较大的参考价值。Klime   (2006)对构建布拉格依存树库所用的句法层和语义层的分析方法和工具进行了深入的研究和讨论，认为这些分析方法与工具也可用于其他语言。Chung(2004)提出了一种句法分析韩语的概率模型。该模型不但考虑了词间二元依存关系，而且也考虑了一定上下文内的修饰距离。词间依存概率反映了词间二元依存、选择喜好以及

---

21 按照 Ribarov 的说法，他们的句法分析器是目前最好的基于统计的依存句法分析器(电子邮件，2005年7月25日)。这种说法具有很大的可信度，因为他和 Ryan McDonald 等人合写的文章获得了2005年 HLT-EMNLP 会议的唯一"最佳学生论文奖"(Best Student Paper Award)。在2006年6月初召开的第十届计算自然语言学习(Computational Natural Language Learning)会议上，人们进行了涉及12种语言(阿拉伯语、汉语、捷克语、丹麦语、荷兰语、德语、日语、葡萄牙语、斯洛文尼亚语、西班牙语、瑞典语和土耳其语)的多语依存句法分析竞赛，共有19种方法参加，Ryan McDonald 等人(2006)采用以 MST 为基础的句法分析技术取得了有标记依附精度为80.27，无标记依附精度为86.60的好成绩，夺得第一名。第二名为 Nivre 等人(2006)的 MaltParser，相应的成绩为80.19和85.48。

22 2005年底发布的 MSTParser 已经可以进行带依存关系标记的句法分析了。

23 Sagae(2005)也采用了 Chu-Liu-Edmonds 算法作为优选依存句法分析树的方法。

依存规则间的关系，修饰距离概率反映了词在一定范围内对依存关系跨度的喜好程度。二者结合起来，可以更有效地进行依存句法分析。Wang(2003)在 CDG 的基础上提出了两套用于语音识别的基于统计的语言句法分析模型：近乎句法分析的语言模型(almost-parsing LM)使用了一种源于 CDG 句法分析的被称之为 SuperARV 的数据结构，此结构集成了词、词特征和句法约束等知识；完全句法分析器语言模型(full CDG parser-based LM)使用了完全的句法分析信息，为了获得重要的长距离依存约束，该信息是通过在每一个词的 SuperARV 上添加修饰成分连接而得出的。为了用概率信息完善链语法(LG)，Lafferty/Sleator/Temperley(1992)引入了一种基于 LG 的三元概率模型。Hwa et al.(2005)利用双语平行文本解决某些语言句法标注语料不足的问题。具体做法是对双语平行语料中的英语文本先进行依存句法分析，然后将依存关系投射到另一种语言，这样便得到一个可引导另一种语言句法句法分析器的依存树库。这种方法，是一种非常有效的快速启动一种新语言树库建设和基于树库的句法句法分析器构建的方法。

Sagae(2005)采用一种混合句法分析策略对儿童语言转写语料库(CHILDES)的自动句法句法分析进行了研究。他的研究从以下两方面看是很有价值的，一是依存关系不仅适合一般语言的句法分析，也适宜于儿童语言的句法分析和儿童句法发展的研究；二是结合现有各种基于规则和基于数据的句法分析方法可以取得更好的句法分析效果。

我们在第 3 章提出了一个初步的现代汉语词类组合能力的模式，也就是我们第 2 章所说的词类的广义句法价模式，并根据一个词类可支配的依存关系不是均衡的，又引入了概率配价模式(PVP)。这使得我们所提出的模型有望能够更好地使用统计语言信息处理的一些技术，从而进一步提高系统的分析和理解精度。我们认为基于统计的依存句法分析应该在这一方面做出一些努力，这不但符合依存语法的基本精神，也只有这样才能将配价、依存以及统计句法分析有机地结合在一起。Klein(2005)

提出了一种改善 Yuret(1998)和 Paskin(2001)的无指导依存句法分析算法，其中的一项重要改进就是引入了配价的概念[24]，与以前的无指导依存句法分析模型相比，这种被称之为 DMV(Dependency model with valency，带有配价的依存模型)的算法性能得到了较大的改善。Klein 用此模型进行了英语、德语和汉语的句法分析实验，证明该模型具有一定的跨语有效性。Klein 的实验证明在统计模型中结合更多的语言学知识对于系统性能的改善是大有好处的，就依存句法分析而言，配价的作用不容忽视，而这也正是我们所提出的努力方向之一。

5.11　基于配价模式的依存句法分析

我们认为基于依存的句子分析可以视为是一种把虚树变为实树的过程：依据词的配价信息，生成每个词的片断树和结构框架，通过填补空位或槽的办法，试着将片断树联合在一起，逐渐将虚树中的范畴符号用具体的词语合一、实例。从这个意义上说，完全由符号构成的虚树，有符号也有具体的词语的虚实树，只有具体词语的实树都是合格的依存树。由此可以看出，我们的句法分析算法也可算是一种基于槽填充的句法分析算法，与 Hellwig 和 McCord 的算法相似。它是一种自底向上的槽填充线图句法分析算法。

算法由以下四部分组成：扫描器(Scanner)、预测器(Predicator)、选择器(Selector)和完成器(Completer)，这几个过程通过一个消息队列相连。各部分的大致功能如下：

扫描器：读入要处理的文本。按照词表将输入字符串分离为可处理的单位，如果词表中有熟语类的成分，也可一并处理。将查词表所得的结果，记录进入线图，并把新得到的项送给预测器。

---

24 由于 Klein 生成的是一种无标记的依存关系图，所以他所说的配价是一种非常简单的配价概念。严格说来，只能算是考虑一种头词(head)左右两边补足语分布的次范畴信息。即使这样，系统的性能也改进了不少。

　　预测器：只要接收队列不为空，则读入一个项并将它从队列中消去。从输入项中提取词位信息，并在配价模式库中按照词类检索对应的价模。检查价模涉及的其他价模。确定找到的价模和由扫描器得到的相关约束信息的吻合程度。如果二者有矛盾，则放弃此价模，否则将二者的有关属性合并。如果这一步成功，则意味着价模被具体的词所实例，被实例的价模也开辟了需要填充的空槽。将有关信息记录在线图中，并将结果送往选择器。

　　选择器：只要接收队列不为空，则读入一个项并将它从队列中消去。在线图中寻找可和已知成分组合的可能成分。如果需要连续组合，则可能的候选成分最右边的词位(R)应等于已知成分最左边的词位(L)减一。然后，将发现的线图偶对送往完成器。注意，选择器的接收队列来自预测器和完成器。前者提供词汇成分，后者返回的是可进一步处理的合成成分。这就实现了递归的槽填充活动。

　　完成器：只要接收队列不为空，则读入一对线图项并将它从队列中消去。试着用下列槽填充方法来组合两个成分。检查两个线图项中有关槽的描述和要求，如果发现了一个槽，则检查另一个线图项是否满足对填充者的要求。如果有不能满足的地方，则取消该成分的候选资格。在检查槽和填充者以及填充者和头之间一致性的时候，使用特征合一的方法来进行。如果填充者适合填充一个槽，如果一致性约束条件也可满足，则形成一种新的描述，此时填充者的描述取代了原来槽的描述。从头成分中移走刚被填充了的槽，并将结果记录进入线图。新添行中的 L 值为左成分的 L 值，新添行中的 R 值为右成分的 R 值。检查该成分是否覆盖了整个输入。如果答案是肯定的，则输出结果。否则，将新成分的线图项返回给选择器。

　　这种句法分析算法的最大好处在于简明易懂，符合基于配价的依存句法分析思想。它较好地将数据驱动和期望驱动结合在了一起，用价模取代了短语结构规则。在此前讨论基于槽的依存句法分析器时，我们已经说过这种方法的一些问题。主要是句法分析器的效率问题和覆盖范围问题，句法分析器的效率可以采用线图来得到一定程度的缓解，但配价(模)知识获得的困难在一定时间内可能还是本算法需要面临的一个问题。虽然已有一些自动从语料库中提取配价的研究(Wauschkuhn 1999)，但通过统计的方法来学习诸如词配价之类的精细知识还需要一段时间的探索。在这种情况下，尽可能在一些已经成熟的句法分析技术加入配价知识，提高句法分析的深度可能是一个有意义的研究方向。

5.12　小结

在对各种有代表性的基于依存的句法分析算法或系统进行了简要的分析之后，我们不难看到要对依存句法分析进行统一的分析，要用一种模式来衡量和评估这些系统和方法，几乎是不可能的。这可能也就是Fraser(1993)和 Dormeyer(2004)两篇主题为依存句法分析的博士论文为什么只选取了基于规则的句法分析算法进行分析的原因。我们认为无论采用什么方法，今天的计算语言学中最关心的是真实文本的处理，人们可以研究也应该研究某种语言学理论的计算机实现，但句法分析器最终不能只是语言学家实验室里的玩具，而是要解决人机语言交流实际问题的。因此，尽管资料的缺乏和涉及知识的繁杂，我们也尽可能对目前可有的各类依存句法分析方法进行了分析、整理和讨论。

在依存句法分析器的评价方面，除了上引 Nivre 的说法外，Dormeyer(2004：25~30)提出了衡量依存句法分析器的几条指标：句法分析器处理输入的方向，词在哪里去找自己的依存伴侣，算法是确定性的还是基于线图的等。Hellwig(2006)认为评价一个句法分析器时应该考虑：句法分析器在时间和空间方面的有效性，句法分析器必须具有覆盖自然语言现象的能力，易于为句法分析器提取语言学资源等。

具体到我们的研究，由于技术的不同，加之原始资料对句法分析算法和系统结构描述的详尽程度的不同，我们的介绍和讨论只能以现在的方式展开，无法按照一定的模式对技术进行统一的比较和评估。我们可将以上讨论过的依存句法分析技术分为：基于规则或形式化语法的句法分析；基于约束的句法分析；基于统计的句法分析；采用混合技术的句法分析；基于某种依存理论的句法分析。

从所处理文本的角度，可将这些技术分为两类：受限语言的句法分析和非受限、真实文本的句法分析。另外，还可以从句法分析器的鲁棒性、浅层、深层等方面对句法分析器进行分类。

通过以上分析，我们也可以看到线图句法分析方法在依存句法分析中得到了较为广泛的应用。在基于短语结构的线图句法分析中，活性边和非活性边，以及它们如何组成新的边的线图基本规则都是重要的和基础的概念。由于活性边和非活性边的主要区别在于前者是含有未发现成分的结构，后者是一种所含成分均已被发现了的结构。依存句法分析如果要采用线图技术，那么我们需要重新界定此时的活性边和非活性边指的是什么。在我们提出的模型中，依存关系是一种实现了的配价。这样，配价就成了构造句子结构的动力，我们曾将一个词的配价分为两部分，其一是它支配别的词的能力，其二是它能够满足别的词的需要的能力。一般而言，当我们说一个词的配价能力时，指的是它支配别的词的能力，因为这种能力是一种主动能力，它说出了它所需要的成分。既然如此，被动的显示一个词被支配的能力又有何用呢？我们说将词与其他词结合的能力进行这样的区分，有助于减少句法分析过程中的搜索空间，提高句法分析效率。就依存线图句法分析而言，我们暂且只考虑词(类)的支配能力。这样，我们将可能的支配成分视为活性边，可能的依存成分当做非活性边。为什么这么做呢？因为按照配价的原则支配成分作为配价模式的头成分将打开一些需要填充的空位(槽)，有了这些空位的存在，支配成分就相当于短语结构中的未完成成分了。注意句法分析器允许可有和可重复空位的存在，这样在一个基于依存语法的线图中可能会同时含有活性和非活性边。

从讨论中，我们也知道单纯采用某种技术，特别是基于语法规则的句法分析技术要想解决真实文本的句法分析几乎是不可能的，这样人们习惯于采用浅层分析和深层句法分析结合的方式来提高系统的鲁棒性和句法分析精度，这几乎已成为一种趋势。但是也应该看到这种方法的不足，折中的结果是句法分析的深度变浅，难以满足某些应用。我们认为解决这个问题的根本出路，可能在于需要构造这样一些语法理论，这些理论应该具有结合目前流行的语言句法分析技术的能力，这就要求语言学家对当前的计算语言学主流方法和技术有所了解。换言之，理论和技术的结合是进一步改善句法分析器的一个主要方向，但前提是这些理论必须具有与技术结合的潜力和可能性。这也说明在基于统计等技术流行的今天，理论研究仍然是非常重要的，因为说到底计算语言学是语言学的一个分支，没有坚实语言理论支撑的东西只是一现昙花。

依存句法分析的实践也证明，基于约束特别是将形态分析和句法分析结合在一起的，源于 Karlsson(1995)提出的 CG(Constraint Grammar)是一种与具体语言无关的具有普适意义的非受限文本句法分析技术，这种技术较好地平衡了浅层分析和深层句法分析的关系，利用大量成熟的浅层句法分析技术作为深层句法分析的预处理技术，大大改善了深层句法分析的效率和精度。

在对依存句法分析的现状有了更多的理解后，按照计划，我们也提出了一种算法，这种算法可以实现我们此前提出的基于配价的依存句法分析。我们认为提出这样一种算法的总结性意义要远远大于它的创新意义，因为我们清楚地知道单纯的一种基于理论的句法分析方法是解决不了多少实际问题的。为了更好地进行自然语言的句法分析，除了理论的完美之外，需要考虑的实际因素有很多。我们在此提出的算法，只是用来说明我们此前提出的理论的可行性的，要用它来处理大规模真实语料还需要和许多其他的技术结合，而这也正是我们下一步的努力目标。

从以上有关依存句法分析的分析讨论来看，投影依存句法分析和非投影依存句法分析是区别许多句法分析算(方)法的一个指标。一般

而言，面向实用的系统倾向采用投影算法，因为在这样的系统里句法
分析效率是至关重要的，而基于理论方面的依存句法理论则允许非投
影依存的存在，因为理论首先应该关注的是它的描写能力。非投影结
构句法分析效率不高的原因主要在于随着字符串长度的增加，非投影
结构的数量增加很快。如，字符串长度为 3 时，投影结构的数量为 7，
非投影结构的数量为 3；但当字符串长度为 7 时，投影结构的数量为
3876，非投影结构的数量则达到了 113773！（Lecerf 1960：21，转引自
Marcus 1967b: 230）尽管这只是一种理论值，自然语言中不会出现如此之
多的非投影结构[25]，但如果句法分析算法允许非投影结构，其搜索空间无
疑会增大很多[26]。Neuhaus/Bröker（1997）证明具有精确语言学意义依存
语法的识别和句法分析是 NP 完全的（NP-complete）[27]。

　　我们也发现面向计算机自然语言处理的依存语法理论往往要考虑词
序问题，而面向人的依存语法理论一般不谈这个问题。如，Möhl（2006）
提出了一种称之为图（drawing）的关系结构来表示自然语言句子的依存
分析。这种图的实质就是一个依存结构树和一个表示词序的全序（Total
order）。许多基于树库的依存句法分析器也需要含有词序信息的依存树
库（McDonald et al. 2005a，b；Nivre/Hall 2005）。泰尼埃的依存句法结
构树中不含词序信息，原因在于在他的理论里，依存结构树只是作为一
种表示句法分析结果的手段。但对于任何意欲处理人类语言的普适的自
然语言形式化和计算理论而言，分析结果的表示固然重要，但更重要的
是如何得到这种结果。因为在某些自然语言里词序是重要的句法手段，

---

25 在 10500 个英语字串中只有 610 个是非投影的（Marcus 1967b：230）。在两个允许非投影结构的依
存树库中，捷克语树库中的非投影弧小于 2%，丹麦语数据中的非投影弧小于 1%（Nivre/Nilsson
2005）。Havelka（2007）统计分析了许多自然语言中非投影现象的应用数据，并对非投影结构的数理
特征进行了深入的研究，值得参考。

26 如果句法分析器要处理真实文本，情况更加严重，如一个长度为 20 的字符串理论上可有 2×10^{25}
种结构！

27 Grabowski（2006）研究了非投影依存语法的可计算问题，认为可以找到一些方法把此类语法的复杂
性降到多项式级。

只有通过辨别不同词序的句法意义，才能构造出（不含词序信息的）句法结构树来。这就要求面向自然语言处理的依存结构或理论应该具有表现和处理词序的能力。这也是形式化体系和句法分析的主要区别，前者是静态的，它关心的是如何表示句法结构，而后者是动态的，它需要解决的问题是怎么才能得到一个句子结构。

　　总的说来，句法分析对于计算语言学的意义怎么强调都不过分，这样做当然是有道理的，因为无论要让机器做什么，首先都得对输入的自然语言语句进行分析。研究句法分析器的价值不仅仅在实践方面，如Knuuttila/Voutilainen(2003)认为句法分析器是一种具有认识论意义的人造物(epistemic artefacts)，它也有助于其他一些关乎人类知识等问题的基础性研究。关于parsing的重要性，德国计算语言学家Hans Uszkoreit有这样一句话"If you can walk，you can dance. If you can talk，you can sing. If you can parse，you can understand."（COLING 2002）[28]我们同意他的观点，也注意到句法分析本身不是目标，而是达到理解的手段。正因为如此，我们青睐可以更容易实现语法—语义接口的依存语法。我们也清楚地知道，句法分析不是一件易事，但一个可以扩展的、有潜力的理论是一切行动的基础。如何在此基础上，结合现有的各种技术，构造出更好的句法分析器是我们今后一段时间里的努力目标[29]。

---

28 转引自Martin Volk的语料库语言学讲义 Universität Zürich，2002。

29 近年来，依存句法分析的研究和实践得到了长足的发展，有关这一领域的最新成果，可参考Kübler/McDonald/Nivre (2009)、Nivre (2008)、Buchholz and Marsi (2006)、Nivre et al. (2007)等。

第 6 章

基于规则的汉语依存句法分析

计算语言学的特殊性要求我们不仅提出理论，还应通过计算机来验证所提出的理论。这种实践活动不但有助于研制可用的语言处理系统，也可以进一步改善理论，进而形成一种理论和实践间的良性循环。

本章首先采用 XDK 形式化体系模拟本书提出的基于配价模式的汉语句法分析，目的是为了证明理论的可行性。为了更好地理解汉语依存句法分析的特殊问题和可行性，我们也用四种基于规则的依存句法分析器进行了一些简单的汉语句法分析实验。

6.1 基于配价模式的汉语句法分析

按照此前提出的基于配价模式的语言分析过程，尽管线性限制条件在检测句法的合格性方面有些用处，但由于分析的结果是一种二维表示，所以配价起的作用更大。这样做，也就有可能理解某些不太符合句法的输入，这对于提高系统的鲁棒性也有一定的作用。我们也可以说基于配价模式的依存分析策略是一种语义制导的面向分析和理解的方法。

为了让系统的工作更可控，为了让理论模型更有效、更具一般性，我们引入了描写某一词类的价模式，从而简化和精练词表的建构和使用。在这种情况下，词的调用是一个两阶段的过程，首先实例相应词类(或子类)的价模式，然后携带有具体词类的价模进入工作区。

要实现这样一个系统，我们首先需要一部依存语法和词表。在编写词典时，对于具体的词，首先赋予其相应的词类标记，通过继承手段词类的句法依存属性（即配价模式）就被该词所有了，进而减少词表中的冗余信息。简单说，我们需要定义待处理语言的词类（包括子类）、依存关系集合和词（类）的支配能力。

为了实现这个系统，我们需要一种形式化的方法和体系来描述我们所提出的模型。在第4章，我们看到了不少依存形式化的理论和方法，其中的许多方法均可视为是一种从短语结构形式化方法发展出来的东西，当然使用这些方法也可以进行依存分析，如果我们只注重二元依存关系的获得，这些方法不但是可行的，而且可能还是有效的。但要用这些方法来描述我们的模型，总有些削足适履的感觉。这是因为我们所提出的语言分析模型在本质上要求一种陈述性的形式化体系来进行描述。如果我们不打算仅用句法层面的知识来进行句法分析，如果我们还希望在分析过程中进一步采用我们所提出的配价词表格式中的其他属性，那么适合本模型的形式化体系应该是一种基于复杂特征和约束（合一）的具有渐进处理能力的系统，同时该系统也应该能够对我们所提出的配价模式进行完整的描述，包括能区分配价模式中的支配力和被支配力等一些新的概念。

考虑到这些要求，我们选用德国萨尔大学 Debusmann 等人的 XDG、XDK 作为形式化体系和实现平台来模拟我们所提出的基于配价模式的依存句法分析架构（Debusmann/Duchier/Kruijff 2004，Debusmann 2006）。

在 XDG 里，语法是一种图描述。这样就可把句法分析和生成视为一种图构形问题，解决此类问题可以采用约束程序设计技术。XDG 采用的图就是依存语法中熟知的依存结构图。XDG 是通过原则和词表来表述句法分析良构条件的。词表在 XDG 中占有重要的地位，这与它的出发点是密切相关的。

XDK 是一种适用于 XDG 的语法研制系统，是用 Mozart/Oz 实现的。它提供了一种便于自动生成语法的类 XML 的语法描述，其语法格式比较易于人工编写规则。它也包括了一个可用于句法分析和生成的问题解决器，以及各种图形输出和调试工具。

从理论方面看，XDG/XDK 颇具吸引力，它为形式化语言理论的研究者提供了一个很好的平台。研究者用它可以构建所提出理论的快速原型，并通过这种原型来调整、修改理论。因此我们也选用 XDG/XDK 来检验本书提出的语言分析基本框架的适宜性和可行性。遗憾的是 Mozart 现在还不能识别汉字，所以本章的实验只能用拼音来代替汉字。除此之外，我们的测试也没有采用 XDG 的多维结构，而是在句法维中引入不同的约束条件，因为这也是我们所提出理论的一项基本原则，即所有其他层面的特征都是为句法分析服务的，这与 XDG 本身欲实现的并行语法句法分析的概念有所不同。

实验所用的语法文件有两个[1]，第一个处理的是简单句，第二个处理的是稍微复杂一些的结构。

简单句的测试又分为三个阶段。所用的三个语法文件为 lhtsem0，lhtsem1，lhtsem2。其中文件 0 没有任何限制，文件 1 只有语义限制，文件 2 既有语义限制也有词序限制。通过这样的划分，我们可以看到不同的约束条件对于分析结果的影响。

首先是一个未加任何约束的句法分析实验，所谓"未加任何限制"指的是只给出了词的配价（支配和被支配能力）、句法分析所用的词类和依存关系。

"我睡觉"和"睡觉我"的句法分析：

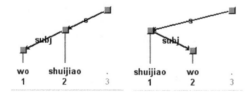

图 6-1 "我睡觉"和"睡觉我"的分析（无约束）

---

1 在本章试验中，我们先用 XDG 允许的形式写出处理形式化规则，然后调入 XDK 系统，由机器依此语法对例句进行分析。所用的句法依存结构树图均截取自动句法分析系统的输出结果。

当然，现在能睡觉的不仅是人，"肉"和"苹果"也都可以：

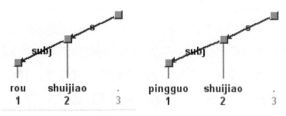

图 6-2　"肉睡觉"和"苹果睡觉"的分析（无约束）

再来看机器对"我吃肉"的理解：

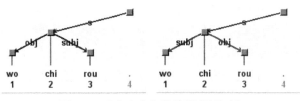

图 6-3　"我吃肉"的分析（无约束）

注意左边的分析是错误的，"我"成了被"肉"吃的对象了。那么肉到底能不能吃我呢？

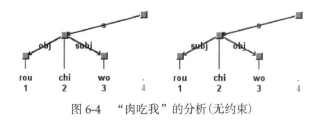

图 6-4　"肉吃我"的分析（无约束）

完全可以，为什么会这样呢？因为无论是"我"还是"肉"，都具有名词性的配价模式，而名词是既可以做主语又可以做宾语的。所以就系统目前掌握的知识来说，"我吃肉"和"肉吃我"是一样的，都具有两种句法分析结果。不仅如此，"我吃书"和"书吃肉"也都是可以的。为了解决这个问题，我们给名词赋予一些简单的语义特征。这样做的目的是想观察语义限制对此类问题的解决能力。

现在，苹果和肉都不能睡觉了。那么"肉吃我"和"我吃肉"，又有什么变化呢？

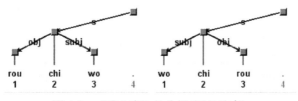

图 6-5　"我吃肉"的分析（语义约束）

我们注意到，不论词序怎么变，现在都只有一个句法分析结果了，也就是说语义特征的引入对于消歧起到了积极的作用。同时，我们也看到，无论"肉"跑到哪里，都逃脱不了被吃的命运。现在，不仅书不能吃我了，我也同样不能吃书。因为书是用来看的，当然可以看的不仅仅有书，肉和苹果也可以被看：

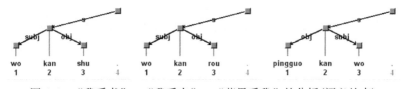

图 6-6　"我看书"、"我看肉"、"苹果看我"的分析（语义约束）

尽管无论是"书看我"还是"肉吃我"中的"书"、"肉"，系统都认为它们是宾语，但是我们希望它们还是回到正确的位置上为好。这样，我们在语法文件中又引入了词序约束条件。现在，诸如"睡觉我"，"肉吃我"，"我苹果吃"，"苹果看我"等字符串都不会再有句法分析结果了。能出结果的只有"我吃肉"、"我看书"了。

机器达到这一理解水平时所用语法文件中的关键部分如表 6-1 所示：

表 6-1　基于配价模式的依存句法分析所用语法样例

defclass "cnoun_id"{ 　　dim syn {in: {subj? obj?} 　　　　　out: {} 　　　　　on: {n}}}	定义名词的配价模式。其中的 in 为本词类可受何种依存关系支配的能力。
defclass "v_id"{ 　　dim syn {in: {s?} 　　　　　out: {subj!} 　　　　　on: {v} 　　　　　govern: {subj: {hum}}}}	定义动词的配价模式。其中的 in 仍为受支配的能力，out 为可支配的依存关系，govern 引入的是词类对 subj 的语义要求。
defclass "v2"Word { 　　"v_id" 　　dim lex {word: Word} dim syn {out: {obj!} 　　　　　govern: {obj: {food}}}}	定义二价动词子类的配价模式。
defentry {"v2"{Word:"chi"}}	为具体的动词 "吃" 赋予词类属性。
defentry { 　　"cnoun"{Agrs: {food} 　　　　　Word: "rou" }} defentry { 　　"cnoun"{Agrs: {object} 　　　　　Word: "shu"}}	为名词 "肉"、"书" 赋予词类属性和语义属性。

　　通过这几个句子的测试，我们不但验证了本书所提出理论的可行性，而且也验证了在句法句法分析时引入语义特征的作用，按照我们在配价一章的说法，配价驱动的句法分析是有能力消除那些语义异常但句法正确的句法分析结果的。而对所需价语的语义要求原本就是一个词的配价描述中所要求的。

　　为了将句法分析尽可能限制在句法层面，在下面的测试中，我们不再使用价语的语义特征，而只使用词序约束。

　　第二个实验的目的是为了检验我们所提出的模型在处理一些更复杂的汉语句子结构的可行性。限于篇幅，下面我们只给出一个有代表性的句子的分析结果和分析，所用的语法文件也不再列出了。

　　输入：我很高兴给了他一本书。

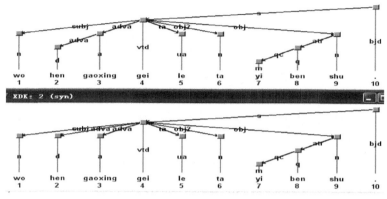

图 6-7　"我很高兴给了他一本书"的分析

出现两种句法分析结果的原因是副词一般可以修饰动词和形容词，虽然实际上"很"是不能修饰"给"的。这说明，在一个稍微大一些的约束规则集中，规则所表现出来的不可预见性是存在的，语法研制人员应该从一开始就对此问题给予足够的重视。上述句法分析歧义，可通过调整所涉及的形容词、副词和动词配价模式来解决，也可以针对某个具体的词提出约束条件。这个例子也说明，为了能够精确地分析句子的结构，有时候仅使用词类一级的配价模式是不够的。

为了解决这些问题，我们有必要仔细分析有关的约束条件。这是我们下一步工作的方向和目标。

6.2　基于简单合一运算的汉语分析

Covington（2003）用 Prolog 实现了一种自由词序语言（拉丁语）的句法分析，虽然该句法分析器的实现没有采用此前他自己构建的 GULP 作为复杂特征结构的预处理程序，这个句法分析器仍然可视为一种建立在复杂特征结构上的合一句法分析算法。我们在此用这个句法分析器对一个简单的汉语句子"老师吃小苹果"进行分析，主要目的是为了验证适合处理自由词序语言的基于复杂特征和合一的句法分析器在处理汉语句子时的可用性。

本实验中，一棵依存树可以被看做是一个有向图，它是通过语法关系将一个句子里的所有词组合在一起的一种表示。例如，主语和宾语从属于主动词，形容词从属于它们所修饰的名词等。在每一个词对里，有一个从属词(*dependent*)和一个头词(*head*)。换言之，一个句子的句法分析是二元依存关系的集合。

算法在两个表 WordList 和 HeadList 的基础上展开。当句法分析器从输入表中得到一个词 W 时，它需要做这样一些事情：

（1）在词典里查找 W，并为它创建一个节点。

（2）在 HeadList 里寻找可能是 W 的从属词，如果有，则把它们联在一起，然后从 HeadList 中剔除这些词。

（3）在 WordList 里，寻求能支配 W 的词。注意，只能有一个。发现后，把 W 联结为这个词的从属词。反之，将 W 加到 HeadList 里。

（4）把 W 加到 WordList 里。

注意第二步和第三步可以同时发生。也就是说，当前处理的词可以在第二步获得自己的从属词，接着又在第三步获得自己的支配词。

句法分析结束后，输入表里的所有词都应该被处理过，HeadList 里应该只有一个元素，即句子的主动词。

词表的结构：句法分析器采用的词汇项表述形式为：

word(Form, [Category, Gloss, Gender, Number, Case, Person])

其中：Form 为词的原形，也就是出现在输入中的形式；Category 为句法范畴(n, v, 或 adj)；Gloss 是一个词的输出标识。这里使用汉语语词的英文翻译加双引号来表示；Gender, Number, Case, Person 都是用来表示语法属性的，即性、数、格和人称。

当然，如果将词汇项中的第二个变元看做是一个特征结构的话，系统的表现力就会更强。这也说明系统具有进一步扩充的能力。

下面是我们所用的词典：

word (老师，[n,'''teacher''', _, _, _, _])

word (苹果，[n,''' apple''', _, _, _, _])

word (吃，[v,''' eat''', _, _, _, _])

word (小，[adj,''' small''', _, _, _, _])

注意：尽管某些语法属性和有些词类无关，为了便于处理，这里对所有的范畴采用了相同的语法属性表示。从这个词表中，我们不难看出，由于汉语缺乏形态变化，按照西方语言设计的复杂特征，如：词的性、数、格等都没有意义了，这种形态特征的缺失给汉语的句法分析带来极大的问题。在基于合一的算法中，约束特征少了，得到的句法分析结果自然就会多。

语法是由可以限定从属词和支配词之间关系的规则组成的。也就是说，通过这些规则，我们知道什么样的从属词可以和什么样的支配词相连接。

规则的形式为：

dh (Dependent，Head)

其中的 Dependent 和 Head 是类似于词典里所示的属性表。例如：

• 主语和动词：一个名词可以从属于一个动词，条件是它们的数、人称属性应该一致，而且名词为主格。规则如下：

dh ([n, _, _, Number, nom, Person], [v, _, _, Number, _, Person])

• 宾语和动词：一个名词可以从属于一个动词，条件是名词为宾格。规则为：

dh ([n, _, _, _, acc, _], [v, _, _, _, _, _])

• 形容词和名词：一个形容词可以从属于一个名词，条件是它们应该在性、数、格上可以保持一致。 规则为：

dh ([adj, _, Gender, Number, Case, _], [n, _, Gender, Number, Case, _])

这几条规则就是句法分析器要用的全部语言学资源。

下面我们对句法分析实验结果作一个简要分析。

如果对所有的词项都没有任何限制,我们得到了 8 种句法分析结果,形如:

2 v '吃' ＿ ＿ ＿ ＿
　　1 n '老师' ＿ ＿ nom ＿
　　4 n '苹果' ＿ ＿ acc ＿
　　　　3 adj '小' ＿ ＿ acc ＿

如果引入人称的限制(第三人称),仍得到 8 种结果。

考虑到动词"吃"的特殊性,我们引入"格"的标记,认为"老师"是"主格","苹果"是"宾格",这时句子"老师吃小苹果"的句法分析结果就只有两个了:

2 v '吃' ＿ ＿ ＿ 3
　　1 n '老师' ＿ ＿ nom 3
　　　　3 adj '小' ＿ ＿ nom 3
　　4 n '苹果' ＿ ＿ acc 3
2 v '吃' ＿ ＿ ＿ 3
　　1 n '老师' ＿ ＿ nom 3
　　4 n '苹果' ＿ ＿ acc 3
　　　　3 adj '小' ＿ ＿ acc 3

如果再将形容词"小"的"格"限定为"宾格",则我们得到了唯一的结果:

2 v '吃' ＿ ＿ ＿ 3
　　1 n '老师' ＿ ＿ nom 3
　　4 n '苹果' ＿ ＿ acc 3
　　　　3 adj '小' ＿ ＿ acc 3

此时的句法分析器所用的词表为:

word(老师, [n,''' teacher''', _, _, nom, 3])

word（苹果，[n,''' apple''', _, _, acc, 3]）

word（吃，[v,''' eat''', _, _, _, 3]）

word（小，[adj,''' small''', _, _, acc, 3]）

实验表明，丰富的屈折形态确实有利于自然语言的句法句法分析。对于这些语言而言，基于形态特征和合一的句法分析是一种比较有效的方法。通过实验，我们也看到对于依存句法分析而言，每一种特征的作用不是同等重要的，如增加了人称特征就对歧义消解没有起到太大的作用。当然，这是与依存规则中的要求分不开的。在本例中，动词和担当主语的名词之间的依存关系，虽然要求它们在数、人称方面的一致，但其中的名词必须为主格；而动词和名词之间能否形成宾语关系的决定性条件是该名词必须为宾格。这也就是在我们为词表中的名词添加相应的"格"属性后，句法分析器的输出大大减少的原因。

实验也证明，用这种方法处理汉语存在较大的问题。如果我们严格遵循汉语中的语法原则，那么这种完全基于特征和合一的方法几乎无法分析汉语。当然我们也可以得到正确的结果，但不得不花大力气从一大堆输出中发现我们所要的东西。我们也看到，如果能从句中主动词的角度出发，考虑它对主语、宾语的要求，甚至也可以考虑名词对于其修饰成分的要求，那么基于特征结构和合一的算法是可以用来分析汉语的。这种不单单将依存句法分析视为一种二元依存关系的组合，而应充分考虑词的支配和被支配能力的方法，正是本书的主题——基于配价模式的依存句法分析。这种完全依赖词的形态变化来进行句法分析的方法，还有一个问题就是对词序的忽略，因为世上没有词序完全自由的语言，所以忽略词序的句法功能是不行的。对于汉语这种主要依赖词序和虚词来作为构句手段的语言，更是如此。上述最后一种实验结果不仅仅是在输入"老师吃小苹果"后才得到的，实际情况是无论你输入下列这些字符串"小老师吃苹果"、"吃小苹果老师"、"吃苹果小老师"、"小吃苹果老师"等的任何一个，你都能得到这个结果，这显然就很成问题了。我们将在其他实验中，进一步就这个问题展开讨论。

关于句法分析器的问题，Covington 自己在 "Important Additional Notes about Dependency Parsing"（2004）一文中也对这个句法分析器的局限作了进一步的说明。他的学生 Kwon（2003）构造了一个简单的韩语依存句法分析器，其中就考虑了词序的问题。Mark Pedersen 以 Covington 的句法分析算法为基础，构造了一个印地语的依存句法分析器，其中也结合了有关词序处理的功能（Pedersen 2002）。

6.3　用链语法分析汉语

链语法[2]（Link Grammar, LG）是由 Daniel Sleator 和 Davy Temperley 共同提出的。他们认为自然语言中的绝大多数句子都有这样一种属性：如果用弧来连接句中的词，那么这些弧不会交叉。显然，这实际上就是我们已经多次提到过的投影性（Projectivity），但 LG 的创立者更喜欢平面性（planarity）这个术语，并将它视为 LG 的基础。

一般认为 LG 是依存语法的一种变体，或确切地讲是投影依存语法的一种变体，主要理由为：注重词间关系；词间关系是词汇结合能力的一种实现；分析句子就是寻求句子之间的关系；句子结构是通过词间关系形成的；没有短语结构等。

但 LG 和依存语法也有一些不同，如：链不是有向的，即 LG 中词间关系不是非对称的。确切地说，链不是依存关系，只是词间关系。这样，在 LG 中没有根节点，也可能会形成圈（cycle）。

LG 把词视为一种带有连接子的方块。连接子分为不同的类型，其方向也有左右之分。一个左向的连接子可以和另一个词的同一类型的左向连接子连接。两个连接起来的连接子形成了一个"链"。这样，构造一种语言的 LG 就是建造这种语言的单词集合，其中的每个单词都含有一定

---

2 http://bobo.link.cs.cmu.edu/link/.

的链接要求。这些链接要求可以通过一系列连接子表达式来指定。

目前除了英语的 LG 外，也有一个小型的俄语链语法句法分析器可供使用。在链语法的网站上，也可以联机使用一个基于 LG 的简易英德翻译程序。Strüber (2001) 给出了一个德语的链语法片段，主要目的是为了探讨是否可以用 LG 来处理像德语那样词序相对自由的语言。

在中国，LG 也得到了一定的应用。冯志伟曾在《语言文字应用》上撰文介绍了链语法 (1999)。俞士汶 (2003) 一书也用一定的篇幅介绍了链语法。东北大学的毛新年曾经写过一篇题为"基于 Link Grammar 英汉词层机器翻译系统"的硕士论文 (2000)。内蒙古大学研制的英蒙机器翻译系统采用了 LG 作为源语分析工具 (敖其尔、王斯日古楞 2004)。从这些研究的用途来看，基本上还是将 LG 用作英语句法分析的或介绍性的，仍然没有见到用 LG 来处理汉语的资料。

本实验当然不是要用 LG 来分析大量的汉语句子，因此只选取了几个简单的句子进行分析。实验的目的是研究用 LG 这样完全依赖于词的线性结构分析汉语的可行性。本书此前的一些汉语依存句法分析实验已经证明，汉语句子结构分析对词序的依赖性较大，而 LG 的本质就是如何在句法分析中利用语言的这种线条性，所以这个实验应该是有意义的。

因为我们实验的目的明确，句子不多，词表易控制，所以我们没有采用在词后添加其词性的方法，也没有使用左右锚 (Righ- 和 Left-Wall) 链接等。去掉这些东西的 LG 句法分析结果表示，更像是一种我们习惯了的依存图表示。

实验所用的连接子名称及意义：

O: 宾语；S: 主语；A: 形容词对名词的修饰；Atr: 量词作为名词的修饰语；Qc: 量词修饰语，可由数词或指示代词"这"充当；Ba: 把字与其宾语的关系；Ta：时态附加语

受篇幅所限，我们略去实验所用的词典文件。下面是动词"吃"的词项示例：

chi：(O- & S-) or (S- & O+) or (S- & Ta+ & O+) or (O- & S- & Ta+)；

这些就是我们实验所用的全部语言学资源。从这个意义上说，冯志伟的说法"链语法是当代计算语言学中词汇主义倾向的具有代表性的一种语法理论"(1999：102)，是很有道理的。因为 LG 句法分析器不接受汉字，所以我们继续使用拼音。

我们的实验仍然从"我吃肉"开始[3]：

```
        +-S+-O-+
        |   |   |
       wo chi   rou
```

注意在我们的系统里，"肉吃我"不行，像"肉我吃"和"吃我肉"这种语序混乱的东西，以词序处理为基础的 LG 是断然不会接受的。而"我吃书"却是可以的。接下来该"老师吃小苹果"了：

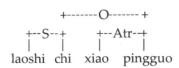

当然老师也可以吃一个小苹果，或把一个红苹果吃了：

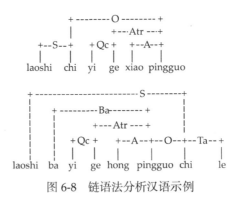

图 6-8　链语法分析汉语示例

---

3 以下句法分析结果直接复制自链语法句法分析器的输出，因该句法分析器为字符型界面(DOS)，所以有些线条对的不是很整齐。

　　实验表明，LG 是可以处理汉语的，虽然它现在还不识汉字。当然，如果我们要想在句法分析过程中消除那些句法正确，但语义异常的分析，在 LG 里需要费些周折。在基于复杂特性和合一的方法中，这一点很容易做到，但在 LG 中，我们不是做不到，而是比较困难，一种方法就是给出一个词的所有分布结构，就像 M. Gross 在他的 Lexicon Grammar 中做的那样，但这样缺乏概括的方法，可能不再是我们所需要的了，对于语言的自动处理而言，这也使得词汇知识的自动获得变得更加困难，而这正是词汇主义语法理论在盛行经验主义计算语言学方法的今天所面临的主要问题。

　　LG 句法分析器具有一定的鲁棒性，这意味着它可以撇开不懂的句子成分，只做那些它可以处理的事情。对于未登录词，它有一定的从上下文中猜测其词性的能力。在我们的实验中，句法分析器可以在句法分析过程中，忽略某些词表中有但又无法把它连入句子结构中的词，如，在分析"老师吃了一个小红苹果"时，句法分析器的输出有两个，出现了歧义：

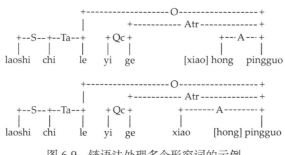

图 6-9　链语法处理多个形容词的示例

　　产生这种问题的原因是我们的规则不允许"苹果"同时有两个形容词修饰语。当然，这样的问题解决起来倒是不难，略加修改就可以了。

　　这种从大局出发，舍弃个别词的做法，使得 LG 适合作为一种句法关系提取工具来应用（Ding et al. 2003，Madhyastha et al. 2003）。但是对于词表中没有的词，测试系统则无法处理，如"老师把一本书给了她"

是不行的，因为老师不认识"她"。

但是如果使用 LG 句法分析器所带的英语语法，系统倒是可以根据词典包含的句子结构信息分析含有"她"的汉语句子。这种用英语词典来分析汉语句子的能力不能叫鲁棒，只能说是鲁莽了，但这表明在词表中引入句子结构和词类标记是有用处的。更完整的汉语 LG 应该采用类似词表结构，以减少冗余和提高系统的鲁棒性。

6.4 采用移进—归约算法分析汉语

Nivre(2003)提出了一种与 CFG 中的移进—归约句法分析类似的确定性依存句法分析算法。鉴于确定性算法在消歧和句法分析效率方面的良好表现，在依存句法分析中引入此类算法，还是非常必要的。Nivre 强调他所提出的算法只是针对投影依存结构的。

在这个算法里，有向 D-规则取代了原有的 CFG 规则。因为这样的语法中没有非终极符号，所以堆栈中放的只是输入中的类例，这样归约就简化为弹出栈顶元素了。句法分析器的结构为一个三元组<S, I, A)，S 为用表表示的堆栈，I 为(剩余)输入类例表，A 为依存图中的(当前)弧关系。在收到一个输入串 W 后，句法分析器被初始为<nil, W, 0>，当得到一个构形<S, nil, A>时，句法分析停止。如果在句法分析结束后，所得到的依存图 D = (N_w, A)为良构的，则输入串 W 被接受，否则被拒绝。

为了使算法更适宜于一般的依存语法，Nivre et al.(2004)又将以上算法中的依存图改为一种有标记的有向图，即在将依存关系视为一种二元的有标记关系。

鉴于移进—归约算法在采用 CFG 的句法分析过程中的普遍性和算法本身的可理解性，我们认为用基于 Nivre 提出的算法构造的句法分析器来进行一些汉语句子的分析实验，可能是一件有意义的事情。实验所用的句法分析器根据瑞典乌普萨拉大学 Mats Dahllöf 的依存句法分析器修改而成，句法分析器用 SWI-Prolog 实现。

在用 CFG 写语法时，一般有两部分组成：语法规则和词汇规则。在本依存算法中，CFG 语法规则的替代品为依存规则 d_rule，形如：

d_rule(Head, Dependent, Function, Direction)

这条规则说的是 Head 支配 Dependent，而且 Dependent 位于 Head 的 Direction 边，二者形成依存关系标记为 Function。以下为我们实验所用的依存规则样例：

d_rule(n, q, attr, left)% 本←书

d_rule(pba, n, pobj, right)% 把→书

d_rule(v, ua, ta, right)% 吃→了

d_rule(v, n, subj, left)% 老师←吃

d_rule(v, n, obj, right)% 吃→苹果

d_rule(v, pba, baobj, left)% 把←吃

d_rule(vtd, rh, obj2, right)% 给→她

词汇规则的形式为：

word_category(Word, Category)

其中 Word 为词，Category 为该词词性。实验所用的词表样例：

word_category(一，m)

word_category(本，q)

word_category(老师，n)

word_category(小，a)

word_category(给，vtd)

word_category(她，rh)

word_category(把，pba)

为了便于比较分析我们基本仍然使用这些句子。首先还是"我吃肉"：

13 ?- parse([我，吃，肉])

[吃@2] []

[吃@2-肉@3/obj，吃@2-我@1/subj]

注意：由二元依存关系构成的句子的句法分析结果，本身是不需要词所在位置的，但由于本句法分析算法引入了依存方向，所以在最终的输出结果中，含有词在原句子中的位置信息，如"吃@2-肉@3/obj"表示第二个词"吃"和第三个词"肉"之间存在 obj 关系，在此关系中"吃"为支配词，"肉"为从属词。输出结果中的第一行为根节点，第二行为构成输入句子句法分析结果的二元依存关系集合。在每个二元关系中，前一个词为支配词，后一个为从属词。斜线后为二者之间的依存关系名称。

系统不会接受像"肉我吃"和"吃我肉"这种语序混乱的东西。下面看一下句子"老师把一本小红书给了她"。分析结果为：

[给@8] []

[给@8-她@10/obj2，给@8-了@9/ta，给@8-老师@1/subj，给@8-把@2/baobj，把@2-书@7/pobj，书@7-本@4/attr，书@7-小@5/attr，书@7-红@6/attr，本@4-一@3/qc]

这样的输出结果，包含了以下依存树所含的所有信息：

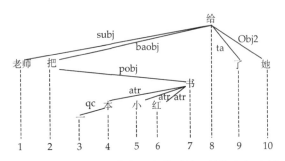

图 6-10　"老师把一本小红书给了她"的依存句法树

通过对这几个句子的分析，可以发现虽然本句法分析器结构简单，但其输出所含的信息与 LG 比并不逊色，而且类似 CFG 语法规则的依存规则写法更容易接受。系统输出采用二元关系集合似乎更有利于依存关系的提取。

我们也注意到本系统毫不费力地就搞清楚了"一本小红书"中"小"、"红"和"书"的关系，这使得我们对该系统又产生了测试下面这些字符串的冲动，如："*我吃苹果肉"，"*老师书吃了苹果"，也就是说测试系统如何处理在动词前后出现两个名词的情况：

[吃@2] []

[吃@2-肉@4/obj, 吃@2-苹果@3/obj, 吃@2-我@1/subj]

[吃@3] []

[吃@3-苹果@4/obj, 吃@3-老师@1/subj, 吃@3-书@2/subj]

显然，这样的分析是有问题的。我们可以在句法分析算法中加入主语或宾语唯一性的限制，但这并不是一个完美的解决方案。因为如果处理的是一个并列结构，这样的分析是有一定的道理的，但细想起来完全基于二元依存关系的句法分析要处理一般的并列结构还是有问题的。这种问题，在 Covington 的句法分析器中也存在。我们认为问题的出现主要是没有考虑词的配价，我们说过配价关系是一对多的关系，而依存关系是一对一的关系，为了方便起见，我们可以将配价关系简化为一种依存关系的集合，并要求集合中的依存关系的支配成分为同一个成分，但这样做的一个问题就是削弱了配价的整体观，如对"一个动词一般只能有一个主语"的淡化，导致了上述问题的产生。如何在本算法中将配价信息结合进来，仍然是一个值得研究的问题。

6.5　基于复杂特征的汉语依存分析

德国爱尔兰根大学的 Dormeyer (2004) 对基于规则的依存的句法分析进行了较为深入的研究，提出了一种新的词表描述语言，它是一种基于复杂特征的词汇描述方法。在此基础上，她和她的同事实现了这种基于复杂特征词表的依存句法分析算法 (Tröger 2003)，并用德语、英语、拉丁语、日语(Pröll 2004)、匈牙利(Barta et al. 2004)等语言进行了验证。后来，Spiegelhauer(2006)又为句法分析器添加了处理非投影结构的能力。他们的句法分析器采用的是一种改进的线图算法，句法分析器用 Java 语言实现。句法分析程序目前只能在 Linux 下运行，也可在 Windows 环境下使用 Cygwin 环境运行已转换了的词典文件，但无法生成新的可用的词典文件。

就我们所知，Dormeyer 等人的算法和句法分析器是为数不多的在词表中引入词序特征的依存句法分析算法和实现。他们的系统可视为目前最高级的基于复杂特征和合一的依存句法分析程序，加之句法分析器又采用了线图算法，因此可算是一种集现有常用句法分析技术于一体的依存句法分析器[4]。我们用一些简单的汉语句子来对其进行了测试，目的是为了验证用这种方法处理汉语句子的可行性。

在对 Covington 的基于复杂特征和合一的依存句法分析器进行测试时，我们认为处理汉语这样缺乏形态变化的语言，必须要有一种方法来处理词序信息。因此，我们将重点考察如何在 Erlangen 句法分析器中使用词序信息消解汉语分析时的歧义。

Erlangen 句法分析器是一种较完全的基于词汇的句法分析器，这意味着句法分析所需的所有信息都在词表里，没有像 Covington 方法中的依存规则。为了提高效率，系统要求首先使用专门的词典转换词序 WBC 将词典由外部格式转为内部格式。下面我们就开始考察分析实验的结果。

首先分析的汉语句子为"我吃肉"。所用的词典文件为：

Wort "肉"[

    wortart：n；

    lexem：rou；]

---

4 这也是我们自己没有实现句法分析一章所提出的基于槽填充依存句法分析线图算法的原因之一。

Wort　"我" [

　　wortart: ppron;

　　lexem: wo;]

Wort　"吃" [

　　wortart: v;

　　lexem: chi;

　　subj: slot [

　　　　wortart: {ppron n};];

　　dir-obj: slot [

　　　　wortart: {n};];

　　　　stellung: (%1 i %2);]　　词项与它所开辟的两个空位之间
　　　　的位置关系

%1 = slot;

%2 = slot;

从这个词表可以看出，我们对每一个词只给出了词性信息。注意：
对于动词我们虽然给出了其从属成分和动词之间的相对位置，却没有限
定主语和宾语由哪一个成分来担当的确切位置信息。在转换词典并启动
句法分析器后，即可输入测试的句子。

输入汉语句子：wo chi rou.（我吃肉）

[

　　Edge [

　　　　Word "((chi = wo) = rou)" [

　　　　　　dir-obj: [

　　　　　　　　lexem: rou;

　　　　　　　　wortart: n;

　　　　　　];

　　　　　　lexem: chi;

```
        subj: [
           lexem: wo;
           wortart: ppron;
        ];
        wortart: v;
       ]
      ]
     ]
```

这里我们只得到了一个句法分析结果，原因是由于我们在词表中限定了动词吃的宾语必须为名词。接下来，输入 rou chi wo.(肉吃我)：

```
    [
      Edge [
        Word "((chi = rou) = wo)"[
          dir-obj: [
            lexem: rou;
            wortart: n;
          ];
          lexem: chi;
          subj: [
            lexem: wo;
            wortart: ppron;
          ];
          wortart: v;
        ]
      ]
    ]
```

系统同样得到一个句法分析的原因在于我们没有限定主语必须位于

动词前，也没有限定宾语应该位于动词后。但这并不意味着，现有的位置约束一点也没有起作用，因为当我们输入"肉我吃"和"吃我肉"时，系统均没有输出。

接下来，我们为名词引入语义特征，并在动词中也引入它对从属成分语义特征的要求。此时的词典为：

Wort "rou" [
    wortart: n;
    lexem: rou;
    sem: food;]

Wort "shu" [
    wortart: n;
    lexem: shu;
    sem: object;]

Wort "wo" [
    wortart: ppron;
    lexem: wo;
    sem: hum;]

Wort "chi" [
    wortart: v;
    lexem: chi;
    subj: slot [
        wortart: {ppron n};
        sem: {hum};   ];
    dir-obj: slot [
        wortart: {n};
        sem: {food};   ];
    stellung: (%1 i %2);

]

%1 = slot;

%2 = slot;

输入：wo chi rou.（我吃肉）

[

   Edge [

     Word "((chi = wo) = rou)"[

       dir-obj：[

         lexem：rou；

         sem：food；

         wortart：n；

        ]；

        lexem：chi；

        subj：[

         lexem：wo；

         sem：hum；

         wortart：ppron；

        ]；

        wortart：v；

      ]

    ]

]

输入：rou chi wo.（肉吃我）

[

   Edge [

     Word "((chi = rou) = wo)"[

       dir-obj：[

```
            lexem: rou;
            sem: food;
            wortart: n;
        ];
        lexem: chi;
        subj: [
            lexem: wo;
            sem: hum;
            wortart: ppron;
        ];
        wortart: v;
    ]
  ]
]
```

输入 wo rou chi(我肉吃). 没有得到句法分析结果。

我们可能会奇怪为什么引入语义特征的结果, 较前面对于吃肉的分析没有什么明显改善呢? 为什么肉仍然可以吃我呢? 是不是语义特征的引入对于汉语的句法句法分析没有帮助呢? 不是的, 因为分析结果已明确告诉告诉我们肉仍然是被吃的一种东西。另外, 系统现在已经清楚"我吃书"和"书吃我"同样都是不行的。将以上词表中的"吃"项改为以下形式, 系统就只能接受"我吃肉"了。

```
Wort "chi"[
    wortart: v; lexem: chi;
    subj: %1 slot [ wortart: {ppron n}; sem: {hum}; ];
    dir-obj: %2 slot [ wortart: {ppron n}; sem: {food}; ];
    stellung:（%1 i %2）;
```

原因在于, 我们现在不但规定了动词和其主语和宾语的相对位置,而且也明确了能填充主、宾语槽的词语在输入中必须出现的位置。

以上实验表明，爱尔兰根大学的依存句法分析器和词表描述方法基本提供了基于复杂特征和合一的汉语依存句法分析的手段和方法。当然，为了对更复杂的汉语句子进行分析，我们还需要添加其他一些句法特征，好在这种方法也提供了所需特征定义的灵活性。

我们认为 Dormeyer 等人的依存语法句法分析器从词表的结构入手，将包括词序信息在内的形态、句法等属性放入词表中，这体现了依存语法作为词汇主义语法的本质。这种方法，不但可以处理拉丁语、德语、英语这样的欧洲语言，也可以处理日语、匈牙利等粘着语和汉语这样的孤立语。当然，可以处理并不意味着它就不存在问题了。

一般而言，基于特征结构合一的句法分析方法，在理论上，是非常有吸引力的，但在具体实现上，一直存在效率问题。为了克服这一方面的问题，爱尔兰根大学的句法分析器采用了对词表进行编译，基于线图句法分析的算法等方法，其效率有了一定的改善。进一步要解决的是如何自动获得词汇知识，如何在处理真实文本时提高句法分析器的效率和精度等此类句法分析器所遇到的老问题。

从实现的角度看，该句法分析器的可移植性还不太好，用户界面也不是十分友好，句法分析输出如果能够以依存树显示就更好了。但无论如何，这个句法分析器是一个可研制不同语言依存句法分析系统的平台，这一点是值得肯定的。

6.6　小结

在这一章里，我们用 XDK 形式化体系和相应的平台，不但证明了本书所提出的基于配价的依存句法分析方法的可行性，而且也证明在多维的 XDG 中只用一个维度—句法维度，加上词(类)的价模和词序约束来解决汉语的句法分析问题是可行的。但模型的可行性并不意味着它在处理大规模真实语料时的有效性，我们需要寻求在那些能解决实际语言处理问题的领域中，如何使用本书提出的这些思想，从而使得我们提出的模型不仅在理论上和小范围内可行，而且也可在实际应用中发挥作用。

我们也用四个依存句法分析器对一些简单的汉语句子进行了句法分析实验。这四个句法分析器基本代表了目前基于规则的依存句法分析的最高水平，因此用它们来进行汉语句法分析有助于我们发现汉语依存句法分析的个性和共性，有助于我们对汉语依存句法分析的整体把握，也有利于进一步证实或证伪本书理论部分的某些观点。

几个实验都表明，词序在汉语句法分析中起着至关重要的作用。

在实验中，我们使用了几个语义异常而又合乎句法的句子，严格说来，"人吃书"和"书吃人"的问题不是句法分析器要处理的问题，因为这不仅仅是汉语中独有的问题，而是一个具有普遍性的问题。我们在汉语句法分析中试着引入语义特征的目的是为了弥补汉语缺乏形态特征的问题。但几个采用语义特征的简单例子已说明在汉语句法分析中引入语义特征的确是有效的。

撇开效率问题，基于复杂特征的句法分析对于汉语句法分析是很有吸引力的，这个问题冯志伟(1983)已在他所提出的 MMT 理论中论证过，这里不再多说。本章所做的几个简单实验也证明了这一点。当然，在汉语句法分析中起作用的句法特征可能迥异于西方语言，我们也已看到，如果没有适宜的表示和处理词序的方法，用复杂特征和合一运算是很难处理汉语的。另外，在进行汉语的句法分析时，为了限制搜索空间，语义特征也可能需要提前出场。

通过这些实验，我们认为汉语依存句法分析和其他语言的依存句法分析间的共性要多于个性。基于规则的汉语句法分析是可以采用本领域一些已经成熟的技术和平台的，但条件是这些平台应该具有一定的可扩展性。遗憾的是，有些系统目前还不能处理汉字，但我们认为随着多语信息处理平台的发展，这个问题应该不难解决。

第 7 章

基于树库的汉语依存句法分析

基于语料库的语言处理方法是目前自然语言处理领域中的一个研究热点。在句法分析领域，人们一般采用一个经过句法标注的语料库（即树库）来作为句法分析器获得语言知识的资源和评价句法分析结果的标准 (Abeilé 2003)。一般的做法是通过改变句法分析算法来改进句法分析器的性能。因此，活跃在这一领域的研究者大多为计算机等理工科背景的学者和研究人员。本章的主要目的有二：一是研究我们此前构建的汉语依存树库在这一方面的可用性，二是探索语言学背景的研究者在基于树库的语言信息处理研究中的作用，即如何通过语言学手段来提高此类句法分析器的分析精度。

本章首先概要介绍汉语真实文本依存句法分析的情况，特别是基于树库的依存句法分析研究现状，然后介绍归纳依存句法分析的基本架构和 MaltParser 的主要组成部分，最后是我们使用自建依存树库和哈尔滨工业大学依存树库进行汉语句法分析的结果和讨论。

7.1　真实文本汉语依存句法分析

依存句法分析在中国的自然语言处理界具有很长的历史。尽管这些功能各异的自然语言处理系统一般不是在严格的现代依存语法理论的指导下进行的，但从工作原理上，是可算作含有依存思想的句子自动分析方法的。遗憾的是，这些汉语的句法分析算法大多集成于某个具体的应用之中，特别是机器翻译系统之中[1]，鲜有单独的关于汉语句法分析器的文章发表。因此，本节的综述只能根据可找到的资料进行了。

Lai/Huang(1998)较系统地探讨过用依存语法理论来进行汉语句法分析的问题，并用 Patr 实现过一个简单的基于特征和合一的汉语句法分析系统。但由于受实现技术的限制，此系统的理论意义更大于实用价值。

Zhou(2000)采用了浅层短语结构技术和深层依存句法分析技术，是组块句法分析和依存句法分析在汉语处理领域的一个应用。该系统已被用于汉日机器翻译系统中的源语分析。系统采用了一种基于规则的句法分析方法，约含有 22 万词条，5 000 条词性标注规则，1 000 条组块句法分析规则和 300 余条依存规则，有 11 种组块，17 种依存关系。用两类语料对系统分析精度的测试结果为 90.4%(平均句长 7.34)和 67.7%(平均句长 14.32)。该系统研制者认为影响系统精度的主要原因有：分词，标注，复合名词，专有名词的识别以及句法歧义等。

马金山等(Ma et al. 2004)提出了一种基于概率的依存句法分析模型，这是对哈尔滨工业大学的依存句法分析器的一个总结。该算法是一种基于 POS 标记之上的依存句法分析模型，这种方法在一定程度上解决了数据稀疏问题。这也是文章题目中含有小训练集字样的理由。系统采用了一个 7300 句的依存树库作为训练和评价语料，平均句长为 9，其中 5300 句为训练集，2000 句为测试集。系统对依存关系的识别精度达到了 80.38%。

Jin et al.(2005)是根据汉语的结构特点对 Nivre(2003)算法的一种改进。按照他们的说法，采用 Nivre 算法是难以处理汉语中几个动词连用情况的，即有多个从属成分位于支配成分右边时，算法过早归约(reduce)的问题。为了解决这个问题，他们提出了一种两阶段的解决办

<hr>

1 傅爱平(1997a, b)为两篇具有代表性的文章，内容分别为英汉机器翻译过程中源语的配价分析和基于从属关系的语义分析问题。配价理论及依存语法与机器翻译有着密切的关系，Badia(1993)、刘海涛(1997)和冯志伟(1998)讨论了依存语法和机器翻译的关系，Geburers(1991)研究了配价理论和机器翻译的关系。

法。在第一阶段首先解决动词两边的名词性从属成分，而第二阶段专门用来处理动词右边的动词性从属成分。实验采用了宾州汉语树库作为训练集和测试集，采用 SVM 作为机器学习方法。对"把"、"被"字句进行了人工转换，其余结构采用自动方式转换为依存结构。经改进后的精度达到了 84.42%，高于原算法的 73.34%。

郑育昌（Cheng 2005a, 2005b）进行了 Yamada（2003）和 Nivre（2004）算法的比较，采用的机器学习方法也有两种 SVM 和最大熵。所用的语料库为台湾的 CKIP 汉语树库，该树库含有 54902 个短语结构树，共 290114 个词，平均句长 5.28，其中的 41057 个句子作为训练集（229764 词）。实验表明，同一种方法对不同语体的分析精度也是有差异的。按照依存关系来计算的分析精度，最低为 82.61%，最高为 95.06%。对句法分析错误的分析表明，复合名词是其中引起错误的主要原因之一。作者认为系统进一步的改善应该解决长距离依存的问题。于是，Cheng（2005c）提出一种 Nivre 算法的改进算法。采用的树库为宾州汉语树库，学习方法为 SVM。算法引进了全局特征来解决长句中从属成分的寻找和归属问题，这实际上解决的还是一个提早归约的问题。为了解决原算法中根节点精度不高的问题，又采用了专门的根寻找算法。采用这些方法后，精度达到了 86.18%，高于基准的 85.25%。

Wang（2005）提出了一种严格意义的基于统计的依存句法分析算法，所谓严格意义指的是没有采用词类标记，而是完全依据词间关系统计来进行句法分析的。实验所用的树库为宾州汉语树库，系统获得的无向依存关系的精度从 90.8% 到 79.9%，对应的最大句长为 10 到 40。

尹鹏（2005）采用 SVM 方法构造了一个汉语组块依存关系分析器[2]，确定性算法的准确率为 75.67%，非确定性算法的准确率达到了 82.57%。

Xu/Zhang（2006）使用 SVM 训练了一个汉语依存句法分析器，其精

---

2 所用语料为人民日报，共 1 000 个句子，平均句长 6 个组块（或 8.5 个词）。

度达到了 77.3%。严格说来，句法分析器分析的还是短语间的依存关系，如 "邻居的"，"喝了" 是作为一个单位来处理的。

2006 年、2007 年两年，依存句法分析连续两次被 CoNLL(Conference on Computational Natural Language Learning)选作竞赛的主题(共享任务)(Buchholz and Marsi 2006，Nivre et al. 2007)。2006 年的多语依存句法分析涉及的语言达 13 种，参赛者中最高的汉语分析精度为 89.96%(LAS)，93.18%(UAS)。2007 年涉及的语言为 10 种，汉语最高的精度为 84.69%(LAS)，88.94%(UAS)[3]。在这两次竞赛中，采用的汉语树库是由台湾中研院研制的，该树库的平均句长只有 5.9。在所有参赛的语言中，汉语跟英语、意大利语、加泰罗尼亚语同处在高分区(84.4~89.61)，而阿拉伯语、巴斯克语和希腊语则在低分区(76.31~76.94)。

段湘煜等(2007)对中文决策式依存分析方法同产生式方法和判别式方法进行了比较[4]。实验结果显示，决策式依存分析方法取得了三者中最好的性能。采用宾州中文树库以及基于动作建模的依存分析方法，得到的依存正确率为 88.64%。

为了充分利用句子中的结构信息，克服词性信息的粒度过粗问题，刘挺等(2007)在汉语依存分析中引入词汇支配度的概念，比较有效地避免了非法结构的生成。采用他们自建的汉语依存树库，依存分析的正确率在句长小于 10 时，达到了 86.1%，句长小于 30 时，达到了 74.4%。这个结果比没有引入词汇支配度时，提高了 1~2 百分点。

马金山(2007)使用基于语料库的统计学习方法，对汉语的依存句法分析技术进行了较全面的探索。他针对汉语语法结构灵活、树库资源不充分的情况，提出并实现了一个结合分治与动态局部优化策略的高效汉语依存句法分析算法。

---

3 数据引自 Kübler/McDonald/Nivre (2009：85)。

4 段湘煜(2008)对决策式依存分析技术进行了详细的讨论。

辛霄等(2009)提出了三种依存句法树算法，其中最大生成树算法取得了最好的实验结果。在 CoNLL 2008 提供的标准测试数据 WSJ 语料库上，取得了 87.42% 的正确率。

7.2 归纳依存句法分析及应用

从 2002 年开始，瑞典韦克舍(Växjö)大学的 Joakim Nivre 等人在题为"自然语言句法分析的随机依存语法"(Stochastic Dependency Grammars for Natural Language Parsing)的研究项目内，对基于依存语法的句法分析进行了广泛深入的研究。他们提出了"归纳依存句法分析"(inductive dependency parsing)的理论(Nivre 2006, 2008)，并在此基础上实现了依存句法分析器 MaltParser(Nivre et al. 2007)。

MaltParser 参加了 CoNLL 组织的两次多语依存句法分析竞赛，成绩均名列前茅。实验证明，MaltParser 是一种与具体语言无关的、数据驱动的依存句法分析系统[5]。

已知依存关系类型的集合为 R，我们将句子 $x = (w_1, ..., w_n)$ 的依存图定义为一个有标记的有向图 $G = (V, E, L)$，其中：V 是输入类例 $w_1, ..., w_n$，根节点 w_0 加上表示线性前于关系 <，所构成的集合；$E \subseteq V \times V$ 是有向弧的集合；$L: E \rightarrow R$ 是一个用依存关系类型标记弧的函数。一个依存图 G 是良构的，当且仅当：①节点 w_0 是 G 的根，②G 是联通的，③G 中每一个节点的入次数最多为一，④G 是无圈的。这样，依存句法分析的任务就是将句子映射为良构依存图。

自然语言的归纳句法分析方法基本构件有：定义可允许句子表示的形式模型 M；一个参数化的随机模型 M_Θ，它为句子 x 和良构表示 y 赋予一个分值 $S(x, y)$；一种归纳学习算法 L，用来从一个代表性句子样本 $T_t = (x_1: y_1, ..., x_n: y_n)$ 中估计参数 Θ。

---

5 以下有关 MaltParser 的介绍主要参考了 Nivre/Hall(2005)。

　　MaltParser 是归纳依存句法分析方法的一个句法分析系统，由以下三个部分组成：句法分析器，指导器和学习器。

　　句法分析器主要负责依存图 G 的产生，它所采用的决定性句法分析算法可以分解为一系列的决策 D。在学习阶段每一个句法分析算法就是谕示函数 O 的一种实现，它用来学习已知输入的正确的决策序列。在句法分析阶段，句法分析器只是执行由学习器(通过指导器)提供的决策。这样，句法分析算法只定义了什么是允许的决策，既没有规定什么是相关的语言学特征，也没有限定应该使用哪一种学习方法。句法分析器含有 Nivre(2004) 和 Covington(2001) 中提出的增量句法分析算法。

　　在学习阶段，指导器的任务是负责为学习器构造一个训练样品集合 D_t。而在句法分析阶段，它负责的是把学习器的预测传递给句法分析器。在学习的时候，指导器为每一个来自句法分析器的决策 d 构建一个训练样品$(\Phi(H, x), d)$，其中 $\Phi(H, x)$ 为特征值的当前向量，并将构造送给学习器。在句法分析的时候，指导器为来自句法分析器的每一个请求构造一个特征向量 $\Phi(H, x)$，然后将它送往学习器，接着再把学习器预测得到的决策 d 传递到句法分析器。这样，特征模型就和句法分析器完全分离了，并且学习器只需学习从特征向量到决策的映射，而不必关心特征是如何提取的以及决策又是怎么使用的。

　　学习器的任务是负责从指导器在学习阶段生成的训练样本D_t中得到一个模型，并且在句法分析阶段使用这个模型预测句法分析器的决策。学习器实际上是一个与标准机器学习软件包的接口。它所做的就是按照不同的机器学习软件的要求准备训练样品，并启动适当的功能去学习模型或预测决策。目前，MaltParser 支持使用 TiMBL 进行的基于记忆学习(Daelemans/Van den Bosch 2005)和使用 LIBSVM(Chang/Lin 2005)进行支持向量机的学习。

　　概而言之，MaltParser 是归纳依存句法分析理论的一种实现，它由以下三个部分组成的：

- 用来构建依存图的确定性句法分析算法；
- 用来预测句法分析器的下一个活动的基于历史的特征模型；
- 将历史映射为句法分析器活动的判别机器学习方法。

MaltParser 参加 CoNLL2006 年多语依存句法分析竞赛的成绩为：阿拉伯语(66.71)，保加利亚语(87.41)，汉语(86.92)，捷克语(78.42)，丹麦语(84.77)，荷兰语(78.59)，德语(85.82)，日语(91.65)，波兰语(87.60)，斯洛文尼亚语(70.30)，西班牙语(81.29)，瑞典语(84.58)，土耳其语(65.68)。13 种语言的平均分值为 80.75，略低于 McDonald(2006) 提出的方法(80.83)，在 19 个参赛队中列第二位。

7.3　用自建树库进行的句法分析实验

实验所用树库为自建"新闻联播"树库，标注采用第 3 章提出的《现代汉语依存关系语法》，最终形成的树库含句子 711 个，词 20034 个，平均句长 28，不含循环句、非投影及不联通的句子。我们将 711 个句子中的前 650 个作为训练集，剩余的 61 个作为测试集。以下为句法分析结果[6]：

表 7-1　用自建树库训练和测试句法分析器的结果

	M2			M4		
	UAS	LAS	UnSent	UAS	LAS	UnSent
MBL(基于记忆学习)	0.618	0.537	16	0.704	0.637	22
SVM(支持向量机)	0.605	0.542	4	0.686	0.62	0

这些指标远低于以上提及的使用 MaltParser 构建的其他语言的依存句法分析系统，也不如其他汉语句法分析系统。造成这种情况的原因，主要有：树库的规模太小，这毫无疑问会带来数据稀疏问题；树库中还存在一些不一致的问题；训练集和测试集的句子平均长度较大，前者为 28，后者也有 22。

---

6 UAS 为无标记，LAS 为有标记，UnSent 为非联通句子数。

与以上提到的那些实验相比，这个数字反而是最大的；使用了 24 个标记的词性标记集，53 个关系的依存关系集。依存关系数量明显有些多。

我们来分析一下依据 pos 标记的分析精度数据。因为我们所用的评价指标是从属成分寻找支配成分的精度，所以表中的数值反映的是某个词类寻找支配词的精度（按照分值从低到高排序）：

表 7-2 词类寻找支配词的精度分布

准确率	词类标记	准确率	词类标记
0.5 (14/28)	c 连词	0.75 (30/40)	a 形容词
0.521 (164/315)	v 动词	0.762 (16/21)	nl 方位名词
0.574 (31/54)	p 介词	0.773 (68/88)	ns 处所名词
0.579 (55/95)	bnd 句内标点	0.815 (22/27)	r 代词
0.6 (3/5)	ur 替代助词	0.932 (41/44)	d 副词
0.66 (33/50)	q 量词	0.944 (68/72)	m 数词
0.662 (43/65)	usde "的" 字	1.0 (1/1)	usdi "地" 字
0.714 (20/28)	nt 时间名词	1.0 (15/15)	u 助词
0.718 (28/39)	np 专有名词	1.0 (61/61)	bjd 句末标点
0.733 (220/300)	n 名词		

这些数值反映的只是无标记的情况，虽然有标记的情况更差，但以上排序变化不大。我们将分值分为三个区域，低于 0.7 的为严重区，0.7~0.8 为一般区，0.8 以上为可接受区。在严重区，重点要解决的是动词的问题，虽然连词的情况更糟，但它的数量少，对于系统的整体性能影响要小于动词。在这一个区域的还有介词、量词、的字结构和句内标点。我们认为这些词类分值之所以这么低的原因，主要是它们可担当的句法功能太多。用本书所提出的概率配价模式来解释，就是支配力太大，或受别的词支配的能力太强。对其进行子类划分，消解这种过大的能力，可能是改善精度的一种途径，但这样做对小树库来说，又会使数据稀疏问题雪上加霜。因此可以选择某些词类进行细分处理，并观察细分后的句法分析结果。

234

处于一般区的词类，除形容词外，几乎都是名词，这一方面说明名词的句法功能较之严重区的词类单一，也可能说明在句法分析时，对名词进行细分的意义不是很大。可以将 np、ns、nt 等归为一类试试，以便证实。

在可接受区中，除代词的分值刚达到 0.8 外，其余词类的精确度均高于 0.92，能达到如此高的分值的主要原因是它们可担当的句法功能非常单一，这里头出现次数较多的是副词和数词。满分的"地"因为现次太少，不足为例，助词能达到满分的原因是在测试集中出现的基本上都是时态助词"了"，离支配词近，加上功能单一，没有不得到高分的道理。

现在来分析按照依存关系得到的统计数据，这次我们考虑的是有标记的依存附着精度。

表 7-3　依存关系的精确率和招回率分布

精确率	招回率	依存关系	精确率	招回率	依存关系
(0/0)	0.0(0/2)	cfc 并列方位结构	0.535(61/114)	1.0(61/61)	ROOT 根节点
(0/0)	0.0(0/2)	cs 并列谓语	0.538(7/13)	0.583(7/12)	csr 连带关系
(0/0)	0.0(0/4)	cadva 并列状语	0.556(5/9)	0.313(5/16)	cobj 并列宾语
0.0(0/1)	0.0(0/6)	subobj 兼语	0.585(55/94)	0.545(55/101)	obj 宾语
0.0(0/1)	0.0(0/6)	soc 兼语补足语	0.6(3/5)	0.6(3/5)	auxr 助词附着关系
0.0(0/1)	0.0(0/4)	cva 并列连动	0.62(80/129)	0.755(80/106)	subj 主语
0.0(0/3)	0.0(0/2)	cpobj	0.653(32/49)	0.561(32/57)	pobj 介词宾语
0.0(0/3)	0.0(0/5)	coor 并列关系	0.662(49/74)	0.62(49/79)	punct 标点符号
0.0(0/3)	0.0(0/3)	comp 补语	0.688(205/298)	0.702(205/292)	atr 定语
0.0(0/4)	(0/0)	ccr 并列复句关系	0.693(115/166)	0.561(115/205)	adva 状语
0.0(0/5)	(0/0)	cepa 并列同位语	0.706(48/68)	0.706(48/68)	dec "的"字结构
0.0(0/7)	(0/0)	cdec 并列"的"字	0.714(5/7)	1.0(5/5)	ma 数词结构
0.167(1/6)	0.2(1/5)	obja 能愿动词宾语	0.904(47/52)	0.904(47/52)	qc 量词补足语
0.208(5/24)	0.2(5/25)	cr 复句关系	0.905(19/21)	0.905(19/21)	fc 方位结构补语
0.375(9/24)	0.474(9/19)	sentobj 小句宾语	0.923(12/13)	0.522(12/23)	epa 同位语
0.461(35/76)	0.574(35/61)	s 谓语	1.0(1/1)	0.5(1/2)	baobj 把字结构
0.474(18/38)	0.367(18/49)	va 连动	1.0(1/1)	1.0(1/1)	dic "地"字结构补语
0.5(5/10)	0.357(5/14)	csubj 并列主语	1.0(13/13)	1.0(13/13)	ta 时态附加语
0.533(8/15)	0.4(8/20)	catr 并列定语			

表中依存关系的精确率(Precision)和招回率(Recall)的计算按照下式进行(以依存关系 obj 为例):

$$精确率 = \frac{测试语料和基准语料中一致的OBJ数量}{测试语料中OBJ的总数} = \frac{55}{94} = 0.585$$

$$招回率 = \frac{测试语料和基准语料中一致的OBJ数量}{基准语料中OBJ的总数} = \frac{55}{101} = 0.545$$

分析带依存关系标记的支配词依附的精确率和招回率要更复杂一些,一是涉及的关系种类多,二是不仅要考虑支配词选的对不对,也要考虑从属词和支配词之间的依存关系选的对不对。首先考虑的仍然是得分低的依存关系,精确率和招回率都为零的依存关系有 12 种,它们是:cfc、cs、cadva、subobj、soc、cva、cpobj、coor、comp、ccr、cepa、cdec。除涉及兼语式的 subobj、soc、并列关系 coor 以及补语 comp 外,其余的 8 种都是为了处理并列结构而引入的带有前缀 c 的并列关系。这些关系得零分的主要原因可能在于:一是我们训练集的语料太少,以致系统无法识别这些关系;二是我们对于并列结构的处理虽然可能较好地体现了其语言学意义,但却不适合作为基于统计的数据句法分析策略。obja(能愿动词宾语)得分低的原因,一是训练集中此类关系较少,二是我们取消了能愿动词这个小类,当然也会影响原本只有它才能产生这个关系的精度。cr、sentobj、s、va 等关系基本上都涉及跨句关系和两个动词之间的关系,所以准确性不高也是可以理解的,造成这种问题的原因还在于原树库中对于这几种关系的标注也不是非常一致。csubj、catr、cobj 等三个涉及并列结构关系的精确率能达到 0.5 以上,说明我们对于并列结构的处理如果有足够的语料作支撑,也是可以接受的。csr 作为一种比较单一的依存关系,只得到不足 0.6 的分值令人难以置信,原因可能在于我们没有区分从属连词和并列连词。Root 的招回率达到了满分,这似乎没有什么奇怪,因为我们采用了专门的 POS 标记 bjd,但它的准确率只有 0.53 的原因是，我们目前还没有办法在数据驱动的句法分析器构造中，对 s 进行唯一性约束。

　　obj、auxr、subj、pobj、atr、adva、dec、ma 等关系的精确率分值介于 0.585~0.714 之间，这些关系在全部关系中占很大的一部分比例，它们的精确率能否提高对系统的整体性能有较大的影响。由此分析这些关系的构成，以及造成关系识别准确率不高的原因是我们的主要任务。qc、fc 和 epa 的分值能达到 0.9 以上，主要也在于形成这些关系的成分比较稳定，它们的高分值说明小训练集也可以构造不差的依存句法分析器，条件是构成依存关系的结构应该是稳定的，这提醒我们对词类进行细分可能是解决小训练集数据稀疏问题的一种有效办法。值得注意的是，epa 的精确率虽然不低，但招回率只有 0.5 说明这种关系不是一种容易识别的关系。满分的 baobj、dic 和 ta 再次说明在较稳定的词类间形成的关系是容易识别的，而且最好支配词和从属词还不要离得太远，baobj 的低招回率证明了这种看法。

　　我们也自造了一些句子来测试由 711 个句子训练得到的句法分析器。结果表明，句子的长度是一个影响句法分析精度的非常关键的因素，而原训练集中是否含有这个词本身倒不是非常重要，因为算法的非词汇化属性可以得到一种基于词类的模型，这种基于词类的数据驱动统计句法分析模型也可视为我们提出的词类价模的统计实现。下面是两例随意选取句子的句法分析结果。

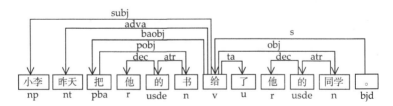

图 7-1　"小李昨天把他的书给了他的同学。"的分析

注意：句法分析器较完美地处理了句子中含有的"把"字结构、"的"字结构，解决了主语和动词之间距离较远等问题。

系统也可以处理更复杂一些的句子：

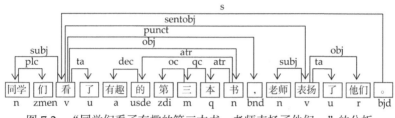

图 7-2　"同学们看了有趣的第三本书，老师表扬了他们。"的分析

如果句法分析器可以将"看"和"表扬"之间的关系确定为 cr，结果就更完美了。这个例子也展示了小训练集在处理结构稳定的依存关系时的可行性，因为在我们所用的树库中，"第"只出现了 7 次，而"们"更少，只有 4 次。系统能够正确分析这两种结构的关键是这两种词所需的支配词的词类就只有一种，即：前者通过 oc 受 m 支配，后者通过 plc 受名词支配。这样做的关键是，类要分得细，因为只有这样才能保证两类词之间的依存关系尽可能呈单一的状况，反之将陷入前面所提到的动词和连词的多功能泥潭。

7.4　修改树库标注方式后的句法分析

根据以上分析，我们对树库中的并列结构做如下处理：

（1）修改处理并列结构的方式，由左边的处理方式改为右边的方式。这种修改可以减少原依存关系集中为处理并列结构而引入的 cXXX 类关系 20 种；

（2）将标点符号顿号"、"作为一种并列连词来处理；

（3）区分从属连词（cs）和并列连词（cc）。

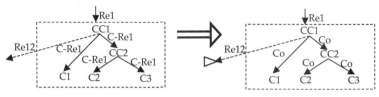

图 7-3　并列结构处理方式的变化

由于动词的处理涉及的问题较多，我们先只分出能愿动词(vu)，其余小类待处理。

对树库做以上修改后，仍用 MBL 训练，采用 M4 策略，此时系统的无标记依存关系(UAS)精确率 0.72，增加了 0.016；有标记依存关系的分值(LAS)0.666，增加了 0.029。增加幅度不大的原因是连词(cc 和 cs)在测试集中的数量不多，在 1348 个词的测试集中只有 44 个，能愿动词只有 5 个。这样，我们观察的重点应该是有关依存关系和支配词精度的综合结果。相关标记的新分值为：cs(0.538)，cc(0.548)，v(0.574)，vu(0.6)，bnd(0.62)。

与未修改树库前得到的数据相比，细分后的连词寻找其支配成分的准确率稍有改善，效果不明显的原因是并列连词可有支配者成分仍然复杂，所以准确率难以大幅度提高；对于从属连词而言，虽然其支配者一般为动词，但由于汉语中一个句子中的动词数量要多于一个，这也导致依附准确率也提高的不多。总的说来，经过这样不大的调整，连词的准确率提高了四个百分点，效果还是有的。把能愿动词从 v 中分出来，也使得 v 本身和 vu 的依附准确率都有五个百分点的提高。句内标点(bnd)的准确率也提高了四个百分点，这主要是我们将"顿号"视为 cc 的成果。其余词类的依附精度基本没有变化，与没有修改它们的事实相符。

相关依存关系的数据为[7]：csr(0.636，0.538)，co(0.836，0.797)，obja(1.0，1.0)。由此可见，依存关系方面的改善更为明显，原来的 20

7 括号内的数字，前为精确率，后为招回率。

种并列关系用一种关系 co 代替后，不但没有出现准确率和招回率为零的
尴尬情况，而且 co 的准确率一跃达到了 0.836，招回率也接近 0.8。csr
的准确率也差不多提高了十个百分点。引入能愿动词 vu 后的 obja 更是
在准确率和招回率方面都取得了满分。这说明我们前面的分析是符合实
际的，解决的思路也是有效的。

目前的系统可以较好地分析一些结构类似于新闻联播风格的较长的
句子，如"我们要坚持党的基本路线，坚持学习计算语言学，要用新的
语言学理论仔细分析汉语的结构。"（24 个词）：

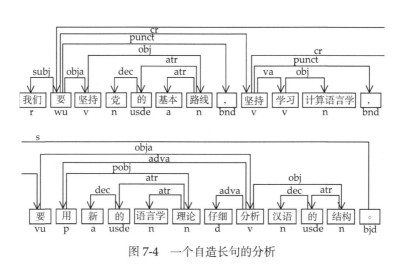

图 7-4　一个自造长句的分析

这说明，训练集的语言风格对于采用机器学习方法的句法分析器有
很大的影响。

这些实验为建立更符合基于数据的句法分析器所需要的树库，提供
了重要的依据和资料，我们可据此进一步修改树库的标注方式，限于时
间，这里不再深入讨论这个问题了。

我们用 M7 得到了更好的结果：UAS 0.735 LAS 0.684。而 M7 和 M4
模型的区别在于，前者多了两个词汇化（LEX）特征，这说明，即使是用一

个非常小的树库作为训练集，词汇化的特征也是有利于精度的提高的。

为了探索进一步提高精度的可能性，我们对于树库中原来标注为动词的词，根据其语法功能将它们的词性归为动词、名词和形容词；受从 v 中细分 vu 带来的好处启发，我们又从动词中细分出三个小类：双宾动词(vtd)、小句宾动词(vts)和兼语动词(vtc)。我们用 M7 得到 UAS 0.741 LAS 0.694，但用 M4 得到了更好的结果[8]UAS 0.759 LAS 0.712。由于 vtc、vts 和 vtd 三种词在测试集中只有 25 个所以效果不明显是可以理解的。

实验显示，对于动词进行细分类是比较有效的。虽然动词本身寻求正确的支配词的精度并没有大幅度提高，只增加了 0.19 和 0.024，但细分出来的 vtc 和 vts 的指标则改善了不少。由于将一部分原标为动词，但按照语法功能应标为名词的词，现在标成了名词，所以名词的精度提高了 5.2%，这导致主要由名词担当的句法功能，如主语和宾语的精确率也有一定的提高。sentobj 和 subobj 的精度有明显提高，这显然是引入 vtc 和 vts 的结果。sentobj 和 subobj 的招回率变化是比较大的，如在 M4 下，subobj 的招回率从 0.167 提高到 0.667，sentobj 也从 0.526 提高到 0.684。值得注意的是，在 M7 下，招回率的提高不是非常明显，如 subobj 只从 0.167 升到 0.333，sentobj 从 0.421 提高到 0.632。soc 的下降一方面说明兼语式识别的困难，另一方面也与我们所处理的语料有关，其 soc 的功能不很明显，但 soc 的招回率同样有了很大的提高，在 M4 下，从 0.167 升到了 0.667，在 M7 下从 0.167 提高到 0.333。a 和 d 下降的原因可能是由于词汇特征的影响，因为 M4 模型基本没有受此影响。细分动词词类后，M7 的效果不如 M4 的原因，可能是由于我们所用的树库规模很小，词类细分后主要想利用该词类所展现的不同的配价模式来提高依存关系的识别精度，而具有更多词汇特征(LEX)的模型 M7 中有关的词汇特征会有碍于所分出来的词子类配价模式的发挥，从而影响句法分析

---

8 Hall(2006)用 40 万词次的语料、MBL 和 M4，得到的汉语句法分析结果为 0.794 和 0.777。

器性能。由此看来，我们需要对这些特征和句法分析精度之间的关系进行更深入的分析，这是下一节的主题。

通过调整树库中对某些语言现象的处理方式和标注的精细度，我们发现从语言学方面也是可以研究基于统计或基于语料库的句子的句法分析问题的(刘海涛、赵怿怡 2009)。本实验采用语言学手段调整树库结构，使得句法分析器的 UAS 精度从 0.704 提高到 0.759，LAS 精度从 0.637 上升到了 0.712，分别提高了 5.5% 和 7.5%。实验表明，人们不但可以从学习、句法分析算法上入手研究基于统计的句法分析问题，也可以从树库或语料的语言学标注上入手改善句法分析精度，二者之间存在一种互补关系。这说明即使是在基于统计方法的计算语言学研究中，依然离不开语言学家和语言学研究。

7.5 使用哈尔滨工业大学依存树库的依存分析实验

哈尔滨工业大学依存树库含有 10 000 个汉语句子[9]。由于其树库结构和我们所需的结构有所不同。为了使用 MaltParser，我们对树库作了一些微小的改变，主要是对标点符号标注的修改。原树库中的句内标点没有支配词，句末标点没有从属词，我们对此作了修改，使得该树库也能满足我们提出的完全依存树的要求。修改后的词性标记集含 29 个标记，依存关系标记集含共 23 种关系。树库有 9 992 个句子，210 796 词，平均句长 21 个词，非联通句 93 个[10]。

在接下来的实验中，我们用 8 000 句作为训练集，1992 句作为测试集。利用 M4 MBL，我们得到的结果为：UAS：0.784　LAS: 0.759。

依照标记的句法分析结果，只考虑支配词的情况：

9　感谢哈尔滨工业大学信息检索研究室提供树库并授予使用权。

10　马金山等(2004)的平均句长为 9，而现在的值为 21。这是由于我们对标点标注进行修改的结果。同样少了 8 个句子，也是由于这个原因。

表 7-4　哈尔滨工业大学树库的依附精度统计

精度	标记	词类
0.0(0/1)	e	叹词
0.591(4445/7519)	v	动词
0.646(259/401)	i	习用语
0.665(1108/1666)	p	介词
0.667(4/6)	o	拟声词
0.688(99/144)	nz	其他专名
0.739(465/629)	nd	方位名词
0.758(781/1031)	ns	地名
0.762(8276/10855)	n	名词
0.773(736/952)	c	连词
0.774(691/893)	q	量词
0.779(1098/1410)	a	形容词
0.78(372/477)	nh	人名
0.782(370/473)	j	简称
0.791(599/757)	nt	时间名词
0.797(122/153)	ni	团体、机构、组织的专名
0.8(136/170)	nl	处所名词
0.817(1176/1440)	r	代词
0.83(230/277)	b	区别词
0.833(5/6)	h	前接成分
0.839(3791/4520)	bnd	句内标点
0.875(7/8)	ws	字符串
0.889(2543/2862)	u	助词
0.9(36/40)	k	后接成分
0.904(2142/2370)	d	副词
0.913(1463/1602)	m	数词
1.0(1987/1987)	bjd	句末标点

从以上数据可以看出，动词、介词和我们采用自建树库时一样，分

值仍然较低。另外一个低的词类是 i，这是可以理解的因为标记为 i 的结构可以担当不同的句法功能。名词分布扎堆的现象再次说明，在句法层面的标注中，是否我们有必要细分这么多的类？该系统采用的 863 词性标注，在句法分析时，是否也应该原封不动把所有的 POS 标记搬到句法层的标注来，也是值得商榷的。例如，g 语素字、h 前接成分、k 后接成分、x 非语素字，这些东西明显是形态层面的概念，进入句法层面的意义何在呢？还有一些诸如 i、j 的结构单位，在句法层面的标注中，根据其功能给予某种具体的词性可能要更好一些。我们的看法是，诸如 863 这样的词性标注集可以视为一种词性标记的超集，用户可根据应用层面的不同，从中选择一个子集来用。

下面我们再来看一下根据依存关系的统计，此时同时考虑支配词和依存关系（均值为 0.759）：

表 7-5 哈尔滨工业大学树库的依存关系精确率和招回率统计

精确率	招回率	关系标记	关系名称
0.0 (0/7)	0.0 (0/28)	DC	依存分句
0.314 (185/590)	0.281 (185/659)	IC	独立分句
0.333 (2/6)	0.222 (2/9)	SIM	比拟关系
0.362 (47/130)	0.296 (47/159)	IS	独立结构
0.406 (578/1422)	0.401 (578/1443)	VV	连谓结构
0.585 (1334/2281)	0.687 (1334/1941)	S	全句支配关系
0.604 (616/1020)	0.464 (616/1328)	COO	并列关系
0.618 (47/76)	0.322 (47/146)	APP	同位关系
0.67 (3248/4848)	0.681 (3248/4770)	VOB	动宾关系
0.679 (2335/3440)	0.718 (2335/3250)	SBV	主谓关系
0.721 (1492/2069)	0.717 (1492/2081)	DE	"的"字结构
0.731 (372/509)	0.678 (372/549)	CMP	动补结构
0.759 (167/220)	0.676 (167/247)	RAD	后附加关系
0.76 (373/491)	0.754 (373/495)	LAD	前附加关系
0.762 (1162/1524)	0.73 (1162/1592)	POB	介宾关系

续表

精确率	招回率	关系标记	关系名称
0.791 (4186/5289)	0.77 (4186/5439)	ADV	状中结构
0.792 (370/467)	0.777 (370/476)	CNJ	关联结构
0.836 (7779/9310)	0.841 (7779/9249)	ATT	定中关系
0.839 (3787/4515)	0.846 (3787/4474)	PCT	句内标点
0.846 (22/26)	0.846 (22/26)	DEI	"得"字结构
0.869 (568/654)	0.859 (568/661)	MT	语态结构
0.913 (63/69)	0.851 (63/74)	DI	"地"字结构
0.936 (1164/1244)	0.953 (1164/1221)	QUN	数量关系

除个别情况外，此依存关系精度分布情况大致和我们用自建树库得到的结论相仿。即，跨句关系的精度远远低于句内关系；形成关系的两个词类的支配与被支配关系种类较单一的，其依存关系精度要远远高于具有多种句法功能的。

我们发现在 M4 中增加词汇化特征，即用 M7 MBL 可以得到最好的结果：UAS: 0.794 LAS: 0.768。

7.6　影响依存句法分析的因素探讨

哈尔滨工业大学树库含有 10 000 个句子，这使得我们有可能用它来进行各种不同组合的实验。我们将 9 992 个句子中的后 992 个提出来作为测试集，测试集共有 21 178 词，平均句长 21 词，内有非联通句 14 个。前 9 000 个句子按照 1 000 作为级差，使用各种不同的特征组合来训练句法分析器并进行句法分析。这样我们可以更清楚地分析训练集的大小，以及各种特征对句法分析精度的影响。实验所用 8 个特征模型的组成如下[11]：

M1：6 POS 特征，0 DEP 特征，0 LEX 特征

M2：0 POS 特征，4 DEP 特征，0 LEX 特征

---

11 UAS 为无标记依存关系识别精度，LAS 为有标记依存关系识别精度，UnSent 为非联通句子数，Ptime 为句法分析时间。POS 为词类特征，DEP 为依存关系特征，LEX 为词汇特征。

M3：0 POS 特征，0 DEP 特征，4 LEX 特征

M4：5 POS 特征，4 DEP 特征，2 LEX 特征

M5：6 POS 特征，4 DEP 特征，0 LEX 特征

M6：0 POS 特征，4 DEP 特征，4 LEX 特征

M7：6 POS 特征，4 DEP 特征，4 LEX 特征

M8：6 POS 特征，0 DEP 特征，4 LEX 特征

训练和句法分析使用 MBL。受篇幅所限，这里只列出了 72 次句法分析实验的部分结果。

表 7-6 不同规模树库和特征模型句法分析结果统计

	M1				M2			
	UAS	LAS	UnSent	PTime	UAS	LAS	UnSent	Ptime
1000	0.626	0.597	607	14779	0.064	0.064	992	61712
5000	0.65	0.622	554	21626	0.286	0.163	504	72245
7000	0.656	0.626	533	25245	0.286	0.163	504	87130
9000	0.661	0.63	538	26860	0.064	0.064	992	64487
	M3				M4			
	UAS	LAS	UnSent	PTime	UAS	LAS	UnSent	Ptime
2000	0.647	0.587	20	1868171	0.76	0.731	159	231429
4000	0.674	0.621	6	3396383	0.781	0.756	92	261014
6000	0.693	0.642	13	4821773	0.787	0.763	94	279400
8000	0.705	0.655	6	5431438	0.794	0.77	78	339661
	M5				M6			
	UAS	LAS	UnSent	PTime	UAS	LAS	UnSent	Ptime
2000	0.707	0.674	82	46725	0.662	0.607	190	1005279
4000	0.719	0.686	82	29950	0.698	0.647	118	1616412
6000	0.723	0.691	75	28258	0.715	0.667	113	1648019
8000	0.715	0.699	58	31126	0.723	0.675	91	2157180
	M7				M8			
	UAS	LAS	UnSent	PTime	UAS	LAS	UnSent	Ptime
1000	0.751	0.72	99	630419	0.739	0.703	58	800309
3000	0.778	0.752	49	881626	0.767	0.733	37	1576010
5000	0.795	0.769	38	889270	0.78	0.746	27	1744503
7000	0.798	0.772	46	1057813	0.785	0.753	26	2172711
9000	0.802	0.777	63	968008	0.789	0.758	67	2093210

实验表明，采用含有 6 个 POS 特征、4 个 DEP 特征和 4 个 LEX 特征的 M7 进行学习和句法分析，可以得到最好的结果，此时 UAS 的值为 0.802，LAS 为 0.777。表 7-6 显示，LAS 来和 UAS 呈现的趋势大致相当，所以本文只分析 LAS 的情况，因为得到带有依存关系类型标记的句法结构是依存分析最重要的任务。接下来，我们将从精度、非联通句和句法分析时间等方面对实验结果进行分析讨论。

除 M2 外，其他七种特征模型和句法分析精度的关系如图 7-5 所示。

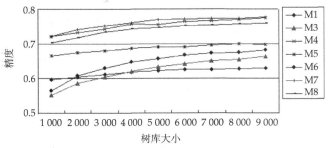

图 7-5　树库大小、特征模型和依存分析精度的关系

图 7-5 显示，只考虑 POS 的 M1 在树库超过 5 000 句后，精度的提高基本就停滞不前了。这说明，利用词类配价模式来弥补小树库引起的数据稀疏问题是可行的，但随着树库继续增大，它改善分析精度的作用就不太明显了。虽然从图上看，仅考虑 LEX 的 M3 在树库超过 3 000 句后精度提高的速度要略低于此前的速度，但稳步提高的趋势还是比较明显的。这表明完全词汇化的依存句法分析是可能的，而且其精度随着树库的增大会稳步提高。表 7-6 有关 M2 的数据显示，单用 DEP 的 M2 作为学习和指导句法分析的模型是行不通的。这一点使用基于概率配价模式的句法分析理论可以得到解释，因为依存关系是配价(模式)在句中实现后得到的，而价的携带者应该是词或词类，撇开携带者很难来讨论配价和依存关系，这样不考虑携带者的 M2 也注定不会有什么好的结果。

依存是一种建立在两种语言学单位之间的关系，没有了基点，依存关系也就无法建立了。由 POS 和 DEP 组成的 M5 再次展示了基于词类的依存模式的可行性，但也显示了这种方法对于小树库的效果要更好一些。在双特征的三种组合中，POS 和 LEX 组成的 M8 的性能最好，但在树库超过 6 000 句后，其改善能力减弱。相比而言，由 DEP 和 LEX 组成的 M6 的精度最低，但随树库增加精度提高的趋势却一直持续。这说明依存关系是一种词汇语法，因为 M6 强调的是词和词间关系。

在含有三类特征的组合中，M4 比 M7 少了 1 个 POS 特征和 2 个 LEX 特征。当树库为 2 000 句时，M7 的精度增长速度要高于 M4，2 000~4 000 句间的精度增长速度大致相当，在 5 000~8 000 句区间，M4 的增长速度要高于 M7，8 000 句以后二者又大致相当。这说明，很难用增加树库大小的办法来解决 M4 比 M7 精度低的问题。应该注意的是，精度虽然是衡量一个句法分析器的重要指标，但却不是全部指标，效率也是衡量句法分析器的另一个重要指标。

接下来，我们讨论句法分析的效率问题[12]。因为所用测试集是相同的，所以在句法分析时间方面，我们主要考虑了两点：一是句法分析所用时间长短的比较，二是句法分析时间随训练集大小的变化情况。

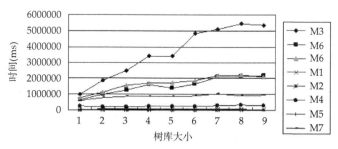

图 7-6　树库大小、特性模型和句法分析时间的关系

12 因为句法分析时间受机器的配置以及测试时机器执行任务情况的影响，以下数据中可能会有一些偏差，但总的趋势还是正确的。本试验所用的平台为 IBM Thinkpad T43，Windows XP，内存 1GB，1.86GHz CPU。

由于 M2 为失败的参数模型，故可以忽略有关 M2 的分析。用 M5 分析 1 000 个句子所用的时间要略多于 M1，但二者基本是旗鼓相当的，其变化范围处于 20~40 秒之间。这说明，基于词类模式的依存句法分析不但有利于解决小树库的数据稀疏问题，还可以改善句法分析的效率，这种改善一体现在速度方面，二体现在句法分析速度基本稳定，不依训练集的大小而发生显著变化。

M4 和 M7 组合了三类特征，与其他方式相比，它们的句法分析精度是可以接受的，但二者在句法分析效率方面的表现，却有明显的不同。M4 基本稳定在 200~400 秒的区间内，而 M7 的变化范围在 600~1 100 秒之间，而且还呈现出随训练集增大句法分析时间也增加的趋势。综合起来看，虽然 M7 的句法分析精度要略好于 M4，但如果考虑效率因素，M4 似乎是一种更好的选择。M3 展示了完全词汇化依存句法分析的一个普遍问题，即效率问题。随训练集的增长，句法分析时间也不断增加，这对任何完全基于数据驱动的句法分析方法而言，都不是什么好事。M3 所用的时间从 1 000 秒到 5 500 秒，而分析同样 1 000 个句子，M1 和 M5 只用了 20 多秒。相比而言，增加了 POS 和 DEP 特征的 M6 和 M8，性能就好的多了，虽然在开始时会随树库的增长，句法分析时间也有一定的增加，但在训练集达到 7 000 句后，就基本稳定在 2 000 秒左右了。这说明，词汇化必须和 POS、DEP 特征结合起来使用，否则其效率令人难以接受。

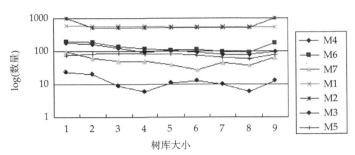

图 7-7　树库大小、特征模型和非联通句的关系

联通性反映了句法分析器对句子进行分析的完整程度，因此如果一个句法分析器得到的非联通句越少，它的性能就越好。

M1 和 M2，均展现了 POS 特征在解决数据稀疏问题和提高句法分析效率时的好处，但在联通性问题上，POS 特征所起的作用不大。无论训练集怎么变化，非联通句基本都保持在 600 左右。

M4、M6 和 M7 展现了几个特征在处理联通问题时的作用。用 M7 得到的非联通句子较少，表示 POS、DEP 和 LEX 在处理联通问题时都是有用的。三种模式中，M6 得到的非联通句最多，说明在处理联通句时，POS 的作用虽小，但还是有用的。M4 只比 M7 少了 1 个 POS 和 2 个 LEX，但效果却比 M7 差不少，这说明 LEX 在处理句子的联通问题时起到了较大的作用。完全词汇化的 M3 在处理句子联通问题时表现的极其完美，在它的 9 次句法分析结果中，非联通句的数量平均不到 13 个，最低的只有 6 个，最多的也不过 23 个。M5 的性能表明，不采用 LEX，只将 POS 和 DEP 结合起来也可把非联通句控制在一个可以接收的范围，而且这种方式随树库的增加会越来越好。当然，如果将 POS 和 LEX 组合在一起，效果会更好，但这种方法在树库达到 4 000 句后，性能的改善速度也会减缓。

通过对以上数据进行的简单分析，我们可以看到 POS、LEX 和 DEP 三类特征对句法分析器结果的影响是不一样的，POS 有利于让小树库也能得到一个可以接受的结果，并且对于句法分析器效率的提高和这种效率的稳定起着关键的作用；LEX 对于解决句子的联通性有着重要的作用，但它也会降低句法分析效率；DEP 虽然无法单独工作，但和其他两类特征结合在一起可以改善句法分析器的精度和效率。因此，如何根据所处理语言的结构特点，寻求适宜的特征参数组合，可能是此类句法分析器研究人员在今后的一项重要任务。

第 8 章

基于依存树库的汉语计量研究

1935 年，Zipf 有关语言统计的著作出版[1]，这标志着一个新的语言学分支学科和一种新的语言研究方法的诞生。在这本书的前言中，Zipf 认为利用统计方法可以定量研究语言中的各种现象，这样语言学也可成为一门精确科学。这本书的标题 *The Psycho-Biology of Language*（《语言的心理生物学》）表达了结合人类的经验和功能来研究语言的意愿，书的副标题 "An Introduction to Dynamic Philology"（动态语文学导论）则强调了这种方法和其他方法的主要区别在于研究采用的是真实的语言样本，语言应用的变化也会导致理论研究结论的变化，因此这是一种动态的语言学研究方法。70 年来，Zipf 所倡导的方法在语言学和其他领域都得到了广泛的应用。今天，在语言学的分支学科里，除了被称为 "Zipf 语言学" 的 "计量语言学" 之外（Köhler/Altmann/Piotrowski 2005），还诞生了一个新的分支叫做 "概率语言学"（Bod/Hay/Jannedy 2003），它们形成了信息时代的 Zipf "动态语文学"。

与未经标注的语料相比，树库含有更多的有关语言结构的知识，因此用它可以对语言进行更深入的定量分析。基于依存句法的树库，除能进行一般的词类定量分析外，也可以进行依存关系、依存距离和加权配

---

1 Zipf, G. K. 1935. *The Psycho-biology of Language: An Introduction to Dynamic Philology*. Boston: Houghton Mifflin Co. 我们采用的是 1936 年在英国印行的版本。

价模式的统计分析[2]。鉴于依存语法和传统语法的相似性，这样的定量分析不仅可用于汉语句法研究，而且也可用在语言教学方面。

本章主要采用第 3 章所述的自建汉语依存树库。为了对比研究，我们也用哈尔滨工业大学信息检索研究室的依存树库(以下简称 HIT 库)进行了一些项目的统计。

8.1 词类与依存关系的统计

对自建树库中的词类频率统计表明，共有各类名词 7 872 个，占 39.29%。如果算上代词，则占到了 41.47%。4 357 个动词所占的比例为 21.75%。虚词计有 2 475 个，占 12.35%。标点符号 2 671 个，占 13.33%，每句平均有 3.76 个标点。

HIT 库中的各类名词共有 70 339 个，占 33.37%。如果算上代词和简称，则占 37.58%。HIT 库中的动词为 36 713 个，占 14.42%。标点符号为 32 326 个，占 15.34%，每句平均有 3.24 个。其中一些非句法层面的 pos，如简称、习用语、前接成分等，共有 4 394 个，占 2.09%。虚词 27 240 个，占 12.92%，平均每句含 2.77 个虚词。

尹斌庸(1986)认为词类分布是语言中的一个很重要的不变量，它不仅能表现语言的共性，也可反映语言的特点。他的这些结论是在研究了不同语体的现代汉语文本后得出的。为了观察词类分布的这种不变性的适用范围，我们看一下名词在布朗和 LOB 语料库中的新闻报道部分的比例[3]，布朗为 42.2%，LOB 为 41.2%。这跟我们得到的数据非常相似，这样的分布，是偶然，还是再次印证了 Hudson 所说的"语言中似乎存在一种我们完全没有意识到的规律，即随机选取的词属于某一特定词类的

---

2 Hays(1967: 175)认为依存理论较之短语结构理论，更有利于句法层面的 Concordance（考得）。

3 转引自 Richard Hudson(1994a)。英汉语文本中名词比例的这种相似性，也使我们对"西方语言鼓励人们使用名词，……，而东方语言鼓励人们使用动词"(尼斯贝特 2006: 98)这种说法产生了怀疑。

统计概率。目前，我们没有能力解释这种规律，但这是我们的子孙可能会遇到的一种挑战。"(1994a：339)在同年的另一篇文章的结尾，Hudson又说"然而，我们的后代会明白，当他们能够解释书面英语中为什么有37%的词是名词时，他们也就接近终极目标(The End)了。"(1994b：64)显然，这是一个值得深入研究的问题。

主语、宾语等主要的句法关系有3 352个，占17.35%。如果算并列结构，则有3 970个，占20.55%。定、状语关系合计有7 068个，占36.58%。如果计算并列结构则有7 428个，占38.44%。如此高的比例，可视为新闻联播语料的一个结构特点。由于所采用的并列结构处理方式为带C的可区分的并列关系，所以导致大量Cxxxx类的关系产生，计有1 713个，占 8.89%。对于一些主要关系的进一步统计分析将在随后展开，这里不再多说。

在HIT库中，主语、宾语等主要句法关系有39 521个，占18.75%。定状语关系有72 993个，占34.63%。

8.2 依存距离的统计与分析

依存距离指的是支配词和从属词之间的线性距离，即一个句子中存在依存关系的两个词之间的词位置之差。在依存语法理论中，首次引入此概念的可能是 Heringer/Strecker/Wimmer(1980：187)，他们是从Yngve对短语结构语法的有关研究中吸取这一思想的[4]。Hudson(2003b，2007)对依存距离有较多的论述，并且说明在依存语法中使用该概念要比在短语结构中更自然和更方便。依存距离有助于我们从以下几方面来研究语言[5]：

- 对于句子理解(句法分析)难度的分析。按照泰尼埃的定义和我

---

4 Yngve 的有关思想大致产生于1960年左右，有关这个问题的详细描述可参看 Yngve(1996)的第5章。

5 有关依存距离的最新研究，可参考 Liu(2007，2008a)、Temperley(2007，2008)和 Liu/Hudson/Feng(2009)。

们的理解，分析句子就是将一个线性字符串转换为一个依存结构的过程，也就是说，一个词只能在与其他的词连接，形成依存关系之后，才能从短时记忆中移去。研究表明（Miller 1956），人类处理信息的限制约为 7±2，这种限制主要是由于受短期记忆容量的影响。Gibson（1998）一文认为"（1）在一个预测活动被满足前，所预测的范畴保存在记忆中的时间越长，维持该预测的开销就越大；（2）输入词和它应依附的支配词或从属词间的距离越大，其结合成本也就越高。"就依存句法分析而言，依存距离可以在一定的程度上反映句子理解的难易程度，即依存距离越大，句法分析就越难。Liu（2008a）通过对 20 种语言树库的研究，证明了依存距离可以作为一种句子理解难度的计量指标。

- 有助于语言类型的研究。通过依存距离可以更好地认识语言是一种支配词居后（governor-final）语言，还是支配词居前（governor-initial）语言，还是一种混合型的语言。在依存语法界，用这样的办法来研究语言的类型特点，源于泰尼埃（1959：22-24；32-33），但他用的术语和我们今天用的有所不同，如有两个节点 X1 和 X2，其中的 X1 支配 X2。如果二者的线性次序是 X1 X2，那么我们得到的次序被称为离心的；当线性次序是 X2 X1 时，这一次序被称为是向心的。

- 依存距离对于儿童语言习得方面的研究也有帮助。Ninio（1998）研究表明，儿童在学习英语和希伯来语的三词结构时，与依存距离为 2 的结构相比，更容易掌握依存距离为 1 的结构。

- 有助于设计更好的自然语言句法分析算法。Collins（1996）证明两个词之间的相对位置和距离对于二者之间可形成依存关系的可能性有很大的影响。

出于以上这些原因，我们对自建树库和 HIT 树库的依存距离进行了统计分析。

Eppler(2004)统计了英语和德语的依存距离均值，其中前者为0.49，后者为 0.87。由于国外很多学者计算依存距离时都认为具有依存关系的两个相邻的单词之间的依存距离为 0，而我们则认为，具有依存关系的两个相邻的单词之间的依存距离应当为 1，把 1 作为依存距离的基准值。为了便于比较，本书对于依存关系的计算进行了归一化(normalization)处理，把 1 作为依存距离的基准值。虽然 Eppler的统计所用的语料很小，但基本反映了德语中句法结构的一些特点，如在助动词和主动词形成的框架结构里，主动词一般位于句尾；德语的词序较英语相对要自由等。所有这些因素都会在一定程度上延长德语的依存距离均值。

Hiranuma(1999)分析了英语和日语的依存距离，这两种语言的依存距离均值分别为，英语 1.386，日语 1.43。由于日语是一种支配词置后(head-final)的语言，它能得到类似于英语的依存距离均值，主要是由于其支配词所需要的从属词数量较低的缘故。Hiranuma 的实验也表明，依存距离和文体有着密切的关系，较正式文体的依存距离均值会长一些。

根据我们前面对于"依存距离"的形式定义，如果将依存距离视为支配词和从属词在句中位置数值之差，那么位于支配词前面的从属词和支配词之间的依存距离就是一个正值，而位于支配词后的从属词和支配词之间的依存距离就是一个负值。使用我们的树库可以方便地得到标有方向的依存距离，这有利于对依存距离进行深入的分析和研究。有关依存距离的计算公式和方法，可参考 Liu/Hudson/Feng(2009)中提出的基于树库的依存距离计量方法。

由于构成树库的基本单位为完全句法树，即句中的所有成分，包括标点符号，都在句法树内。为了更准确地对依存距离进行统计分析，我们首先从树库中取消标点符号，理由主要有二：一是树库中的标点符号一般和其支配者的依存距离较长，而是依存距离应该反映的是词与词之间的关系，所以我们在统计中首先将标点符号（bnd，bjd）作为从属词的依存关系从样本中剔除。

随后，我们统计了支配词为 bnd 和 bjd 的情况，共有 1503 个，其中为 bjd 的有 709 个，依存距离均值为 19.57；bnd 为 794 个，依存距离大于零的 503 个，均值为 2.00，依存距离小于零的 291 个，均值为-2.65。显然，我们需要对 bjd 作为支配词的情况进行预处理，以保证统计结果的精确。这时，我们把 bjd 的依存距离定为 1。

取消从属词为 bjd、bnd 的依存关系，将支配词为 bjd 的依存距离设置为标准值 1，此时共有 17 362 个依存关系，其中依存距离大于零的有 12 119 个，占 69.80%，依存距离均值为 2.17；依存距离小于零的有 5 243 个，占 30.20%，依存距离均值为-4.30；不考虑方向的绝对依存距离均值为 2.81。依存距离等于正负 1 的有 10 086 个，占 58.09%，其中为正值的 8 271 个，占 82%，为负值的 1 815 个，占 18%。以上数据显示：

（1）汉语是一种偏向于支配词居后的混合型语言（这是因为依存距离为正的依存关系大于依存距离为负的依存关系，而依存距离为正必须支配词居后）；

（2）只有 60% 的从属词与其支配词相邻（此时绝对依存距离为 1，占 58.09%~60%），这一比例不但低于英语的 78%，也低于德语的 65%；

（3）从依存距离的角度看，汉语句法结构的特点不仅体现在只有三分之一的从属词位于其支配词之后（依存距离为负的依存关系为 5423 个，大约等于三分之一），而且也体现在支配词居后的依存距离要远远大于支配词居前的依存距离；

（4）前述词类统计显示，在平均句长为 28 个词的树库中，每个句子中大约含 4 个标点，也就是说每句中约有 3 个句内标点，这说明一个句子中含有两个以上的子句是普遍现象。如果我们取消连接各个子句的

cr(复句关系)，则可以更精确地把依存距离限定在子句内。这样做的主要原因还是想尽可能降低刚才得到的依存距离均值。取消 cr 后，剩余的依存关系有 16 634 个，其中依存距离大于零的有 12 107 个，依存距离均值为 2.16，依存距离小于零的有 4 526 个，依存距离均值为–3.35，不考虑方向的绝对依存距离均值为 2.48。这说明，cr 关系对于支配词位于从属词前面的依存距离均值影响较大。但这样得到的汉语依存距离仍明显大于英语和德语，当然我们所用的文本样类(genre)可能和 Eppler、Hiranuma 的样类有很大的不同，这难免会有一些影响，但这一数值可能更多地反映了汉语句法结构的特点；

(5) 在我们的树库中，绝对依存距离小于等于 2 时的依存关系共有 12 478 个，占 73.42%；将范围扩大到 3 时，有 13 723 个，占 79.04%，扩大到 4 时，有 14 516 个，占 83.86%，扩大到 5 时，有 15 099 个，占 86.97%，为 10 时，有 16 539 个，占 95.26%。而按照 Collins(1996)对英语的统计，在绝对依存距离等于 5 时，就能覆盖全部语料的 95.6%；等于 10 时，覆盖率可达到 99%。刘海涛(2008)采用五种不同树库对汉语的依存距离、依存方向等进行了研究，得到的结论基本与本书相似。

树库不仅能统计一种语言的依存距离，也可以计算每一种依存关系的依存距离，如做主语、宾语的成分和它们的支配词间的依存距离，这种对依存距离的细化对于语言结构的深入分析是有好处的，这也是我们对用依存距离来分析句法问题的进一步发展。

以下只是选取一些有代表性的依存距离数据：subj 2.80，obj –3.95，baobj 5.76，qc 1.13，ta –1.08，dec 2.21，fc 1.45，pobj –3.67，comp –1.05，obja –2.96，subobj –2.72，soc –5.44，sentobj –7.81，adva 3.46，atr 1.61，auxr –1.2，ina 7.8，cr –9.94，csr 4.36，epa 1.30，va –2.98。

利用 HIT 树库进行的依存距离统计为：支配词位于从属词后的依存距离均值为 2.35，共有 112 245 个关系。支配词位于从属词前的依存距离均值为–3.99，共有 56 342 个关系。SBV 2.93，VOB –3.7，POB –3.08，QUN 1.28，

MT –1.56, DE 2.05, COO –3.86, ADV 3.42, ATT 1.58, VV –5.96, CNJ 4.00。

现在的问题是为什么汉语的依存距离均值会远高于英语、德语和日语的依存距离均值？如果将依存距离均值视为衡量句法难度的一项指标，是否有理由说汉语的句法难度要高于上面这几种语言？或者更确切地说，依存距离均值尽管可能是一种普适的衡量句法难度的手段，但不同语言对于同样难度的文本依存距离均值并不一样，那么，结构差异较大的语言之间能不能以依存距离均值为标准进行跨语言的比较？还是只能在同一种语言内，用依存距离均值来作为衡量句子难度的手段？

为了回答这些问题，我们选取了约 100 个词左右的英语文本[6]，首先将其译为汉语，然后又进行了依存标注。

英文原文共有 106 个词，按照 Hudson 的统计其依存距离均值为 1.51[7]。我们的汉语译文有 108 个词，取消标点，将 bjd（句末标点）为支配词的依存距离设为 1，依存距离大于零的依存关系有 80 个，依存距离均值为 1.56；小于零的有 28 个，依存距离均值为–4.86，不分依存方向的绝对依存距离均值为 2.42。将复句关系 cr 设为 1 后，绝对依存距离均值为 1.95，此时正均值 1.56，负均值为 3.07[8]。由此我们得到这段文本的汉语依存距离均值为 2.42，这也仍大于英文的 1.51。由于这段文本在两种语言中的句法难度或复杂性相当，所以不能简单地说汉语在句法上要难于英语。

仔细分析以上数据可以看出，支配词和它之前的从属成分的依存距离均值大致与英语相当，但与它后面的从属词的依存距离均值却要大得多。

---

6 选自 Pinker 的《语言本能》一书的第一段话，英文的 Word Grammar（依存）标注见 http://www.phon.ucl.ac.uk/home/dick/enc/pinker.htm，汉语译文采用了汕头大学出版社出版的洪兰译本（2004），但对有些句子的译法略作了修改。

7 Hudson 的电子邮件（2006 年 2 月 3 日）。

8 我们没有采用这样处理后的结果，因为 Hudson 的英文标注和统计中，也含有跨越句内标点的依存关系。

综合以上实验，我们认为汉语依存距离均值大于英语主要原因可能为[9]：

(1) 汉语中的子句之间的依存连接比英语多；

(2) 英语中某些带有介词短语的宾语在汉语中移到了作宾语的名词前，而修饰名词的"的字结构"中如果再含有数量词就会使得该名词和支配它的动词离的更远；

(3) 一些在英语中通过词形变化表现的句法功能，在汉语中需要用虚词来完成，如英语"I saw the film"翻译成汉语为"我看过这部电影"，英语中 saw-film 的依存距离为 1，但在汉语中"看—电影"之间的距离却成了 3。

当然，这种分析只是众多可能解释中之一种，因为这个解释没有触及人的短期记忆的限制问题。

为了避免语料本身对于研究结果的影响，使结论更可信。刘海涛(2008)利用五个汉语依存树库，对汉语的依存距离和依存方向等句法属性进行了定量分析。结果表明：汉语的依存距离均值约为 2.84，即在构成依存关系的两个词之间平均有 1.84 个词；汉语中 40%~50%的依存关系不是在相邻的词之间形成的；在语言类型方面，汉语是一种支配词置后略占优势的混合型语言，一种 SV、VO 和 AdjN 语言，这与语言类型学家采用其他方法得到的结果是一致的；汉语支配词居前的依存距离均值要明显大于支配词置后的依存距离均值。这些发现，不但有益于我们从依存语法的角度了解汉语的句法结构特点，而且也有助于人类语言普遍属性的发现。这种方法也有助于更好地发现不同句法属性之间的关系，以及通过一种语言来发现一些普适的人类语言特性。

基于 20 种语言的依存树库，Liu(2008a)提出并证明了如下三个假设：①人类句法分析机制偏好可最小化句子平均依存距离的线性语序；②人类语言绝大多数句子或文本的平均依存距离有一个阈值；③语法与认知机制的共同作用将依存距离限制在该阈值之内。在 Liu(2008a)研究的 20 种

---

9 刘明杰(2009)对 15 篇不同语体英汉文章的依存距离进行了对比分析，结果表明汉语的依存距离确实大于英语。

语言[10]，汉语的依存距离依然是最大的。为什么会这样呢？正如 Hudson 在为本书作的序言中所说的那样，这是一个有待于进一步探究的令人着迷的问题。

8.3　依存关系构成的统计与分析

本节主要统计分析一些主要依存关系的构成情况，可分为三种情况[11]：构成依存关系的支配词和从属词分布情况；某一类词作为支配词时，它的依存关系输出情况，也就是我们配价模式中的支配力大小的统计；某一类词作为从属词时，它的依存关系输入情况，也就是我们配价模式中的被支配力大小的统计。

8.3.1　按照依存关系对支配词和从属词的统计分析

在构成依存关系 subj（主语）的支配词和从属词的词类分布，担当主语的词类主要是名词（78.37%）和代词（8.81%），合计 87.18%。值得注意的是，动词有明显作主语的迹象，约占 5.42%。这主要是由于标注过程中，对一些诸如"改革"、"发展"、"合作"、"认识"等动名兼类词，没有处理好。这些问题，不仅仅是标注者的问题，现有词典对于词性标注的不完整也是一个原因。好在总的趋势还是比较明显的。数据也显示构成 subj 关系支配词的主要是动词，占 92.53%。其次是形容词，占 3.52%。

在 HIT 库中[12]，各类名词作主语占 75.5%，代词占 13.38%，合计 88.88%。动词作主语的有 920 例，占 7.61%。标记为 i 和 j 的作主语的有 2 229 例，占 13.91%。支配 SBV 关系的主要词类是动词，有 14 117 例，

10　这 20 种语言是：汉语，英语，日语，德语，捷克语，丹麦语，瑞典语，荷兰语，阿拉伯语，土耳其语，西班牙语，葡萄牙语，保加利亚语，斯洛文尼亚语，意大利语，罗马尼亚语，巴斯克语，希腊语，匈牙利语和加泰罗尼亚语。

11　在统计分析过程中，我们忽略一些零星个别的情况，这种数值极小（一般只有一两例的情况）是由于语料标注问题而造成的。但这种忽略，不会影响我们得出的结论和方法的可行性。

12　HIT 树库词性标记和依存关系标记的意义，可参考表 7-4 和表 7-5。

占 88.13%。形容词作为主语支配词的有 1 285 例，占 8.02%。标记为 i 的主语支配词有 385 例，占 2.4%。

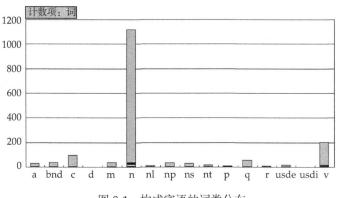

图 8-1　构成宾语的词类分布

　　宾语(obj)的从属词分布类似于主语，其中名词占 70.81%，代词占 0.58%，合计 71.39%，代词做宾语的比例非常小，几乎可以忽略不计，但由连词引入的成分略有增加。动词占支配词的 97.02%，而形容词作为 obj 支配词的情况已很难看到。

　　HIT 库显示，各类名词作宾语的占 68.45%，代词占 1.99%，合计 70.44%；动词占 20.5%；形容词占 1.76%；标记 i 和 j 作宾语的占 10.83%。在宾语关系的支配词中，动词占 99.5%。

　　以上数据显示，在新闻类语体中，名词是做主语的主要词类，代词次之；但在作宾语时，代词的数量大大下降。代词做主语和宾语的这种不平衡性，在其他语言中也有反映。如 Francis 等(1998)的研究表明，在 Switchboard 语料库中[13]，陈述句主语的 91% 的是代词，其余 9% 为其他词。而代词只占到宾语中的 34%，66% 是其他词。这一方面表明，代词做宾语的可能行要大大低于作主语的可能性；另一方面，也说明不同

---

13 Switchboard 是一个口语语料库，所收语料为电话交谈。

语体中名词、代词做主语和宾语的比例分布有很大的不同。我们的这一发现也与 Biber 等对英语的统计分析基本吻合 (2000:236),因此这可能是一种具有普遍(跨语言)意义的发现。

状语(adva)关系的支配词为主要是动词,占到了 90.52%。另外一个值得一提的支配词类是形容词,占 5.37%。按照从属词来观察,副词、连词、时间名词、介词占到了 67.6%,形容词占到了 11.71%。动词占到了 10%,这显然有些问题,其中的主要原因在于,adva 关系作为一种说明语它和支配词之间的关系较之补足语要更灵活一些,这给标注者造成了这样一种印象,如果支配词是动词,二者之间的关系如果不好归类和判定的就标为 adva,这也与一些动词本身的动、名兼类性质有关。

HIT 库中有关状语的数据是,担当状语的词类主要有副词 10 993 例,占 42.33%;介词 6 464 例,占 24.89%;各类名词 2 921 例,占 11.25%;动词 3 626 例,占 13.96%;代词 385 例,占 1.48%。动词是状语的绝对支配者,共有 23 210 例,占 89.37%;形容词 1 845 例,占 7.1%;标记 i 和 j 占 1.81%。

其余结构较简单的依存关系,这里不再作详细的分析。这说明对于有相对单一和固定词类的依存关系,树库标注者更容易掌握,从而其标注结果的一致性也更好一些。

8.3.2　按照支配词和从属词对依存关系的统计分析

我们在第 3 章说过,一个词类可支配的几种依存关系不是均衡分布的,也就是说,虽然某个词类从理论上说可以通过若干依存关系支配其他若干类词,但这些依存关系出现的可能性是不一样的,如:名词作为"主语"和"宾语"的可能性明显要大于它作"谓语"的可能性。这样我们就可以在词类的句法配价模式中引入量的概念,而要得到这些依存关系分布的定量描述,我们需要含有依存关系标注的语料库。在这一小节,我们讨论如何从依存树库中提取我们所需要的信息。

我们认为,一个词的结合力(配价),可以分为被支配(输入)和支配(输出)两类，被支配力表示词受别的词的支配能力，支配力则是它支配其他词的能力。在词类的配价模式示意图里，我们也试着用不同粗细的线条来表示力的强弱。现在我们要做的就是用语料库来量化这些力。我们先来研究支配力，这种支配力也就是该词类吸引(支配)别的词类的能力。

在可由动词支配的关系中，adva 占 24.77%，obj 占 19.1%，subj 占 15.09%，punct 占 11.09%，cr 占 7.93%，va 占 4.68%，ta 占 2.47%，comp 占 1.6%等。这基本反映了动词的可支配依存关系的倾向。但 atr 也占了 3.78%，却不太正常。造成这个问题的原因与前述 adva 较多的原因有些相像，即：关系的确切标注难以掌握，词典一般都有把动、名兼类词标为动词的嗜好。

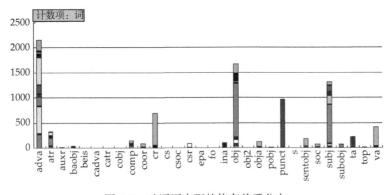

图 8-2　动词可支配的依存关系分布

在 HIT 库中，动词作为支配词的有 85 191 例，其可支配的依存关系分布大致为，主语 14 117 例，占 16.57%；宾语 23 383 例，占 27.45%；ADV 23 210 例，占 27.24%；VV 6 187 例，占 7.26%；IS 772 例，占 0.91%；PCT 4 449 例，占 5.22%；MT 3 052 例，占 3.58%；CMP 2 865 例，占 3.36%；IC 2 784 例，3.27%；COO 1 232 例，占 1.45%；CNJ 1 900 例，占 2.23%；ATT 360 例，占 0.42%。

　　介词可支配的依存关系，较好地体现了前述介词的配价模式示意图描述的情况。因为标注 punct 的原则是就近的支配词，所以它的多寡不会影响我们对数据所做的分析。

　　HIT 库中，介词作为支配词的关系有 7 970 例，分布为：POB 7 479 例，占 93.84%；PCT 158 例，占 1.98%；ADV 174 例，占 2.18%。

　　一枝独秀，功能单一的另一个词类是名词。它吸引别的词的主要能力，基本就是体现在 atr 关系上。其他类似的可以支配关系比较单一的还有"的"字结构、量词、方位名词等。

　　HIT 库中，各类名词作为支配词的关系有 66 688 例，分布为：ATT 44 396 例，占 66.57%；COO 4 433 例，占 6.65%；APP 697 例，占 1.05%；PCT 12 349 例，占 18.52%；LAD 1 918 例，占 2.88%；RAD 717 例，占 1.08%；QUN 1 843 例，占 2.76%。

　　现在我们再来看一下词类的被支配力，也就是一个词可以满足别的词的要求的能力，或更精确地说是一个词可以通过什么依存关系受其他词类支配的能力。

　　动词和其他词类发生关系最多的是 cr、s、va、dec，这基本符合我们的语感。数据也显示，atr 和 adva 标注的不一致性、动名兼类词又一次给我们的分析带来了问题，adva、atr、obj、subj 等关系的不算少的出现次数，使得我们可能应该考虑更好的词性标注软件或者严格按照句法功能标注兼类词。

　　HIT 库中，动词作为从属词的关系有 36 712 例，分布为：S 10 151 例，占 27.65%；CMP 1 595 例，占 4.34%；VV 6 251 例，占 17.03%；DE 3 452 例，占 9.4%；IC 2 697 例，占 7.35%；COO 1 253 例，占 3.41%；POB 794 例，占 2.16%；VOB 4 817 例，占 13.12%；SBV 920 例，占 2.51%；ADV 3 626 例，占 9.88%；ATT 1 452 例，占 3.96%。

　　在我们所进行的基于树库的依存句法分析实验里，不论是用 HIT 库，还是我们自建的树库，动词的识别准确率都很低。其原因主要就在于动词的这种可以形成多种句法关系的能力。鉴于动词在句子结构中的重要性，我们需要找出更有效地解决这个问题的方法。我们在配价模式中引入一个词(类)被支配的概念，看来是有益的，至少我们现在可以从理论上更好地理解为什么某些词类的识别率太低的原因。

作为从属成分的名词可以担当主语(16.16%)、宾语(21.31%)、介词宾语、同位语、"的"字结构补足语等，这些本在我们的预料之内。但是，31.1%的名词通过 atr 关系受其他词类(主要是名词)的支配，确实有些出乎意料，这是否只是新闻语体的一个特点，还是汉语中的一个普遍现象，有待于进一步研究。

HIT 库中，各类名词作为从属词的关系有 70 968 例，分布为：ATT 24 104 例，占 33.96%；SBV 12 095 例，占 17.04%；VOB 16 086 例，占 22.67%；DE 4 167 例，占 5.87%；POB 5 985 例，占 8.43%；APP 333 例，占 0.47%；COO 4 423 例，占 6.23%；ADV 2 921 例，占 4.12%。

理论上，连词特别是并列连词可以通过绝大多数依存关系和其支配词相连。但数据显示，连词最有可能通过这些依存关系和支配词相连：csr、obj、subj、dec、pobj、atr 等。其中 csr 占了 20.8%，这是从属连词起的作用。在有关并列连词的依存关系分布中，obj 占 19.54%，subj 和 dec 均占 8.61%，atr 占 7.14%，pobj 占 4.41%。

HIT 库中，连词作为从属词的关系有 4 738 例，主要通过 LAD 和 CNJ 与支配词相连，其中 LAD 占 52.45%，CNJ 占 44.7%。

数词的情况也反映出一些值得注意的问题。qc 占 56.86%，ma 占 8.66%，这些都不难理解。但为什么 atr 会占到 20.91% 呢？有这样一些原因，我们采用的经过标注的语料将"一个"、"部分"、"许多"等标为 m，如果这些词后面接近着一个名词，标注者最好的选择就是 atr；还有一种是"两国"中的"两"和"国"之间的关系在语料中出现较多；当然，也有极个别(不到 10 例)是把 qc 误标为 atr 了。

HIT 库中，数词作为从属词的关系有 7 813 例，分布为：QUN 6 067

例，占 77.65%；RAD 410 例，占 5.25%；VOB 284 例，占 3.63%；SBV 138 例，占 1.81%；ADV 264 例，占 3.38%；ATT 169 例，占 2.16%；POB 62 例，占 0.79%；IS 192 例，占 2.46%。

专有名词的依存分布在一定程度上，也揭示了新闻联播语料的一些结构特点。专有名词是名词的一个小类，从上面普通名词的情况看，它做主语和宾语的能力大致相当。但专有名词的主要功能是作主语 (31.36%)，做宾语的极少(6.1%)。做 atr 的比例(30.17%)倒是和普通名词相当，这再次说明汉语中的名词复合结构是非常普遍的。主语和宾语这种不平衡的分布，可能反映了新闻联播语料的一个特点。

HIT 库中，有一些不属于句法层面的 pos 标记，如：前接成分，习用语，简称和后接成分等。我们来看一下它们的情况：

习用语 i 作从属词有 2 037 例，其中 ADV 182 例，占 8.93%；ATT 164 例，占 8.05%；COO 145 例，占 7.12%；DE 338 例，占 16.59%；DI 77 例，占 3.78%；IC 114 例，占 5.6%；POB 50 例，占 2.45%；S 201 例，占 9.87%；SBV 105 例，占 5.15%；VOB 421 例，占 20.67%；VV 175 例，占 8.59%；CMP 7 例；DEI 16 例；IS 28 例等。习用语作支配词有 2 415 例，其中 SBV 384 例，占 15.9%；VV 183 例，占 7.58%；PCT 762 例，占 31.55%；ATT 247 例，占 10.23%；ADV 465 例，占 19.25%；COO 137 例，占 5.67%；CNJ 32 例，占 1.33%；IC 96 例，占 3.98%；LAD 31 例，占 1.28%；另外还有一些 MT、RAD、QUN、IS 等。

习用语 i 展现出如此分散的句法关系分布，说明在句法层面不能笼统地将其视为一种词类标记，而应根据句法功能来将它归位；习用语的这种功能上的多样性，也导致了句法分析精度的下降。

简称 j 作支配词的情况有 1 107 例，其中主要有 ATT 487 例，占 43.99%；COO 375 例，占 33.88%；PCT 203 例，18.34%；LAD 26 例，占 2.35%；RAD 13 例，占 1.17%。简称作从属词的有 2 124 例，其中 SBV 317 例，占 14.92%；ATT 1 080 例，占 50.85%；COO 354 例，占 16.67%；

VOB 151 例，占 7.11%；DE 93 例，占 4.38%；POB 115 例，占 5.41%。

从句法功能上看，简称 j 较好地展现了类似于名词性成分的功能。因此，应该将其归为到名词中去。

后接成分作从属词的有 162 例，主要为 RAD 147 例，占 90.74%。后接成分作支配词的有 29 例，其中 ATT 15 例，PCT 14 例。前接成分作从属词的有 12 例，全部为 ATT；只有一例作 PCT 的前接成分。

以上统计表明，尽管我们自建的树库规模很小，但是已经可以用它来进行一些语言的定量研究了。莫彭龄、单青（1985：61）认为"对于汉语这种缺少形态标识的语言，数理统计是解决词类上一系列问题的有效途径"，本书的初步研究证明他们的说法是有道理的。树库也有助于更好地从定量的角度比较汉语和其他语言。树库也为我们提出的"概率配价模式"的具体实现，提供了宝贵的数据。Liu（2007，2009）从计量语言学的角度对依存距离和依存树库中的多个项目进行了概率分布研究，进一步发展了本章所提出的使用依存树库作为语言计量研究的思想。

陈原说"对现代汉语诸要素的定量分析前景是宽阔的，还有很多事情要做。……尽管这些统计和分析，从某种意义上来说，多半可以说是开拓性的工作，可它既然是开拓性的，就免不了有缺陷和不足。"（1989：23）我们深知，要想得到更精确的数据和进行更深入的分析，我们还需要扩大语料收录的范围，研制更好的自动纠错体系，只有这样才能训练出精度更高的依存句法分析器，才能为语言学家提供更准确的语言学数据。但本节所报告的这种研究方法无疑是有助于现代汉语定量研究的，是有助于发现汉语句法结构特点的。

8.4　从句法树到语言网

将语言视为一种网络，对现代语言学并不陌生。索绪尔在其《普通语言学教程》中就对语言的系统性(网络)有过论述。认知语法、构式语法、神经认知语言学等当代语言学理论均把语言视为一种可用节点及其关系描述的系统(或网络)。英国语言学家 Hudson 甚至以《语言网络》作为其"词语法"理论新作的标题(Hudson 2007)。这些事例说明，在当前的语言学界，语言作为一种网络的思想已相当普遍。那么，语言是一种复杂网络吗？认知语言学认为"整体大于部分之和"是语言结构的一种基本特点，因此，按照复杂网络的定义，语言似是一种复杂网络。这也意味着，我们可以采用复杂网络技术来对语言进行分析和研究。

如果语言是一种网络，它也应该具有网络的一般属性，如小世界和无标度等特征[14]。国内外均有学者对语言网络进行了一定的研究[15]。研究表明，这些建构原则各不相同的语言网络均具有小世界和无标度特征，换言之，语言网络具有复杂网络的基本特征。

毫无疑问，这些研究对于认识语言网络的普遍性是有意义的，但也存在一些不足和有待于进一步研究的问题：(1)研究者在构造语言网络时，大多采用自动的方式，没有经过深入的语言结构分析，这虽然有助于提高语言网络的构造速度，但所构建的网络可能没有反映语言的真实结构，难以与语言学理论产生密切的联系；(2)由于构造网络的基础主要是词典等资源，这样所构建的网络大多是一种静态语言网络，不足以反映语言的实际使用情况；(3)对语言表层的关注过多，几乎没有考虑更深层次的句法、语义和概念网络；(4)研究的重点一般为网络的整体统计特征，对网络局部及局部和整体之间的关系研究不够。总的说来，现有的大多数研究过于注重网络的整体特征，忽视了局部现象和整体特征之间

---

14 有关复杂网络研究的理论与方法，可参考 Newman/Barabasi/Watts(2006)、Caldarelli(2007)、Lewis(2009)。

15 有关语言网络的更多信息，可参考 Ferrer i Cancho et al.(2004)、Solé(2005)、Liu(2008b)、刘海涛(2009)。

的联系，所得到的结果往往难以用语言学理论来解释。这种缺乏解释的研究，既不利于复杂网络本身的研究，也无助于我们从网络的角度认识语言。

本节介绍一种将依存树库转换为语言句法网络的方法（刘海涛2008，Liu 2008b）。依存树库一旦被转变为语言网络，就可以采用一般的复杂网络工具对其进行研究了。

网络，特别是现实世界网络，大多是一种复杂网络。但无论网络的规模有多大，结构多复杂，构成网络的基本要素是不复杂的。所有的网络都是由节点和边组成的，只不过在不同的现实世界网络里，节点和边所代表的事物有所不同而已。就语言网络而言，节点可以是各种语言学单位，如汉字的偏旁部首、汉字、词等，边可以是语言各层级元素间的关系。在句法网络里，节点一般为词，边为词间关系。为了研究网络，首先需要构造网络。与其他领域一样，我们也可以用不同的方式来构建句法网络。值得注意的是，我们用来构造句法网络的句子应该是合乎语法的句子。因此，句法网络的构造应建立在句法理论的基础上，否则，构建出来的网络可能会因不符合本领域的一般常识，说服力不足。我们认为在构建句法网络时，采用相邻同现的方法可能是不恰当的，因为按照我们对 20 种语言的统计分析看（Liu 2008a），约有 40%~50%的符合语法的依存关系不是在相邻的词之间形成的。

就句法分析而言，短语结构和依存关系是两种主要的分析手段。短语结构注重的是研究组成句子各成分之间部分与整体的关系，而依存分析关注的是构成句子各个成分之间的关系。如果我们的目标是构造句法网络，那么依存分析要更适合一些。

按照本书此前的设计，句子"这是一个例子"、"这个例子很有说服力"的树库格式表示如表 8-1。

表中的每一行对应着句子依存分析结构中的一个依存关系。在一个包含 n 个词的句子中，有 n-1 个依存关系。这种结构表示可以容易地转换为一个

表 8-1　依存分析的表格表示

从属词序号	从属词	从属词词性	支配词序号	支配词	支配词词性	依存类型
1	这	r	2	是	v	subj
2	是	v				
3	一	m	4	个	q	qc
4	个	q	5	例子	n	atr
5	例子	n	2	是	v	obj
1	这	r	2	个	q	qc
2	个	q	3	例子	n	atr
3	例子	n	5	有	v	subj
4	很	d	5	有	v	adva
5	有	v				
6	说服	v	7	力	n	atr
7	力	n	5	有	v	obj

含有 n 个节点和 n–1 条边的图。如果我们用这种方法分析了一种语言中的 m 个句子，并且每个句子有 n 个词，那么就可以形成 (m × n) – m 个依存关系的集合，我们称此集合为依存 (句法) 树库。将一种语言的依存句法树库转换为图，我们就得到了此种语言的句法网络。表 8-1 中由两个句子组成的依存分析集合经转换形成了图 8-3 的句法网络。

图 8-3 左边显示的是由表 8-1 中"从属词"和"支配词"两列构建的句法网络，网络中的箭头是从支配词到从属词的，表示句法上的一种支配关系。对照表 8-1 和图 8-3，我们可以看出：句法网络中的每一个节点都对应着依存树库中的一个"从属词"，即文本中的词；句法网络中的每一条边都对应着依存分析中的一条依存弧；无论是"从属词"，还是"支配词"，其出现的次数在句法网络中均得到了体现，如表 8-1 中的词"有"、"例子"、"是"和"个"出现的次数都多于一次，所以在句法网络中，与它们相连接的边也就多于一条。简言之，我们可以将表 8-1 中的每一行视为一条句法网络中的边，由于连接这两条边的节点 (词) 有可能是相同的，

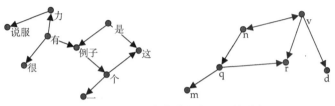

图 8-3　词和词类构成的句法网络举例

所以当我们将这些边合成为一个图时，就形成了如图 8-3 所示的(句法)网络。在由此方法生成的网络里，节点是词种(type)，不是词次(token)。

图 8-3 右边的句法网络是由表 8-1 中"从属词词性"和"支配词词性"两列构成的，它所形成的网络是一种更抽象的词类网络，可用来研究一种语言中不同词类的网络特征。本节限于篇幅和主题，不对词类网络进行更多的讨论。

为了比较研究同一种语言中不同语体的网络特点，我们构造了"新闻联播"(以下简称 xwlb) 和"实话实说"(以下简称 shss) 两个依存句法树库和相应的句法网络。xwlb 含有 16 654 个词，平均句长 24；shss 含有 19 060 个词，平均句长 21。由图 8-3 可知，我们构造的句法网络是一种有向网，但为了和前人的有关研究进行比较，本节的网络分析计算仍将按照无向网来进行。

在用以上方法构造了两个句法网络后，我们可用专门的复杂网络软件对网络进行分析。为了判定一个网络是不是一个复杂系统或研究一个网络的复杂性，人们一般需要计算网络的平均路径长度、聚类系数和度分布。

网络中两个节点 i 和 j 之间的距离 d_{ij} 是连接这两个节点的最短路径上的边数。网络中任意两个节点之间距离的最大值称为网络的直径 D。网络的平均路径长度 L 是任意两个节点之间距离的平均值。利用网络的平均路径长度，我们可以来衡量网络是否具有小世界特点。所谓小世界概念反映了这样一个事实：尽管大多数网络的规模一般很大，但任意两个节点间大多存在一条较短的路径。如果一个网络既有较短的 L，又有较高的聚类系数，这种网络就是一种小世界网络。

所谓聚类系数是一种用来衡量网络聚类倾向或小集群形态的指标。设网络节点 i 有 ki 条边和其他节点相连，则该节点与这 ki 个节点构成了一个子网络(或集群)。如果将 Ei 视为这 ki 个节点之间实际存在的边数，那么 Ei 和这 ki 个节点间最多可有的边数 ki(ki-1)/2 之比就是节点 i 的聚类系数 Ci。一般来说，如果真实网络和随机网络具有相同的节点和边时，真实网络的聚类系数要远大于随机网络。

一个网络节点 i 的度 ki 指的是与该节点相连的其他节点的数目(或边数)，它在一定程度上反映了节点在网络中的重要性。所有节点的度 ki 的平均值称为网络的平均度 〈k〉。节点的度分布通常用分布函数 P(k) 描述，它表示一个随机选定的节点的度恰好为 k 的概率。随机网络的度分布服从泊松分布，而一些真实网络的度分布一般服从幂律分布。人们也把服从幂律分布的网络叫做无尺度(scale-free)网络。

据此，我们可得到了如图 8-4 所示的汉语句法网络的整体概貌。

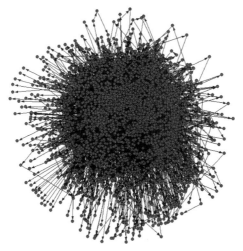

图 8-4　"新闻联播"树库的句法网络结构

使用网络分析软件 Pajek 和统计软件 Minitab，我们得到了两个句法网络的平均路径长度、聚类系数和度分布。结果见表 8-2 和图 8-5。

表 8-2　xwlb 和 shss 句法网络的主要网络统计指标

网络	N	⟨k⟩	C	⟨d⟩	D
xwlb	4017	6.48	0.128	3.372	10
shss	2637	8.91	0.260	2.996	10

N—节点数，⟨k⟩—平均度，C—聚集系数，⟨d⟩—平均路径长度，D—网络的直径。

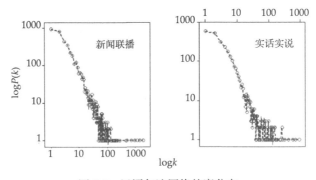

图 8-5　汉语句法网络的度分布

通过对图 8-5 中的两条度分布曲线进行拟合分析，可得到 xwlb 网络的幂指数为 1.36，shss 的为 1.17，有一定的差别。在拟合过程中，如果忽略不多的几个数据点，二者的幂指数极易达到 2。

为了便于比较分析，我们也构造了节点数和平均度与两个句法网络系统的 Erdős-Rényi 随机网，并计算出相应的值。通过比较，我们发现句法网络和 ER 随机网络的平均路径长度和直径大致相当，但句法网络的聚集系数要远远大于 ER 随机网络。换言之，我们所研究的两种句法网络都是一种小世界网络。同时，句法网络的度分布与 ER 网络的分布明显不同，句法网络的度分布趋向于幂律。这种差别说明两种句法网络均是一种无尺度网络。

由此可以认为，我们所构建的两种句法网络均具有小世界和无尺度的特征。这与 Ferrer i Cancho et al.(2004) 依据捷克、罗马尼亚和德语句法树库所做出的结论是一致的，也和 Newman(2003) 所列举的近 30 种真实网络的数据相似。

本节采用了同一种语言两种语体差异较大的语料来构建句法网络的另一个目的，是希望能够发现这种语体差异在网络的统计特征方面也会有所反映。黄伟(2007) 通过比较《新闻联播》和《实话实说》在字、词等层面的计量特征，发现二者在十多种特征方面是有明显区别的。我们的问题是，这些网络特征也能作为一种语体特征吗？表 8-2 显示，两种语体尽管直径相同，但在平均度、平均路径长度、幂律指数和聚集系数方面的差别是明显的。它们能否作为区别语体的指标(Antiqueira et al. 2006)，仍有待于用更多种类和数量的语料来证实。

本节研究表明，可将依存树库方便地转换为依存句法网络，并采用复杂网络分析软件对这种网络进行研究。此类研究，不仅有助于从网络的角度认识语言与其他复杂网络之间的共性，也有助于将复杂网络作为一种语言研究的手段与方法。

正如冯志伟先生在为本书所作序言中所说的那样，语言研究与复杂网络研究结合起来，可能会产生更多的创新思想。就我们目前对语言网络的理解，确实有大量问题有待于我们进一步探索。

在语言网络中，具有最多联结数的词一般都是语法功能词，即所谓的虚词[16]。而这些虚词之间又几乎没有什么联系，显然这样的节点不能担当网络中的枢纽节点(Hub)，那么语言网络的 Hub 是什么呢？如果按照依存语法中流行的动词中心说，动词应该是语言网络的 Hub，但如何通

---

16 陈芯莹(2009)研究了汉语虚词在句法网络中的地位，发现了虚词的一些特征。这一研究不但有助于我从宏观的角度认识虚词，也有助于对汉语句法网络结构的深入了解。

过网络数据确立它的地位呢？为了回避虚词的问题，也许我们可以重点研究语言的语义网络结构。但这样做，也会带来一些新的问题，句法对语言网络的复杂特征会产生什么影响？（Liu/Hu 2008）句法网络和语义网络的复杂特征有差别吗？（刘海涛 2009）

按照 Barabási(2003：86)的说法，网络是由以下两条法则支配的：增长(growth)和优先依附(preferential attachment)。具体说来，每一个网络都是开始于一个小的核心节点，其规模通过附加新节点的方式扩大；这些新节点在联结到已有网络上时，喜欢选择那些具有更多联结的节点作为依附对象。粗略看，我们在前几章提出的基于配价的依存关系分析和理解模型(刘海涛、冯志伟 2007)，与此非常相似，如建立在词的配价(或结合能力)基础上的句法分析，即句子结构(网络)增长方式等。但也有不同，如，我们同意语言网络作为一种存储结构的存在，但认为可能应该有一个中间的工作区域从网络中提出知识来分析输入和产生输出，而不是直接在网络上进行操作等。也就是说，语法本身只是一种关于语言结构的知识网络，它不含生成和理解的部件，生成和理解是由处理器在这些知识的基础上进行的。所有这些，都还需要深入研究。这其中，依存关系都扮演着重要的角色[17]。

冯志伟(2008)认为，由语言构成的信息网络是信息时代的主体，因此，研究语言结构的语言学必定也会成为像物理学一样非常重要的学科。如同物理学研究物质世界的规律一般，语言学研究的是信息世界的规律。为了探究信息世界的规律，我们需要广开思路，采用跨学科的方法来研究语言。复杂网络分析方法可以在大规模真实语料的基础上，通过实证的方法，研究语言作为一种复杂系统的种种特征，进而加深我们

---

17 正如 Igor Mel'čuk 在 Dependency in Linguistic Description 的题记里说的那样：It depends! [the main principle of human science and of human life] (http://olst.ling.umontreal.ca/pdf/Dependency.pdf)。

对人类语言复杂性的了解[18]。这种方法也有助于弥补其他语言学方法在发现语言规律时的不足与缺憾，有益于语言的定量及形式化研究，有利于推动计算语言学中知识表示和获得等领域的发展。从更宏观的角度看，采用复杂网络分析技术研究语言有助于理清语言网络与自然界及人类社会其他现实网络的异同，有助于加深对人类知识系统组织结构的认识，有助于构建面向计算机处理的知识体系，有助于提升语言学研究的学术价值。

18　相比其他方法而言，复杂网络是一种更具操作性的研究语言复杂系统的方法。由本书作者主持的国家社科基金项目"汉语复杂网络研究"（09BYY024），正对汉语多个层面的网络结构进行全面的研究。有关从复杂系统角度研究语言的问题，可参考 Ninio (2006) 和 Larsen-Freeman/Cameron (2008)。

参考文献

児玉徳美. 1987. 依存文法の研究. 東京：研究社

趙順文. 1996. 結合価文法論考. 台北：立昌出版社

小泉保. 2007. 日本語の格と文型：結合価理論にもとづく新提案. 東京：大修館書店

ルシアン・テニエール. 2007. 構造統語論要説. 東京：研究社

敖其尔, 王斯日古楞. 2004. 英蒙机器翻译系统的规则库及连接文法. 内蒙古大学学报自然科学版, 35(1)：92~99

布斯曼. 2003. 语言学词典, 陈慧瑛等译. 北京：商务印书馆

常　欣. 2009. 认知神经语言学视野下的句子理解. 北京：科学出版社

陈昌来. 2002. 现代汉语动词的句法语义属性研究. 上海：学林出版社

陈昌来. 2003. 现代汉语语义平面问题研究. 上海：学林出版社

陈芯莹. 2009. 汉语虚词的复杂网络特征研究. 中国传媒大学硕士学位论文

陈　原. 1989. 现代汉语定量分析. 上海：上海教育出版社

陈　忠, 盛毅华. 2005. 现代系统科学学. 上海：上海科学技术文献出版社

丁加勇. 2003. 隆回湘语动词句式及其配价研究. 湖南师范大学博士学位论文

丁声树等. 2002. 现代汉语语法讲话. 北京：商务印书馆

杜克华. 2003. 三价动词及其相关句型. 成都：四川师范大学硕士论文

段　晴. 2001. 波你尼语法入门. 北京：北京大学出版社

段湘煜, 赵　军, 徐　波. 2007. 基于动作建模的中文依存句法分析. 中文信息学报, 第5期

段湘煜. 2008. 基于分析动作建模的汉语依存句法分析研究. 中科院自动化所博士学位论文

方绪军. 2000. 现代汉语实词. 上海：华东师范大学出版社

冯俊等. 2003. 后现代主义哲学讲演录. 北京：商务印书馆

冯志伟. 1983a. 特思尼耶尔的从属关系语法. 国外语言学，第 1 期

冯志伟. 1983b. 汉语句子的多叉多标记树形图分析法. 人工智能学报，第 2 期

冯志伟. 1994. 自然语言机器翻译新论. 北京：语文出版社

冯志伟. 1998. 从属关系语法对机器翻译研究的作用. 外语学刊，第 1 期

冯志伟. 1999. 现代语言学流派. 西安：陕西人民出版社

冯志伟. 1999b. 链语法述评. 语言文字应用，第 4 期

冯志伟. 2001. 计算语言学探索. 哈尔滨：黑龙江教育出版社

冯志伟. 2004. 机器翻译研究. 北京：中国对外翻译出版公司

冯志伟. 2008. 《现代语言学名著导读》序. 北京：北京大学出版社，第 1~4 页

Fillmore 等. 2005. 框架网络与语义、句法联系的表征. 载于"计算语言学前瞻".
    北京：商务印书馆

傅爱平. 1997a. 英汉机器翻译中的源语配价分析. 语言文字应用，第 3 期

傅爱平. 1997b. 机器翻译基于从属关系的语义分析. 载于"语言工程". 北京：
    清华大学出版社

关润池，赵怿怡. 2007. 汉语口语依存树库中特殊结构的处理. 载于"内容计算的
    研究与应用前沿". 北京：清华大学出版社

郭 锐. 2002. 现代汉语词类研究. 北京：商务印书馆

韩万衡. 1992. 德语配价句法. 北京：商务印书馆

韩万衡. 1996. 汉语配价研究现状分析. 天津外国语学院学报，第 4 期

韩万衡. 1997. 德国配价论主要学派在基本问题上的观点和分歧. 国外语言学，第 3 期

韩万衡，韩玉贤. 1994. 德国配价论与汉语配价研究. 天津外国语学院学报，第 2~3 期

洪堡特. 2001 洪堡特语言哲学文集，姚小平译. 长沙：湖南教育出版社

胡明扬. 1988. 西方语言学名著选读. 北京：中国人民大学出版社

华宗德. 2004. 德语配价精要. 北京：高等教育出版社

黄 伟. 2007. 基于语料库的汉语语体特征计量研究. 中国传媒大学硕士学位论文

霍凯特. 1987. 现代语言学教程上，索振羽，叶蜚声汉译. 北京：北京大学出版社

李 洁. 1986. Kalevi Tarvainen 的《从属关系语法导论》. 国外语言学，第 3 期

李 洁. 1987. 德语配价理论的发展及成就. 外语教学与研究，第 3 期

黎锦熙. 1924. 新著国语文法. 上海：商务印书馆

刘海涛. 1992. 结构化语言知识库在自然语言处理中的应用. 情报科学，第 5 期

刘海涛.1993. 维特根斯坦语言哲学对计算语义学的影响. 载于"计算语言学研究
　　与应用". 北京：北京语言学院出版社

刘海涛.1995. 计算语言学应用中的模块化概念. 语言文字应用，第 4 期

刘海涛.1997. 依存语法和机器翻译. 语言文字应用，第 3 期

刘海涛.2001. 关于自然语言计算机处理的几点思考. 术语标准化与信息技术，第 1 期

刘海涛.2007. 汉语句法网络的复杂性研究. 复杂系统与复杂性科学，第 4 期

刘海涛.2008. 基于依存树库的汉语句法计量研究. 长江学术，第 3 期

刘海涛.2009. 汉语语义网络的统计特性. 科学通报，第 14 期

刘海涛，侯　敏，李晓华，冯志伟.2005. 计算语言学课程设置和教学. 载于"中
　　国人工智能进展：2005". 北京：北京邮电大学出版社

刘海涛，冯志伟.2007. 自然语言处理的概率配价模式理论. 语言科学，第 3 期

刘海涛，赵怿怡.2009. 基于树库的汉语依存句法分析. 模式识别与人工智能，第 1 期

刘明杰.2009. 英汉依存距离的计量研究. 北京：中国传媒大学硕士学位论文

刘　挺，马金山，李　生.2007. 基于词汇支配度的汉语依存分析模型. 软件学报，
　　第 9 期

刘涌泉，乔　毅.1991. 应用语言学. 上海：上海外语教育出版社

刘月华.2001. 实用现代汉语语法(增订本). 北京：商务印书馆

刘伟权，王明会，钟义信.1996. 建立现代汉语依存关系的层次体系. 中文信息学
　　报，第 2 期

陆俭明.2003. 现代汉语语法研究教程. 北京：北京大学出版社

吕冀平.2000. 汉语语法基础. 北京：商务印书馆

吕叔湘.2002. 汉语语法论文集(增订本). 北京：商务印书馆

吕叔湘主编.2002. 现代汉语八百词(增订本). 北京：商务印书馆

马金山.2007. 基于统计方法的汉语依存句法分析研究. 哈尔滨工业大学博士学
　　位论文

马蒂尼奇.1998. 语言哲学. 北京：商务印书馆

莫彭龄，单　青.1985. 三大实词句法功能的统计分析. 南京师大学报(社会科学
　　版)，第 3 期

尼斯贝特.2006. 思维的版图，李秀霞译. 北京：中信出版社

钱　军.1998. 结构功能语言学：布拉格学派. 长春：吉林教育出版社

乔姆斯基. 1979. 句法结构，邢公畹等译. 北京：中国社会科学出版社

乔姆斯基. 1993. 支配和约束论集，周流溪等译. 北京：中国社会科学出版社

邵敬敏主编. 2001. 现代汉语通论. 上海：上海教育出版社

任小波. 1992. 形式词典学. 国外语言学，第 1 期

沈家煊. 2000. 句式和配价. 中国语文，第 4 期

沈　阳. 2000. 配价理论与汉语语法研究. 北京：语文出版社

沈　阳，郑定欧. 1995. 现代汉语配价语法研究. 北京：北京大学出版社

司马贺. 2004. 人工科学：复杂性面面观. 上海：上海科技教育出版社

孙茂松. 2004. 中文信息处理发展战略之我见. 载于"21 世纪的中国语言学". 北京：
　　商务印书馆

王伟丽. 2000. 汉语配价语法研究的新动向. 汉语学习，第 3 期

维特根斯坦. 2001. 哲学研究，陈嘉映译. 上海：上海世纪出版集团

吴　升. 1996. 汉语句法分析的语料库方法研究. 载于"语言信息处理专论". 北京/
　　南宁：清华大学出版社/广西科技出版社

吴为章. 1993. 动词的"向"札记. 中国语文，第 1 期

吴为章. 1994. "动词中心"说及其深远影响. 语言研究，第 1 期

吴为章. 2000a. 汉语动词配价研究述评. 载于"配价理论与汉语语法研究". 北京：
　　语文出版社

吴为章. 2000b. "价"的性质和"价"的确认. 载于"语法研究与探索". 北京：
　　商务印书馆

吴为章. 2004. 吕叔湘的"系"分类——"向"理论的中国根. 汉语学习，第 4 期

项开来. 2000. 汉语配价语法的理论和实践. 福建师范大学硕士学位论文

辛　霄，范士喜，王　轩等. 2009. 基于最大熵的依存句法分析. 中文信息学报，
　　第 2 期

徐　峰. 2004. 汉语配价分析与实践——现代汉语三价动词探索. 上海：学林出版社

徐先玉. 2002. 俄汉语述体动词配价对比分析. 首都师范大学硕士学位论文

薛恩奎. 2006. 《意思↔文本》语言学研究. 哈尔滨：黑龙江人民出版社

亚里士多德. 1959. 范畴篇解释篇. 北京：商务印书馆

亚里士多德. 2003. 工具论. 北京：中国人民大学出版社

易绵竹. 1999. 位语法理论与应用. 哈尔滨：黑龙江人民出版社

杨　宁. 1990. 现代汉语动词的配价. 复旦大学博士学位论文

尹斌庸. 1986. 汉语词类的定量研究. 中国语文，第 6 期

尹　鹏. 2005. 基于 SVM 的中文组块间依存关系分析. 大连理工大学硕士学位论文

俞士汶. 2003. 计算语言学概论. 北京：商务印书馆

袁　杰. 1991. 《德语动词句法和语义配价词典》评介. 国外语言学，第 1 期

袁毓林. 1998. 汉语动词的配价研究. 南昌：江西教育出版社

袁毓林，郭　锐. 1998. 现代汉语配价语法研究第二辑. 北京：北京大学出版社

詹卫东. 2000. 基于配价的汉语语义词典. 语言文字应用，第 1 期

詹卫东. 2005. 以"计算"的眼光看汉语语法研究的"本位"问题. 汉语学报，第 1 期

张　今，姜　铃. 2005. 英语句型的动态研究(修订版). 北京：清华大学出版社

张烈材. 1985. 特斯尼埃的《结构句法基础》简介. 国外语言学，第 2 期

张谊生. 2000. 现代汉语虚词. 上海：华东师范大学出版社

赵怿怡. 2008. 基于依存语法的汉语并列结构自动分析研究. 中国传媒大学硕士学位论文

郑定欧. 2005. 配价语法与词汇语法. 载于"自然语言理解与大规模内容计算". 北京：清华大学出版社

周　明，黄昌宁. 1994. 面向语料库标注的汉语依存体系探讨. 中文信息学报，第 3 期

周　强. 2004. 汉语句法树库标注体系. 中文信息学报，第 4 期

周统权. 2004. 汉语动词配价理论及其神经心理机制研究. 华中师范大学博士学位论文

朱德熙. 1978. "的"字结构和判断句. 中国语文，第 1~2 期

朱小雪. 1989. Gerhard Helbig 的价语法理论及其实用语法模式. 国外语言学，第 1 期

左　伟. 2006. 语料库句法标注辅助工具的实现. 中国传媒大学硕士学位论文

Abeillé, A. 1988. Parsing French with Tree Adjoining Grammar: Some Linguistics Accounts. *Proceedings of COLING*, Budapest

Abeillé, A. (ed.). 2003. *Treebanks: Building and Using Parsed Corpora*. Dordrecht: Kluwer Academic Publishers

Abney, S. 1989. Parsing by Chunks. In Carol Tenny (ed.), *The MIT Parsing Volume*, 1988-89. Center for Cognitive Science, Cambridge, MA: MIT Press

Ágel, V. 1993. Ist die Dependenzgrammatik Wirklich am Ende? Valenzrealisierungs-ebenen, Kongruenz, Subjekt und die Grenzen des Syntaktischen Valenzmodells. *ZGL*, 21: 20-70

Ágel, V. 1995. Valenzrealisierung, Grammatik und Valenz. *ZGL*, 23: 2-32

Ágel, V. 2000. *Valenztheorie*. Tübingen: Narr

Ágel, V., L. M. Eichinger, H-W. Eroms, P. Hellwig, H. J. Heringer and H. Lobin (eds.). 2003. *Dependenz und Valenz*. Volume I, Berlin/New York: Walter de Gruyter

Ágel, V., L. M. Eichinger, H-W. Eroms, P. Hellwig, H. J. Heringer and H. Lobin (eds.). 2006. *Dependenz und Valenz*. Volume II, Berlin/New York: Walter de Gruyter

Aït-Mokhtar, S. and N. Gala. 2003. Lexicalising a Robust Parser Grammar Using the WWW. *Conference on Corpus Linguistics*, Lancaster

Allerton, D. J. 1982. *Valency and the English Verb*. London/New York: Academic Press

Allerton, D. J. 1994. Valency and Valency Grammar. In Ron Asher (ed.), *Encyclopedia of Language and Linguistics*. Oxford, Pergamon. 4878-4886

Anderson, J. and J. Durand. 1986. Dependency Phonology. In J. Durand (ed.), *Dependency and Non-linear Phonology*. London: Croom Helm. 1-54

Anderson, J. M. 1971. *The Grammar of Case: Towards a Localistic Theory*. Cambridge: Cambridge University Press

Anderson, J. M. 1977. *On Case Grammar: Prolegomena to a Theory of Grammatical Relations*. London: Croom Helm

Anderson, J. M. 1997. *A Notional Theory of Syntactic Categories*. Cambridge: Cambridge University Press

Anderson, J. M. 2006. *Modern Grammars of Case*. Oxford: Oxford University Press

Antiqueira, L., T. A. S. Pardo, M. G. V. Nunes, O. N. Oliveira Jr., and L. da F. Costa. 2006. Some Issues on Complex Networks for Author Characterization. *Proceeedings of the Workshop in Information and Human Language Technology* (TIL'06)

Apresian, J., I. Boguslavsky, L. Iomdin, A. Lazursky, V. Sannikov, V. Sizov, and
L. Tsinman. 2003. ETAP-3 Linguistic Processor: a Full-Fledged NLP Im-
plementation of the MTT. *First International Conference on Meaning-Text
Theory.* Paris, 279-288

Aranzabe, M. J., J. M. Arriola, and A. Diaz de Ilarraza. 2004. Towards a De-
pendency Parser for Basque. *Recent Advances in Dependency Grammar,*
COLING 2004

Askedal, J. O. 1979. *Valensgrammatikk.* En kortfattet Innføring i Synspunkter
Påtysk Verbvalens. Trondheim: Tapir

Askedal, J. O. 1991. Charles S. Peirce's Work on Relatives and Modern Valency
Grammar. *Cruzeiro Semiotico,* 15: 69-82

Askedal, J. O. 1996. Valenz-und Dependenzdiagramme bei Charles S. Peirce
und Lucien Tesnière. In Gréciano and Schumacher (eds.), 75-90

Askedal, J. O. 2003. Das Valenz-und Dependenzkonzept bei Lucien Tesnière.
In Ágel et al. (eds.), 80-99

Badia, T. 1993. Dependency and Machine Translation. Frank van Eynde, *Lin-
guistic Issues in Machine Translation.* London: Pinter Publishers. 105-137

Bangalore, S. and A. K. Joshi. 1999. Supertagging: An Approach to Almost
Parsing. *Computational Linguistics,* 25(2): 237-265

Barabási, A-L. 2002. *Linked: The New Science of Networks.* Cambridge, Mass:
Perseus Publishing

Barta, C., R. Dormeyer, I. Fischer. 2004. Word Order and Discontinuities in a
Dependency Grammar for Hungarian. Alexin, Zoltan; Csendes, Dora
(Hrsg.), *Proceedings of the 2nd Conference on Hungarian Computational Lin-
guistics* (MSZNY 2004) Szeged, Hungary: Juhosz Nyomda, 19-27

Baum, R. 1976. *Dependenzgrammatik: Tesnières Modell der Sprachbeschreibung in
Wissenschaftsgeschichtlicher und Kritischer Sicht.* Tübingen: Max Niemeyer

Bharati, A., V. Chaitanya, and R. Sangal. 1996. *Natural Language Processing—A
Paninian Perspective.* New Delhi: Prentice Hall of India

Biber, D., S. Johansson, G. Leech, S. Conrad, and E. Finegan. 2000. *Longman

Grammar of Spoken and Written English. Beijing: Foreign Language Teaching and Research Press

Bick, E. 2000. *The Parsing System Palavras—Automatic Grammatical Analysis of Portuguese in a Constraint Grammar Framework*. Dr. phil. thesis, Aarhus: Aarhus University Press

Blanke, D. 1985. *Internationale Plansprachen*. Eine Einführung. Berlin: Akademie-Verlag

Bod, R. 1998. *Beyond Grammar: An Experience-Based Theory of Language*. Stanford: CSLI Publications

Bod, R. 2005. Towards Unifying Perception and Cognition: The Ubiquity of Trees. Prepublication. http://staff. science. uva. nl/~rens/

Bod, R. 2006. Exemplar-Based Syntax: How to Get Productivity from Examples. *The Linguistic Review* 23 (Special Issue on Exemplar-Based Models in Linguistics)

Bod, R., J. Hay and S. Jannedy (eds.). 2003. *Probabilistic Linguistics*. Cambridge, MA: MIT Press

Bod, R., R. Scha and K. Sima'an (eds.). 2003. *Data-Oriented Parsing*. Stanford: CSLI Publications

Böhmová, A., J. Hajic, E. Hajičová, and B. Hladká. 2003. The Prague Dependency Treebank: A Three level Annotation Scenario. In Abeillé (ed.), *Treebank: Building and Using Parsed Corpora*. Dordrecht: Kluwer Academic Publishers. 103-127

Bohnet, B. 2003. Mapping Phrase Structures to Dependency Structures in the Case of Free Word Order Languages. *The First International Conference on Meaning-Text Theory*. Paris

Bohnet, B. 2005. *Text Generierung Durch Transduktion Linguistischer Strukturen*. Berlin: Aka GmbH

Bosco, C. 2003. *A Grammatical Realtion System for Treebank Annotation*. Ph.D thesis, Universita Degli Studi di Torino

Brants, S., S. Dipper, S. Hansen, W. Lezius, and G. Smith. 2002. The TIGER

Treebank in *Proceedings of the Workshop on Treebanks and Linguistic Theories,* Sozopol

Bresnan, J. 2001. *Lexical-Functional Syntax.* Malden, MA: Blackwell Publishers

Bröker, N. 1999. *Eine Dependenzgrammatik zur Kopplung Heterogener Wissensquellen.* Tübingen: Max Niemeyer Verlag

Bröker, N. 2003. Formal Foundations of Dependency Grammar. In Ágel et al. (eds.), [M3] 294-310

Brown, K. and J. Miller. 1991. *Syntax: A Linguistic Introduction to Sentence Structure.* 2nd edition. New York: Harper Collins Academic

Buchholz, S. and E. Marsi. 2006. CoNLL-X Shared Task on Multilingual Dependency Parsing. *Proceedings of the Tenth Conference on Computational Natural Language Learning (CoNLL-X),* 149-164, June 2006, New York City

Buch-Kromann, Matthias. 2006. *Discontinuous Grammar: A Dependency-Based Model of Human Parsing and Language Acquisition.* Dr. ling. merc. thesis, Copenhagen Business School

Bühler, K. 1999. *Sprachtheorie. Die Darstellungsfunktion der Sprache* 3. Auflage. Stuttgart: Lucius & Lucius

Burch, R. 1991. *A Peircean Reduction Thesis: The Foundations of Topological Logic.* Lubbock, Texas: Texas Tech University Press

Burch, R. 1992. Valental Aspects of Peircean Algebraic Logic. *Computers and Mathematics with Applications,* 23 (6-9) : 665-677

By, T. 2004. English Dependency Grammar. *Advances in Dependency Grammar,* Workshop COLING 2004

Caldarelli, G. 2007. *Scale-free Networks: Complex Webs in Nature and Technology.* Oxford: Oxford University Press

Candito, M. 1999. *Representation modulaire et parametrable de grammaires electroniques lexicalisees: application au francais et a l'italien.* PhD thesis, Universite Paris 7.

Carroll, G. and E. Charniak. 1992. *Two Experiments on Learning Probabilistic Dependency Grammars from Corpora.* CS-92-16. Department of Computer

Science, Brown University

Carroll, J. 2003. Parsing. Ruslan Mitkov (ed.). *The Oxford Handbook of Computational Linguistics*. Oxford: Oxford University Press. 233-248

Carroll, J., G. Minnen, and T. Briscoe. 2003. Parser Evaluation: Using a Grammatical Relation Annotation Scheme. In Abeillé (ed.), *Treebanks: Building and Using Parsed Corpora*. Dordrecht: Kluwer Academic Publishers. 299-316

Chang, C. -C. and C. -J. Lin. 2005. LIBSVM: A Library for Support Vector Machines. URL: http://www. csie. ntu. edu. tw/~cjlin/papers/libsvm. pdf

Charniak, E. 2001. Immediate-Head Parsing for Language Models. *Proceedings of the 39th Annual Meeting of the Association for Computational Linguistics*

Cheng, Y. 1988. *Deutsche und Chinesische Bewegungsverben. Ein Sprachdidaktischer Vergleich Ihrer Semantik und Valenz*. Berlin: Walter de Gruyter

Cheng, Y. C. 2005a. *Chinese Deterministic Dependency Analyzer: Examining Effects of Chunking, Root node finder and Global Features*. Master thesis, Graduate School of Information Science, Nara Institute of Science and Technology

Cheng, Y. C., M. Asahara, and Y. Matsumoto. 2005b. Machine Learning-based Dependency Analyzer for Chinese. *International Conference on Chinese Computing 2005*

Cheng, Y. C., M. Asahara, and Y. Matsumoto. 2005c. Chinese Deterministic Dependency Analyzer: Examining Effects of Global Features and Root Node Finder. *Proceedings of the Second IJCNLP (2005)*

Chomsky, N. 1965. *Aspects of the Theory of Syntax*. Cambridge, MA: MIT Press

Chomsky, N. and G. Miller. 1968. *L'analyse Formelle des Langues Naturelles*. Berlin: Walter de Gruyter

Chung, H. 2004. *Statistical Korean Dependency Parsing Model Based on the Surface Contextual Information*. Ph.D thesis, Korea University

Collins, M. 1996. A New Statistical Parser Based on Bigram Lexical Dependencies. *Proceedings of the Association for Computational Linguistics*. 184-191

Collins, M. 1999. *Head-Driven Statistical Models for Natural Language Parsing*. Ph.D thesis, University of Pennsylvania

Čop, B., J. Orešnk, M. Skubic, and P. Tekavčić (eds.). 1994. *Mélanges Lucien Tesnière: Actes du Colloque International 'Lucien Tesnière: Linguiste Européen et Slovène'*. Ljubljanja: L'institut de recherches scientfiques de la faculté deslettres de l'Université de Ljubljanja

Corbett, G., N. Fraser, S. McGlashen. 1993. *Heads in Grammatical Theory*. Cambridge: Cambridge University Press

Covington, M. 1984. *Syntactic Theory in the High Middle Ages*. Cambridge: Cambridge University Press

Covington, M. 1990a. *A Dependency Parser for Variable-Word-Order Languages*. Technical Report AI-1990-01, University of Georgia

Covington, M. 1990b. Parsing Discontinuous Constituents in Dependency Grammar, *Computational Linguistics* 16(4)

Covington, M. 1992. *GB Theory as Dependency Grammar*. Technical Report AI-1992-03, University of Georgia

Covington, M. 2001. A Fundamental Algorithm for Dependency Parsing. *Proceedings of the 39th Annual ACM Southeast Conference*, Athens, Georgia

Covington, M. 2003. *A Free-Word-Order Dependency Parser in Prolog*. Artificial Intelligence Center, University of Georgia

Cristianini, N. and J. Shawe-Taylor. 2000. *An Introduction to Support Vector Machines and Other Kernel-Based Learning Methods*. Chinese version (2005). Beijing: China Machine Press

Daelemans, W. and A. Van den Bosch. 2005. *Memory-Based Language Processing*. Cambridge: Cambridge University Press

Daum, M. 2004. Dynamic Dependency Parsing. *Proc. of ACL 2004 Workshop on Incremental Parsing*, Barcelona, Spain

Daum, M., A. Foth, O. Kilian., and W. Menzel. 2004. Automatic transformation of phrase treebanks to dependency trees. *The Fourth International Conference on Language Resources and Evaluation* (LREC). Lisabon 2004

Debusmann, R. 2001. *A Declarative Grammar Formalism for Dependency Grammar*. Master thesis, University of Saarland

Debusmann, R. 2006. *Extensible Dependency Grammar: A Modular Grammar Formalism Based on Multigraph Description*. Ph.D thesis, Saarland University

Debusmann, R. and D. Duchier. 2003. A Meta-Grammatical Framework for Dependency Grammar, *Proceedings of ACL 2003*

Debusmann, R., D. Duchier and J. Niehren. 2004. The XDG Grammar Development Kit. *Second International Mozart/Oz Conference*, MOZ 2004, Charleroi

Debusmann, R., D. Duchier, G-J. Kruijff. 2004. Extensible Dependency Grammar: A New Methodology. *Recent Advances in Dependency Grammar*, COLING 2004

Dikovsky, A. and L. Modina. 2000. Dependencies on the Other Side of the Curtain. *Les Grammaires de Dépendance—Traitement Automatique des Langues*, 41(1)

Ding, J., D. Berleant, J. Xu, and A. W. Fulmer. 2003. Extracting Biochemical Interactions from MEDLINE Using a Link Grammar Parser. *15th IEEE International Conference on Tools with Artificial Intelligence* (ICTAI'03)

Ding,Y. and M. Palmer 2004 Synchronous Dependency Insertion Grammars. *Workshop on Recent Advances in Dependency Grammar—Coling'04*

Dominicy, M. 1982. Condillac et les Grammaires de Dépendance. In J. Sgard (éd.), *Condillac et les Problèmes du Langage*, Genève/Paris, Slatkine. 313-343

Dormeyer, R. 2004. *Syntaxanalyse auf der Basis der Dependenzgrammatik*. Berlin: Logos Verlag

Duchier, D. and R. Debusmann. 2001. Topological Dependency Trees: Account of Linear Precedence. *Proceedings of ACL 2001*

Duchier, Denys. 1999. Axiomatizing Dependency Parsing Using Set Constraints. *Sixth Meeting on Mathematics of Language*, 115-126

Eco, U. 1994. *Die Suche nach der Vollkommenen Sprache*. München: Beck

Eichinger, L. M. and H. W. Eroms (eds.). 1995. *Dependenz und Valenz*. Hamburg: Helmut Buske

Eisner, J. 1996. Three New Probabilistic Models for Dependency Parsing: An Exploration. *Proceedings of the 16th International Conference on Computational*

Linguistics, 340-345

Emons, R. 1974. *Valenzen Englischer Prädikatsverben*. Tübingen: Niemeyer

Emons, R. 1978. *Valenzgrammatik Für Das Englische*. Tübingen: Niemeyer

Engel, U. 1982. *Syntax Der Deutschen Gegenwartssprache*. Zweite Auflage. Berlin: Schmidt

Engel, U. 1992. *Deutsche Grammatik*. Beijing: Beijing Language Institute Press

Engel, U. 1996. Tesnière Mißverstanden. Gréciano and Schumacher (eds.), 53-61

Engel, U., M. Meliss (Hrsg.). 2004. *Dependenz, Valenz und Wortstellung*. München: Iudicium Verlag

Engelen, B. 1975. *Untersuchung zu Satzbauplan und Wortfeld in der Geschriebenen Deutschen Sprache der Gegenwart*. Teilband 1, Muenchen: Max Hueber Verlag

Eppler, E. 2004. *The Syntax of German-English Code-Switching*. Ph.D thesis, University College London

Eroms, H. W. 1981. *Valenz, Kasus und Präpositionen Untersuchungen zur Syntax und Semantik Prapositionaler Konstruktionen in der Deutschen Gegenwartssprache*. Heidelberg: Winter

Eroms, H. W. 1985. Eine reine Dependenzgrammatik des Deutschen. *Zeitschrift für Deutsche Sprache*, 13, 306-326

Eroms, H. W. 2000. *Syntax der Deutschen Sprache*. Berlin/New York: de Gruyter

Ferrer i Cancho, R. and F. Reina. 2002. Quantifying the Semantic Contribution of particles. *Journal of Quantitative Linguistics* 9, 35-47

Ferrer i Cancho, R., R. Koehler and R. V. Solé. 2004. Patterns in Syntactic Dependency Networks. *Physical Review E*, 69

Figge, U. 1999. *Gedächtnis-Sprache-Text: Prinzipien und Exempla Einer Semiotischen Sprachtheorie*. Shaker: Aachen

Fillmore, C. J. 1968. *The Case for Case*. In E. Bach and R. T. Harms (eds.), *Universals in Linguistic Theory*. New York: Holt, Rinehart and Winston, 1-88

Fillmore, C. J. 2002. FrameNet and the Linking Between Semantic and Syntactic Relations. *Proceedings of COLING 2002*

Fillmore, C. J., and P. Kay. 1995. *Construction Grammar* (draft version). Stanford:

CSLI Publications

Fillmore, Charles. 2003. Valency and Semantics Roles: The Concept of Deep Structure Case. In Ágel et al. (eds.), 457-475

Fischer, K. (ed.) 2003. *Valency in Practice/Valenz in der Praxis*. Bern: Peter Lang

Fischer, K. 1997. *German-English Verb Valency*. Tübingen: Gunter Narr Verlag

Forsgren, K.-A. 2006. Tesnière, Lucien Valerius (1893–1954). In Keith Brown (ed.), *The Encyclopedia of Language and Linguistics*, 2nd Edition. Oxford: Elsevier Publishers. 593–594

Foth, K. A. 2007. *Hybrid Methods of Natural Language Analysis*. Aachen: Shaker

Foth, K., W. Menzel, and I. Schröder. 2005. Robust Parsing with Weighted Constraints. *Natural Language Engineering*, 11(1): 1-25

Francis, H. S., L. G. Michelle, and L. A. Michaelis. 1998. Are Lexical Subject Deviant? 1998 CLS 35 Paper, http://ucsu. colorado. edu/~francish/deviant. html

Frankland, E. 1852. On a New Series of Organic Bodies Containing Metals. *Philosophical Transactions of the Royal Society* 142, 417-444

Fraser, N. 1990. Prolegomena to a Formal Theory of Dependency Grammar. *UCL WPL* 2: 298-319

Fraser, N. 1993. *Dependency Parsing*. Ph.D thesis, University College London

Fraser, N. 1994. Dependency Grammar. In Ron Asher (ed.), *Encyclopedia of Language and Linguistics*. Oxford, Pergamon. 860-864

Gaifman, H. 1965. Dependency Systems and Phrase-Structure Systems. *Information and Control* 8: 304-337

Gala, N. 2003. *Un Modèle D'analyseur Syntaxique Robuste Fondé sur la Modularité et la Lexicalisation de ses Grammaires*. Thèse de Doctorat en Informatique. Université de Paris-Sud

Galicia-Haro, S. N. 2000. *Análisis Sintáctico Conducido por un Diccionario de Patrones de Manejo Sintáctico para Lenguaje Español*. Tesis Doctoral, Instituto Politécnico Nacional, Mexico

Garman, M. 2002. *Psycholinguistics*. Beijing: Peking University Press

Gazdar, G., E. H. Klein, G. K. Pullum, and I. A. Sag. 1985. *Generalized Phrase*

Structure Grammar. Oxford: Blackwell

Gebruers, R. L.M. 1991. *On Valency and Transfer-Based Machine Translation.* PhD thesis. Faculty of Arts of the University of Leuven.

Gibson, E. 1998. Linguistic Complexity: Locality of Syntactic Dependencies. *Cognition* 68, 1-76

Giguet, E. and J. Vergne. 1997. Syntactic Analysis of Unrestricted French. *Proceedings of the International Conference on Recent Advances in Natural Languages Processing* (RANLP'97), 276-281

Gréciano, G., and H. Schumacher (eds.). 1996. *Lucien Tesnière — Syntaxe Structurale et Opérations Mentales.* Tübingen: Max Niemeyer Verlag

Groot, A. W. de. 1949. *Structurele Syntaxis.* Den Haag: Servire

Gross, M. 1964. The Equivalence of Models of Language Used in the Fields of Mechanical Translation and Information Retrieval. *Infomration Storage and Retrieval* 2: 43-57

Gross, M. 1975. *Méthodes en Syntaxe.* Paris: Hermann

Gross, M. 1984. Lexicon-Grammar and the Syntactic Analysis of French. In *Proceedings of the 10th International Conference on Computational Linguistics.* 275-282

Gross, M. 1994. Constructing Lexicon-Grammars. In Atkins and Zampolli (eds.), *Computational Approaches to the Lexicon.* Oxford: Oxford University Press

Gross, M. 1997. The Construction of Local Grammars. In E. Roche and Y. Schabès (eds.), *Finite-State Language Processing.* Cambridge, Mass.: MIT Press. 329-354

Gross, M. 2000. Early MT in France. In Hutchins, W. J. (ed.), *Early Years in Machine Translation.* Amsterdam/Philadelphia: John Benjamins Publishing Company. 325-330

Groß, T. M. 1994. *Valenzen Japanischer Verben.* Marburg: Tectum Verlag

Groß, T. M. 1999. *Theoretical Foundations of Dependency Syntax.* München: Iudicium

Grune, D. and C. Jacobs. 1990. *Parsing Techniques.* Chichester: Ellis Horwood

Hajič, J. and Z. Urešová. 2003. Linguistic Annotation: from Links to Cross-Layer Lexicons. *Proceedings of the Second Workshop on Treebanks and Linguistic Theories.* Växjö, Sweden

Hajičová, E. 2000. Dependency-Based Underlying-Structure Tagging of a Very Large Czech Corpus. *T. A. L,* 41 (1): 47-66

Hajičová, E. and P. Sgall. 2003. Dependency Syntax in Functional Generative Descriptions. In Ágel et al. (eds.), 570-592

Hall, J. 2006. *MaltParser – An Architecture for Inductive Labeled Dependency Parsing.* Licentiate Thesis, Växjö University.

Happ, H. 1976. *Grundfragen einer Dependenz-Grammatik des Lateinischen.* Göttingen: Vandenhoeck & Ruprecht

Harbusch, K. 1997. The Relation Between Tree-Adjoining Grammars and Constraint Dependency Grammars. *Proceedings of Fifth Meeting on the Mathematics of Language,* 38-45

Harper, M. P. and R. A. Helzerman. 1995. Extensions to Constraint Dependency Parsing for Spoken Language Processing. *Computer Speech and Language,* 9 (3): 187-234

Hauser, M. D., N. Chomsky, and W. T. Fitch. 2002. The Faculty of Language: What Is It, Who Has It, and How Did It Evolve? *Science* 298 (11): 1569-1579

Hausser, R. 2001. *Foundations of Computational Linguistics: Human-Computer Communication in Natural Language.* 2nd Edition, Berlin/New York: Springer Verlag

Hausser, R. 2006. *A Computational Model of Natural Language Communication: Interpretation, Inference, and Production in Database Semantics.* Berlin/New York: Springer Verlag

Havelka, J. 2007. *Mathematical Properties of Dependency Trees and Their Application to Natural Language Syntax.* Ph.D thesis, Charles University in Prague

Hays, D. 1964. Dependency Theory: A Formalism and Some Observations. *Language* 40: 511-525

Hays, D. 1967. *Introduction to Computational Linguistics*. New York: American Elsevier

Hays, D. 1977. Dependency Grammar. In J. Belzer, A. G. Holzman and A. Kent. (eds.), *Encyclopedia of Computer Science and Technology*. Bd. 7. New York: Marcel Dekkerp. 213-227

Helbig, G. 1992. *Probleme der Valenz-und Kasustheorie*. Tübingen: Niemeyer

Helbig, G. 1996. Zur Rezeption und Weiterentwicklung des Tesnièreschen Valenzkoncepts. In Gréciano and Schumacher (eds.), 40-51

Helbig, G. 2002. *Linguistische Theorien der Moderne*. Berlin: Weidler Buchverlag

Helbig, G., and W. Schenkel. 1978. *Wörterbuch zur Valenz und Distribution Deutscher Verben*. Leipzig: Bibliographishes Institut

Helbig, H. 2006. *Knowledge Representation and the Semantics of Natural Languages*. Berlin/Heidelberg: Springer Verlag

Hellwig, P. 1978. *Formaldesambiguierte Repräsentation. Vorüberlegungen zur Maschinellen Bedeutungsanalyse auf der Grundlage der Valenzidee*. Stuttgart: Hochschul Verlag

Hellwig, P. 1980. PLAIN—A Program System for Dependency Analysis and for Simulating Natural Language Inference. In L. Bolc (ed.), *Representation and Processing of Natural Language*. 271-376

Hellwig, P. 1986. Dependency Unification Grammar. *Proceedings of the 11th International Conference on Computational Linguistics*. 195-198

Hellwig, P. 1988. Chart Parsing According to the Slot and Filler Principle. *Proceedings of the 12th International Conference on Computational Linguistics*. 242-244

Hellwig, P. 1988b. Weichenstellungen für die Maschinelle Sprachverarbeitung. *Angewandte Linguistik und Computer*. Kongressbeitraege zur 18. Jahrestagung der Gesellschaft für Angewandte Linguistik, GAL e. V. 5- 5

Hellwig, P. 2003. Dependency Unification Grammar. In Ágel et al. (eds.), 593-635

Hellwig, P. 2004. *Natural Language Parsers: A Course in Cooking*, Heidelberg

University

Hellwig, P. 2006. Parsing with Dependency Grammars. In Ágel et al. (eds.), Second volume. 1081-1109

Herbst, T. and K. Götz-Votteler (eds.). 2007. *Valency: Theoretical, Descriptive and Cognitive Issues*. Berlin: Mouton de Gruyter

Herbst, T. and S. Schüller. 2008. Introduction to Syntactic Analysis. A Valency Approach. Tübingen: Narr

Herbst, T., D. Heath, I. F. Roe, and D. Gotz. 2004. *A Valency Dictionary of English: A Corpus-Based Anaysis of the Complementation Patterns of English Verbs, Nouns and Adjectives*. Berlin/New York: Mouton de Gruyter

Heringer, H. J. 1973. *Theorie der Deutschen Syntax*. München: Hueber

Heringer, H. J. 1988. *Lesen-Lehren-Lernen*. Tübingen: Max Niemeyer Verlag

Heringer, H. J. 1993a. Dependency Syntax—Basic Ideas and the Classical Model. In J. Jacobs, A. von Stechow, W. Sternefeld, and T. Venneman, *Syntax*, Volume 1. Berlin/New York: Walter de Gruyter. 298-316

Heringer, H. J. 1993b. Dependency Syntax—Formalized Model. In J. Jacobs, A. von Stechow, W. Sternefeld, and T. Venneman, *Syntax*, Volume 1. Berlin/New York: Walter de Gruyter. 316-328

Heringer, H. J. 1996. *Deutsche Syntax Dependentiell*. Tübingen: Stauffenburg Verlag

Heringer, H. J. 2003. Lucien Tesnière. Sein Leben. In Ágel et al. (eds.), 70-79

Heringer, H. J., B. Strecker and R. Wimme. 1980. *Syntax: Fragen-Lösungen-Alternativen*. München: Wilhelm Fink Verlag

Hiranuma, S. 1999. Syntactic Difficulty in English and Japanese: A Textual Study. *UCL Working Papers in Linguistics*, 11, 309-322

Hoefler, S. 2002. *Link2Tree: A Dependency-Constituency Converter*. Licentiate thesis, Institute of Computational Linguistics, University of Zurich

Holan, T., Kuboň, V., Plátek, M. and Oliva, K. 2000. On Complexity of Word Order. In *Les Grammaires de Dépendance—Traitement Automatique des Langues* Volume 41, No 1

Holmes, J. W. 2005. *Lexical Properties of English Verbs.* Ph.D thesis, University College London

Hopcroft, J., R. Motwani, and J. Ullman. 2002. *Introduction to Automatic Theory, Languages, and Computation.* Second editions. Beijing: Tsinghua University Press

Huddleston, R. D. 1984. *An Introduction to the Grammar of English.* Cambridge: Cambridge University Press

Hudson, R. 1976. *Arguments for a Non-Transformational Grammar.* Chicago: University of Chicago Press

Hudson, R. 1980a. Constituency and Dependency. *Linguistics* 18, 179-98

Hudson, R. 1980b. A Second Attack on Constituency: A Reply to Dahl. *Linguistics* 18, 489-504

Hudson, R. 1984. *Word Grammar.* Oxford: Blackwell

Hudson, R. 1989. Towards a Computer-Testable Word Grammar of English. *UCLWorking Papers in Linguistics*, University Colleage London. 321-339

Hudson, R. 1990. *English Word Grammar.* Oxford: Blackwell

Hudson, R. 1993a. Recent Developments in Dependency Theory. In J. Jacobs, A. von Stechow, W. Sternefeld, and T. Venneman. *Syntax,* Volume 1. Berlin/New York: Walter de Gruyter. 329-338

Hudson, R. 1993b. Do We Have Heads in Our Minds? In G. Corbett, S. McGlashen, and N. Fraser (eds.), *Heads in Grammatical Theory.* Cambridge: Cambridge University Press. 266-91

Hudson, R. 1994a. About 37% of Word-Tokens Are Nouns. *Language* 70, 331-339

Hudson, R. 1994b. The ENDuring DepENDency TrEND in Practical Syntax. In Hurtley, J., Aragay, M., Celaya, M., and Moya, A. *Writing the End* (eds.), Barcelona: University of Barcelona. 41-65

Hudson, R. 1995. Really Bare Phrase-Structure = Dependency structure. *Studies in English Usage and English Language Teaching* (Kyoto) 17, 3-17

Hudson, R. 1996. *Sociolinguistics.* 2nd edition. Cambridge: Cambridge University Press

Hudson, R. 1998. *English Grammar.* Oxford: Blackwell

Hudson, R. 2002. Word Grammar: An Introduction. In Kensei Sugayama (ed.), *Studies in Word Grammar.* Kobe: Kobe City University of Foreign Studies

Hudson, R. 2003a. Language Is Part of the Network of Knowledge. *AAAL,* March 2003

Hudson, R. 2003b. The Psychological Reality of Syntactic Dependency Relations. *Proceedings of First International Conference on Meaning-Text Theory.* Paris. 181-192

Hudson, R. 2004. *An Encyclopedia of English Grammar and Word Grammar.* http://www. phon. ucl. ac. uk/home/dick/enc-gen. htm

Hudson, R. 2005. *Against Adjuncts and Complement*s. Talk. Linguistics Association of Great Britain, September 2005

Hudson, R. 2007. *Language Networks: The new Word Grammar*. Oxford: Oxford University Press

Hwa, R., P. Resnik, A. Weinberg, C. Cabezas, and O. Kolak. 2005. Bootstrapping Parsers via Syntactic Projection Across Parallel Texts. *Special Issue of the Journal of Natural Language Engineering on Parallel Texts,* 11 (3): 311-325

Infante-Lopez, G. G., M. de Rijke, and K. Sima'an. 2002. A General Probabilistic Model for Dependency Parsing. *Proceedings BNAIC'02,* 139-146

Isaac, Luc. 1986. *Syntaxe Dependantielle du Francais.* Utrecht: BSO/Research

Jacobs, J. 1994. *Kontra Valenz.* Trier: Wissenschaftlicher Verlag

Järvinen, T. and P. Tapanainen. 1997. *A Dependency Parser for English.* Technical Reports, No. TR-1. Department of General Linguistics, University of Helsinki

Järvinen, T., and P. Tapanaimen. 1998. Towards an Implementable Dependency Grammar. In *Processing of Dependency-Based Grammars: Proceedings of the Workshop,* COLING-ACL'98, 1-10

Jin, M., M. Y. Kim, and J. H. Lee. 2005. Two-Phase Shift-Reduce Deterministic Dependency Parser of Chinese. *Proceedings of the second IJCNLP (2005)*

Joshi, A. K. 1985. How much context-sensitivity is required to provide a reasonable structural description. In *Natural Language Parsing,* Cambridge:

Cambridge University Press. 206–250.

Joshi, A. and O. Rambow. 2003. A Formalism for Dependency Grammar Based on Tree Adjoining Grammar. *Proceedings of First International Conference on Meaning-Text Theory*, Paris, 219-228

Joshi, A. and Y. Schabes. 1996. Tree-Adjoining Grammars. In *Handbook of Fromal Languages and Automata*. Berlin: Springer Verlag

Jung, W. Y. 1995. *Syntaktische Relationen im Rahmen der Dependenzgrammatik*. Hamburg: Helmut Buske Verlag

Kacnel'son, S. D. 1948. O grammatičeskio kategorii. *Vestnik Lenningradskogo Universiteta, Serija Istorii, Jazyka i Literatury 2*. Leningrad. 114-134

Kacnel'son, S. D. 1988. Zum Verständnis von Typen der Valenz. *Sprachwissenschaft*, 1-30

Kahane, S. (ed.). 2000. *Les Grammaires de Dépendance* (TAL 2000 Vol. 41 N°1) Paris: Hermes

Kahane, S. 2003. The Meaning-Text Theory. In Ágel et al. (eds.), 546-569

Kahane, S. 2004. Grammaires d'Unification Polarisées. *Actes TALN*, 233-242

Kahane, S. and F. Lareau. 2005. Grammaire d'Unification Sens-Texte: Modularite et Polarisation. *TALN 2005*. 23-32

Kahane, S., A. Nasr, and O. Rambow. 1998. Pseudo-projectivity: A Polynomially Parsable Non-projective Dependency Grammar. *Proceedings of COLING-ACL'98*, 646-652

Kakkonen, T. 2007. *Framework and Resources for Natural Language Parser Evaluation*. Ph.D thesis, University of Joensuu, Finland

Kaplan, R. M. 2003. Syntax. In R. Mitkov (ed.), *The Oxford Handbook of Computational Linguistics*. Oxford: Oxford University Press. 70-90

Kaplan, R. M. and J. T. Maxwell. 1996. *LFG Grammar Writer's Workbench*. Technical Report, Xerox PARC

Karlsson, F., A. Voutilainen, J. Heikkilä, and A. Anttila (eds.). 1995. *Constraint Grammar, A Language-Independent System for Parsing Unrestricted Text*. Berlin: Mouton de Gruyter

Kay, M. 2000. David G. Hays. In J. Hutchins (ed.), *Early Years in Machine Translation.* Amsterdam/Philadelphia: John Benjamins Publishing Company. 165-170

Kingsbury, P. and M. Palmer. 2002. From TreeBank to PropBank. *LREC2002, Proceedings,* vol. VI., 1989-1993

Klatt, S. 2005. *Kombinierbare Textanalyseverfahren für die Korpusannotation und Informationsexktraktion.* Aachen: Shaker Verlag

Klein, D. 2005. *The Unsupervised Learning of Natural Language Structure.* Ph.D thesis, Stanford University

Klein, D. and Ch. D. Manning. 2004. Corpus-Based Induction of Syntactic Structure: Models of Dependency and Constituency. *Proceedings of ACL 2004,* 479-486

Klimeš, V. 2006. *Analytical and Tectogrammatical Analysis of a Natural Language.* Ph.D thesis, Prague Charles University

Knuuttila, T. and A. Voutilainen. 2003. A Parser as an Epistemic Artefact: A Material View on Models. *Philosophy of Science* 70. 1484–1495

Koch, P. 1981. *Verb-Valenz-Verfügung.* Heidelberg: Winter

Koch, P. 2003. Metataxe bei Lucien Tesnière. In Ágel et al. (eds.), 144-159

Koch, P. and T. Krefeld（eds.）. 1991. *Connexiones Romanicae: Dependenz und Valenz in Romanischen Sprachen.* Tübingen: Niemeyer

Koch, P. And T. Krefeld. 1993. Gibt es Translationen? *Zeitschrift für Romanische Philologie* 109

Köhler, R., G. Altmann, and R. G. Piotrowski（eds.）. 2005. *Handbook of Quantitative Linguistics.* Berlin: Mouton de Gryuter

Korhonen, J. 1977/1978. *Studien zu Dependenz, Valenz und Satzmodell.* Teil I, II. Bern: Peter Lang

Koutny, I. 2008. *Natural Language Processing for Hungarian Speech Synthesis.* Poznan: Wydawnictwo Naukowe UAM

Kreps, C. 1997. *Extraction, Movement and Dependency Theory.* Ph.D thesis, University College London

Kruijff, G. -J. 2001. *A Categorial-Modal Logical Architecture of Informativity: De-*

pendency Grammar Logic & Information Structure. Ph.D thesis, Charles University, Prague

Kruijff, G. -J. M. 2006. Dependency Grammar. In Keith Brown (ed.), *The Encyclopedia of Language and Linguistics*, 2nd Edition. Oxford: Elsevier Publishers. 444-450

Kübler, S., McDonald, R., and Nivre, J. 2009. *Dependency Parsing.* San Rafael, CA: Morgan and Claypool

Kuhlmann, M. 2007. *Dependency Structures and Lexicalized Grammars.* Ph.D thesis, Saarland University

Kunze, J. (ed.). 1982. *Automatische Analyse Des Deutschen.* Berlin: Akademie-Verlag

Kunze, J. 1975. *Abhängigkeitsgrammatik.* Berlin: Akademie-Verlag

Kuroda, S. Y. 1976. A Topological Study of Phrase Structure Languages. *Information and Control* 30: 307-379

Kwon, S. Y. 2003. *Parsing Korean Based on Dependency Grammar and GULP.* University of Georgia. http://www. ai. uga. edu/mc/ProNTo

Lai, T. B. Y. and Huang, C. N. 1998. An Approach to Dependency Grammar for Chinese. In Y. GU (ed.), *Studies in Chinese Linguistics.* Linguistic Society of Hong Kong, 143-163

Lamb, S. M. 1999. *Pathways of the Brain*: *The Neurocognitive Basis of Language.* Amsterdam/Philadelphia: John Benjamins Publishing Company

Langacker, R. 1987 *Foundations of Cognitive Grammar.* Volume 1. Theoretical Prerequisites. Stanford: Stanford University Press

Langacker, R. 1995. Structural Syntax: The View from Cognitive Grammar. In Madray-Lesihne and Richard-Zappella (eds.), 13-39

Langendonck, W. van. 2003. The Dependency Concept and its Foundations. In Ágel et al. (eds.), 170-187

Langer, H. 2001. *Parsing-Experimente: Praxisorientierte Untersuchungen zur Automatischen Analyse des Deutschen.* Frankfurt am Main: Peter Lang

Larsen-Freeman, D. and L. Cameron. 2008. *Complex Systems and Applied*

Linguistics. Oxford: Oxford University Press

Lecerf, Y. 1960. Programme des Conflits-Modèle des Conflits. *Rapport CETIS.* No. 4, Euratom. 1-24

Lepage, Y. 1999. Open Set Experiments with Direct Analysis by Analogy. *Proceedings of NLPRS-99,* Beijing. 363-368

Lepage, Y., A. Shin-Ichi, A. Susumu, and Iida Hitoshi. 1998. An Annotated Corpus in Japanese Using Tesniere's Structural Syntax. *Processing of Dependency-Based Grammars:* Proceedings of the Workshop, COLING-ACL'98. 109-115

Lewis, T. G. 2009. *Network Science: Theory and Practice.* Hoboken, New Jersey: John Wiley & Sons, Inc.

Li, W. 1988. *A Dependency Syntax of Contemporary Chinese.* Utrecht: BSO/Research

Lin, D. 1994. PRINCIPAR. *Proceedings of COLING—94.* Kyoto, Japan

Lin, D. 1998. Dependency-Based Evaluation of MINIPAR. *Workshop on the Evaluation of Parsing Systems.* Granada, Spain

Liu, H. 1999. La Kalkulado de la lingvo—vide el Interlingvistiko, *GrKG/Humankybernetik* 40 (4): 160-170

Liu, H. 2007. Probability Distribution of Dependency Distance. *Glottometrics* 15, 2007, 1-12

Liu, H. 2008a. Dependency Distance as a Metric of Language Comprehension Difficulty. *Journal of Cognitive Science* 9 (2): 159-191

Liu, H. 2008b. The Complexity of Chinese Dependency Syntactic Networks. *Physica A* 387, 3048-3058

Liu, H. 2009. Probability Distribution of Dependencies Based on a Chinese Dependency Treebank. *Journal of Quantitative Linguistics* 16 (3): 256–273

Liu, H. and F. Hu. 2008. What Role does Syntax Play in a Language Network? *EPL,* 83: 18002

Liu, H. and W. Huang. 2006. A Chinese Dependency Syntax for Treebanking. *Proceedings of The 20th Pacific Asia Conference on Language, Information and Computation.* Beijing: Tsinghua University Press. 126-133

Liu, H., R. Hudson, and Z. Feng. 2009. Using a Chinese Treebank to Measure dependency distance. *Corpus Linguistics and Linguistic Theory* 5(2): 161-175

Lobin, H. 1993. *Koordinations-Syntax Als Prozedurales Phaenomen.* Tuebingen: Gunter Narr

Lombardo, V. and L. Lesmo 1996. An Earley-type Recognizer for Dependency Grammar. *Proc. COLING 96,* 723-728

Lopatková, M. 2003. Valency in the Prague Dependency Treebank: Building the Valency Lexicon. *The Prague Bulletin of Mathematical Linguistics.* 37-60

Lopatková, M. and J. Panevová. 2005. Recent Developments of the Theory of Valency in the Light of the Prague Dependency Treebank. *Jazykovedný ústav Ľ. Štúra,* SAV, Bratislava, Slovakia

Lopatková, M., M. Plátek, and V. Kuboň. 2005. Modeling Syntax of Free Word-Order Languages: Dependency Analysis by Reduction. *Proceedings of TSD 2005,* LNAI 3658, Springer Verlag. 140-147

Luraghi, S. and C. Parodi. 2008. *Key Terms in Syntax and Syntactic Theory.* London/New York: Continuum International Publishing Group

Lyons, J. 1977. *Noam Chomsky.* London: Penguin Books

Ma, J., Zhang Y., Liu T., and Li S. 2004. A Statistical Dependency Parser of Chinese Under Small Training Data. *IJCNLP 2004 Workshop: Beyond Shallow Analyses, Formalisms and Statistical Modeling for Deep Analyses*

Madhyastha, H. V., N. Balakrishnan, and K. R. Ramakrishnan. 2003. Event Information Extraction Using Link Grammar. *13th International WorkShop on Research Issues in Data Engineering: Multi-Lingual Information Management* (RIDE'03)

Madray-Lesihne, F. and J. Richard-Zappella (eds.). 1995. *Lucien Tesnière Aujourd'hui.* Louvain/Paris: Editions Peeters

Mann, G. 1996. *Control of a Navigating Rational Agent by Natural Language.* Ph.D thesis, The University of New South Wales, Australia

Marcus, S. 1967a. *Introduction Mathématique à la Linguistique Structurale.* Paris: Dunod

Marcus, S. 1967b. *Algebraic Linguistics: Analytical Models.* New York/London:

Academic Press

Maruyama, H. 1990. Structural Disambiguation with Constraint Propagation. *The Proceedings of the Annual Meeting of Association for Computational Linguistics*. 31-38

Matthews, P. H. 1981. *Syntax*. Cambridge: Cambridge University Press

Matthews, P. H. 2000. *Oxford Concise Dictionary of Linguistics*. Shanghai: Shanghai Foreign Language Education Press

Maxwell, D. 1995. *Unification Dependency Grammar* (Draft)

Maxwell, D. 2003. The Concept of Dependency in Morphology. In Ágel et al. (eds.), 678-684

Maxwell, D. and K. Schubert. 1989. *Metataxis in Practice: Dependency Syntax for Multilingual Machine Translation*. Dordrecht: Foris

McCord, M. C. 1980. Slot Grammars. *American Journal of Computational Linguistics* 6(1): 31-43

McCord, M. C. 1989. Design of LMT: A Prolog-Based Machine Translation System. *Computational Linguistics* 15 (1): 33-52

McCord, M. C. 1990. Slot Grammar: A System for Simpler Construction of Practical Natural Language Grammars. *Natural Language and Logic, Lecture Notes in Artificial Intelligence 459*. 118-145

McCord, M. C. 1993. Heuristics for Broad-Coverage Natural Language Parsing. *Proceedings, ARPA Human Language Technology Workshop*. University of Pennsylvania

McDonald, R. 2006. *Discriminative Training and Spanning Tree Algorithms for Dependency Parsing*. Ph.D thesis, University of Pennsylvania

McDonald, R., F. Pereira, K. Ribarov, and J. Hajic. 2005b. Non-Projective Dependency Parsing Using Spanning Tree Algorithms. *HLT-EMNLP*

McDonald, R., K. Crammer, and F. Pereira. 2005a. Online Large-Margin Training of Dependency Parsers. *43rd Annual Meeting of the Association for Computational Linguistics*

Mel'čuk, I. A. 1988. *Dependency Syntax: Theory and Practice*. Albany: State University Press of New York

Mel'čuk, I. A. 1995. *The Russian Language in the Meaning-Text Perspective*. Vienna/ Moscow: Wiener Slawistischer Almanach/Škola "Jazyki russkoj kul'tury"

Mel'čuk, I. A. 1997. *Vers une Linguistique Sens-Texte*. Leçon inaugurale. Paris: Collège de France

Mel'čuk, I. A. 1999. *Opyt Teorii Lingvistiěeskix Modelej "Smysl ⇔ Tekst". Seman-tika, Sintaksis*. Moscow: Škola "Jazyki russkoj kul'tury"

Mel'čuk, I. A. 2000. Machine Translation and Formal Linguistics in USSR. In J. Hutchins (ed.), *Early Years in Machine Translation*. Amsterdam/ Philadelphia: John Benjamins Publishing Company. 205-226

Mel'čuk, I. A. 2001. *Communicative Organization in Natural Language. The Se-mantic—Communicative Structure of Sentences*. Amsterdam/Philadelphia: John Benjamins Publishing Company

Mel'čuk, I. A. 2003a. Actants. In *Proceedings of First International Conference on Meaning-Text Theory*, Paris. 111-127

Mel'čuk, I. A. 2003b. Levels of Dependency in Linguistic Description: Con-cepts and Problems. In Ágel et al. (eds.), 188-229

Mel'čuk, I. A. 2004. Actants in Semantics and Syntax. *Linguistics*. 42(1): 1-66, 42(2): 247-291

Mel'čuk, I. A. 2006. *Aspects of the Theory of Morphology*. Berlin/New York: de Gruyter

Mel'čuk, I. A. and A. Polguere. 1987. A Formal Lexicon in the Meaning-Text Theory. *Computational Linguistics* 13(3-4): 261-275

Mel'čuk, I. A. and N. V. Pertsov. 1987. *Surface Syntax of English: A Formal Model Within Meaning-Text Framework*. Amsterdam/Philadelphia: John Benjamins Publishing Company

Menzel, W. 1994. Parsing of spoken language under time constraints. *Proceed-ings 11th European Conference on Artificial Intelligence*. 560-564

Menzel, W. 2003. Semantische Netze und Dependenzgrammatik. In Ágel et al. (eds.), 691-702

Miller, G. 1956. The Magical Number Seven Plus or Minus Two: Some Limits on Our Capacity for Processing Information. *Psychological Review* 63, 81-97

Miller, P. 1999. *Strong Generative Capacity: The Semantics of Linguistic Formalism.* Stanford: CSLI Publications

Möhl, M. 2006. *Drawings as Models of Syntactic Structure: Theory and Algorithms.* Diplomarbeit. Februar 2006. Universität des Saarlandes

Nasr, A. 1995. A Formalism and a Parser for Lexicalised Dependency Grammars. *4th International Workshop on Parsing Technologies.* 186-195

Nasr, A. 1996. *Un Systeme de Reformulation Automatique de Phrases Fonde sur la Theorie Sens-Texte: Application aux Langues Controlees.* Ph.D thesis, Universite Paris 7

Nasr, A. 2004. *Analyse Syntaxique Probabiliste pour Grammaires de Dépendances Extraites Automatiquement.* Habilitation à Diriger Des Recherches, Université Paris 7

Nasr, A. and O. Rambow. 2004. A Simple String-Rewriting Formalism for Dependency Grammar. *Workshop on Recent Advances in Dependency Grammar*—Coling'04

Naumann, S. and H. Langer. 1994. *Parsing. Eine Einführung in die Maschinelle Analyse natürlicher Sprache.* Stuttgart: Teubner

Neuhaus, P. and N. Bröker. 1997. The Complexity of Recognition of Linguistically Adequate Dependency Grammars. *Proceedings of the Eighth Conference on European Chapter of the Association for Computational Linguistics.* Madrid, 337-343

Newman, M. E. J. 2003. The Structure and Function of Complex Networks. *SIAM Review* 45(2): 167-256

Newman, M., A. L. Barabasi, and D. J. Watts (eds.). 2006. *The Structure and Dynamics of Networks.* Princeton, N. J. : Princeton University Press

Newmark, P. 2001. *Approaches to Translation.* Shanghai: Shanghai Foreign Language Education Press

Nikula, H. 1986. *Dependensgrammatik.* Malmö: Liber

Ninio, A. 1998. Acquiring a dependency grammar. In G. Makiello-Jarza, J. Kaiser, and M. Smolczynska (eds.), *Language Acquisition and Developmental Psychology*. Cracow: Universitas

Ninio, A. 2006. *Language and the Learning Curve: A New Theory of Syntactic Development*. Oxford: Oxford University Press

Nivre, J. 2003. An Efficient Algorithm for Projective Dependency Parsing. In *Proceedings of the 8th International Workshop on Parsing Technologies* (IWPT 03), Nancy, France, 23-25 April 2003. 149-160

Nivre, J. 2004. *Inductive Dependency Parsing*. MSI Report 04070. Växjö University: School of Mathematics and Systems Engineering

Nivre, J. 2006. *Inductive Dependency Parsing*. Berlin: Springer

Nivre, J. 2008. Algorithms for Deterministic Incremental Dependency Parsing. *Computational Linguistics* 34 (4), 513-553

Nivre, J. and J. Hall. 2005. MaltParser: A Language-Independent System for Data-Driven Dependency Parsing. *Proceedings of the Fourth Workshop on Treebanks and Linguistic Theories*, Barcelona. 137-148

Nivre, J. J. Hall, J. Nilsson, A. Chanev, G. Eryigit, S. Kübler, S. Marinov, and Marsi E. 2007. MaltParser: A Language-Independent System for Data-driven Dependency Parsing. *Natural Language Engineering* 13 (2): 95-135

Nivre, J., Hall, J., Kübler, S., McDonald, R., Nilsson, J., Riedel, S. and Yuret, D. 2007. The CoNLL 2007 Shared Task on Dependency Parsing. *Proceedings of the CoNLL Shared Task Session of EMNLP-CoNLL 2007*, 915-932

Nowak, M. A., J. B. Plotkin, and V. A. Jansen. 2000. The evolution of syntactic communication. *Nature* 404, 495-498

Nugues, P. 2006. *An Introduction to Language Processing with Perl and Prolog*. Berlin: Springer Verlag

Obrebski, T. and F. Gralinski. 2004. Some Notes on Generative Capcity of Dependency Grammar. *Workshop on Recent Advances in Dependency Grammar*—Coling'04

Oflazer, K. 2003. Dependency Parsing with an Extended Finite-State Approach.

Computational Linguistics 29 (4) : 515-544

Osborne, T. 2003. *The Third Dimension: A Dependency Grammar Theory of Coordination for English and German.* Ph.D thesis, the Pennsylvania State University

Owens, J. 1988. *The foundations of Grammar: An Introduction to Medieval Arabic Grammatical Theory.* Amsterdam/Philadelphia: John Benjamins Publishing Company

Papegaaij, B. C. 1986. *Word Expert Semantics.* Dordrecht: Foris Publications

Partee, B. H., A. T. Meulen, and R. E. Wall. 1990. *Mathematical Methods in Linguistics.* Dordrecht/Boston/London: Kluwer Academic Publishers

Paskin, M. A. 2001. *Cubic-time Parsing and Learning Algorithms for Grammatical Bigram Models.* Technical Report UCB/CSD-01-1148, University of California, Berkeley

Pedersen, M. 2002. A Dependency Parser for Hindi. *Proceedings of the International Conference On Natural Language Processing,* December, 2002

Pedersen, M., D. Eades, S. K. Amin, and L. Prakash. 2004. Relative Clauses in Hindi and Arabic: A Paninian Dependency Grammar Analysis. *Workshop on Recent Advances in Dependency Grammar*—Coling'04

Pedersen，M. 2000. *Usability Evaluation of Grammar Formalisms for Free Word Order Natural Language Processing.* Ph.D thesis, the University of Queensland

Percival, W. K. 1990. Refelections on the History of Dependency Notions in Linguistics. *Historiographia Linguistica* 17: 29-47

Perrier, G. 2000. Interaction Grammars. *Proceedings of CoLing 2000,* Sarrebrücken

Perrier, G. 2003. *Les Grammaires D'interaction.* Habilitation à Diriger les Recherches en Informatique, Universite Nancy 2

Petkevic, V. 1995a. A New Formal Specification of Underlying Structures. *Theoretical Linguistics* 21 (1) : 7-61

Petkevic, V. 1995b. Underlying Structure and Unification. *Prague Linguistics Circle Papers,* Volume 1. 157-182

Polguère A. and I. A. Mel'čuk (ed.). 2009. *Dependency in Linguistic Description.* Amsterdam/Philadelphia: John Benjamins Publishing Company

Pollard, C. and I. Sag. 1994. *Head-Driven Phrase Structure Grammar*. Chicago/London: The University of Chicago Press

Pröll, Alexandra. 2004. *Dependenzparser für das Japanische.* Studienarbeit. Erlangen University

Rall, M., U. Engel, and D. Rall. 1977. *DVG für DaF. Dependenz-Verb-Grammatik für Deutsch als Fremdsprache.* Heidelberg: Julius Groos Verlag

Rambow, O. and A. Joshi. 1997. A Formal Look at Dependency Grammars and Phrase Structure Grammars, with Special Consideration of Word-Order Phenomena. In *Recent Trends in Meaning-Text Theory.* Amsterdam/Philadelphia: John Benjamins Publishing Company. 167-190

Rambow, O., K. Vijay-Shanker, and D. Weir. 2001. D-Tree Substitution Grammars. *Computational Linguistics* 27(1): 87-122

Ribarov, K. 2004. *Automatic Building of a Dependency Tree—the Rule-Based Approach and Beyond.* Ph.D thesis, Prague Charles University

Robins, R. H. 2001. *A Short History of Linguistics.* Beijing: Foreign Language Teaching and Research Press

Robinson, J. 1970. Dependency Structures and Transformational Rules. *Language* 46: 259-285

Russell, S, and P. Norvig. 2004. *Artificial Intelligence: A Modern Approach,* (Second Edition. (Chinese version) Beijing: Posts & Telecommunications Press

Sadler, V. 1989. *Working with Analogical Semantics.* Dordrecht: Foris Publications

Sadler, V. 1991. The Textual Knowledge Bank: Design, Construction, Application. In S. Nirenburg, H. Somers and Y. Wilks (eds.), *Readings in Machine Translation.* Cambridge, MA: MIT Press. 391-400

Sag, I., T. Wasow, and E. Bender. 2003. *Syntactic Theories.* Second edition. Stanford: CSLI

Sagae, K. 2005. *A Multi-Strategy Approach to Parsing of Grammatical Relations in Child Language Transcripts.* Ph.D thesis, Carnegie Mellon University

Sampson, G. 2005. *The 'Language Instinct' Debate.* London/New York: Continuum

Samuelsson, C. 2000. A Statistical Theory of Dependency Syntax. *COLING*

2000. 684-690

Samuelsson, C. and M. Wiren. 2000. Parsing Techniques. *Handbook of Natural Language Processing*, New York/Basel: Marcel Dekker, Inc.

Saussure, F. De. 1916. *Cours de Linguistique Générale*. New edition 1969. Paris: Payot

Schneider, G. 1998. *A Linguistic Comparison of Constituency, Dependency and Link Grammar*. Lizentiatsarbeit, Universität Zürich

Schneider, G. 2008. *Hybrid Long-Distance Functional Dependency Parsing*. Ph.D thesis, Institute of Computational Linguistics, University of Zurich

Schröder, I. 2002. *Natural Language Parsing with Graded Constraints*. Ph.D thesis, Dept. of Computer Science, University of Hamburg, Germany

Schröder, I., W. Menzel, K. Foth, and M. Schulz. 2000. Modeling Dependency Grammar with Restricted Constraints. *Traitement Automatique des Langues*, 41 (1): 113-144

Schubert, K. 1986. *Syntactic Tree Structures*. Utrecht: BSO/Research

Schubert, K. 1987. *Metataxis: Contrastive Dependency Syntax for Machine Translation*. Dordrecht: Foris

Schubert, K. 1989. Dependency Syntax for Parsing and Generation. *Metataxis in Practice. Dependency Syntax for Multilingual Machine Translation*, Dordrecht: Foris. 7-16

Schumacher, H., J. Kubczak, R. Schmidt, V. de Ruiter. 2004. *VALBU: Valenzwörterbuch Deutscher Verben*. Tübingen: G. Narr

Seidel, K. O. 1982. Quid sit Dictionem Regere Dictionem. Aspekte der Verbvalent in Grammatiken des 12. bis 17. Jahrhunderts. A. Greule (ed.), *Valenztheorie und historische Sprachwissenschaft*: Beitrage zur Sprachgeschichtlichen Beschreibung des Deutschen. Tubingen: Niemeyer. 271-289

Sgall, P. and J. Panevová. 1989. Dependency Syntax—A Challenge. *Theoretical Linguistics* 15, 1/2: 73-86

Sgall, P., E. Hajičová, and J. Panevová. 1986. *The Meaning of the Sentence in Its Semantic and Pragmatic Aspects*. Dordrecht: D. Reidel

Shaumyan, S. 1987. *A Semiotic Theory of Language*. Bloomington and Indianapolis:

Indiana University Press

Shieber, S. 1985. Evidence Against the Context-Freeness of Natural Language. *Linguistics and Philosophy* 8: 333-343

Sikkel, K. 1997. *Parsing Schemata—A Framework for Specification and Analysis of Parsing Algorithms*. Berlin/Heidelberg/New York: Springer Verlag

Skut, W., B. Krenn, T. Brants, and H. Uszkoreit. 1997. An Annotation Scheme for Free Word Order Languages. *Proceedings of the Fifth Conference on Applied Natural Language Processing*（ANLP-97）, USA

Sleator, D. and D. Temperley. 1991. *Parsing English with a Link Grammar*. Carnegie Mellon University Computer Science technical report CMU-CS-91-196

Solé, R., B. Corominas, S. Valverde, and L. Steels. 2005. Language Networks: Their Structure, Function and Evolution. *Santa Fe Institute Working Paper*（05-12-042）

Somers, H. L. 1987. *Valency and Case in Computational Linguistics*. Edinburgh: Edinburgh University Press

Sowa, J. 2003. *Knowledge Representation: Logical, Philosophical, and computational Foundations*. Beijing: Publishing House of Electronics Industry

Spiegelhauer, T. 2006. *Diskontinuitäten in Dependenzparsern*. Studienarbeit. Universität Erlangen, Nüurnberg

Sprecht, V. 2003. *Entwicklung eines Parsers für die Dependenzorientierte Syntaktische Analyse Deutscher Satze*. Diplomarbeit. University of Stuttgart

Sprecht, V. 2005. An MTT-based Parser for German. *Second International Conference on Meaning-Text Theory*. Moscow, 2005

Stănescu, S.（Hrsg.）. 2004. *Die Valenztheorie. Bestandsaufnahme und Perspektiven*. Frankfurt: Peter Lang

Starosta, S. 1988. *The Case for Lexicase: An Outline of Lexicase Grammatical Theory*. London /New York: Pinter Publishers

Starosta, S. and H. Nomura. 1986. Lexicase Parsing: A Lexicon-driven Approach to Syntactic Analysis. *The 11th International Conference on Computational Linguistics*

Starosta, Stanley. 2003. Lexicase Grammar. In Ágel et al.（eds.）, 526-545

Stede, M. 2002. shallow-Deep-Robust. In Wilee/Schroder/Schmitz (eds.) *Computerlinguistik: Was geht, was kommt?* Sankt Augustin: Gardez! Verlag. 268-272.

Steedman, M. 1996. *Surface Structure and Interpretation*. Cambridge, MA: MIT Press

Steimann, F. 1998. Dependency Parsing for Medical Language and Concept Representation. *Artificial Intelligence in Medicine* 12, (1): 77-86

Strüber, F. 2001. *Eine Link-Grammatik für einen Ausschnitt des Deutschen*. Studienarbeit, Universität Erlangen, Nürnberg

Sugayama, K. (ed.). 2002. *Studies in Word Grammar*. Kobe: Kobe City University of Foreign Studies

Swiggers, P. 1994. Aux Débuts de la Syntaxe Structurale: Tesnière et la Construction d'une Syntaxe. In Čop et al. (eds.), 209-219

Tapanainen, P. 1999. *Parsing in Two Frameworks: Finite-State and Functional Dependency Grammar*. Ph.D thesis, University of Helsinki

Tapanainen, P. and T. Järvinen. 1997. A Non-projective Dependency Parser. *Proceedings of the 5th Conference on Applied Natural Language Processing*. 64-71

Tarvainen, K. 1981. *Einführung in die Dependenzgrammatik*. Tübingen: Niemeyer

Tarvainen, K. 1983. *Two Papers on Dependency Grammar*. Umeå Papers in English 6

ten Hacken, Pius. 2001. Revolution in Computational Linguistics: Towards a Genuinely Applied Science. *Computational Linguistics in the Netherlands 2000*, Rodopi, Amsterdam. 60-72

Tesnière, L. 1934a. *Petite Grammaire Russe*. Paris: Henri Didier

Tesnière, L. 1934b. Comment Construire une Syntaxe. *Bulletin de la Faculté des Lettres de Strasbourg* 12, 219-229

Tesnière, L. 1953. *Esquisse d'une Syntaxe Structurale*. Paris: Klincksieck

Tesnière, L. 1959. *Eléments de Syntaxe Structurale*. Paris: Klincksieck

Tesnière, L. 1994. *Elementos de Sintaxis Estructural*. Madrid: Editorial Gredos.

Tesnière, L. 2015. *Elements of Structural Syntax*. Amsterdam/Philadelphia: John Benjamins Publishing Company

Tesnière, L. 1980. *Grundzüge der Strukturalen Syntax*. Stuttgart: Klett-Cotta

Tesnière, L. 2001. *Elementi di Sintassi Strutturale*. A cura di Germano Proverbio e Anna Trocini Cerrina. Torino: Rosenberg & Sellier

Teubert, W. 1979. *Valenz des Substantivs*. Duesseldorf: Schwann

Teubert, W. 2003. Die Valenz Nichtverbaler Wortarten: das Substantiv. In Ágel et al. (eds.), 820-835

Tröger, T. 2003. *Ein Chartparser für Natürliche Sprache auf der Grundlage der Dependenzgrammatik*. Diplomarbeit. Erlangen University

Trushkina, J. 2004. *Morpho-Syntactic Annotation and Dependency Parsing of German*. Ph.D thesis, Tübingen University

van der Korst, Bieke. 1986. *A Dependency Syntax for Enlgish*. Utrecht: BSO/Research

van Valin, Jr. R. D. 2001. *An Introduction to Syntax*. Cambridge: Cambridge University Press

van Zuijlen, J. M. 1988. *A Technique for the Compact Representation of Multiple analyses in Dependency Grammar*. Utrecht: BSO/Research

van Zuijlen, J. M. 1989b. *A Comprehensive Parser for DLT*. Utrecht: BSO/Research

van Zuijlen, J. M. 1989b. Probalistic Methods in Dependency Grammar Parsing. *Proceedings of the International Workshop on Parsing Technologies*, Carnegie Mellon University. Pittsburgh: CMU. 142-151

Vapnik, V. N. 1998. *Statistical Learning Theory*. A Wiley-Interscience Publication. New York: John Wiley & Sons, Inc.

Villiger, C. 2003. Dependenzielle Textmodelle. In Ágel et al. (eds.), 703-716

Wang, Q. I., D. Schuurmans, and D. Lin. 2005. Strictly Lexical Dependency Parsing. *Proceedings of 9th International Workshop on Parsing Technologies*, Vancouver, Canada

Wang, W. 2003. *Statistical Parsing and Language Modeling Based on Constraint Dependency Grammar*. Ph.D thesis, Purdue University

Wanner, L. (ed.). 1996. *Lexical Functions in Lexicography and Natural Language Processing*. Amsterdam/Philadelphia: John Benjamins Publishing Company

Wanner, L. (ed.). 2007. *Selected Lexical and Grammatical Issues in the Meaning—Text*

Theory. Amsterdam/Philadelphia: John Benjamins Publishing Company

Wauschkuhn, O. 1999. *Automatische Extraktion von Verbvalenzen aus Deutschen Textkorpora*. Aachen: Shaker

Weber, H. J. 1996. Translation, Rekursivität und Valenz bei Lucien Tesnière. In Gréciano and Schumacher (eds.), 249-261

Weber, H. J. 1997. *Dependenzgrammatik*: *Ein interaktives Arbeitsbuch*. Tübingen: Gunter Narr

Weber, H. J. 2000. Valency-Controlled Virtual Nodes in Dependency-Graphs. *Logos and Language* 2: 49-54

Weber, H. J. 2001. Die Entwicklung der Dependenzgrammatik und Verwandter Theorien in der 2. Hälfte des 20. Jahrhunderts. In S. Auroux, E. F. K. Koerner, H. J. Niederehe, and K. Versteegh (eds.) *History of the Language Sciences*. An International Handbook on the Evolution of the Study of Language from the Beginnings to the Present. Vol. 2, Ch. 205. Berlin/New York: de Gruyter. 1848-1865

Welke, K. 1988. *Einführung in die Valenz-und Kasustheorie*. Leipzig: Bibliographischen Institut

Werner, E. 1993. *Translationstheorie und Dependenzmodell*. Tübingen: Francke

White, C. M. 2000. *Rapid Grammar Development and Parsing: Constraint Dependency Grammars with Abstract Role Values*. Ph.D thesis, Purdue University

Witkam, A. P. M. 1983. *Distributed Language Translation*: *Feasibility Study of a Multilingual Facility for Videotex Information Networks*. Utrecht: BSO/Research

Witkam, A. P. M. 2005. Nova vojo al Aŭtomata Tradukado. *Prelegaro de Internacia Kongresa Universitato*. Roterdamo: UEA. 83-98

Xu, Y. and F. Zhang. 2006. Using SVM to Construct a Chinese Dependency parser. *Journal of Zhejiang Univ SCIENCE A*, 7 (2): 199-203

Yamada, H. and Y. Matsumoto. 2003. Statistical Dependency Analysis with Support Vector Machines. *Proc. 8th International Workshop on Parsing Technologies* (IWPT). 195-206

Yngve, V. 1996. *From Grammar to Science: New Foundations for General Linguistics*.

Amsterdam/Philapdelpia: John Benjamins Publishing Company

Yuret, D. 1998. *Discovery of Linguistic Relations Using Lexcial Attraction*. Ph.D thesis, MIT Press

Žabokrtský, Z. 2005. V*alency Lexicon of Czech Verbs*. Ph.D thesis, Charles University, Praha

Zabokrtský, Z. and I. Kucerová. 2002. Transforming Penn Treebank Phrase Trees into Tectogrammatical Dependency Trees. *Prague Buletin of Mathematical Linguistics*

Zeman, D. 2004. *Parsing with a Statistical Dependency Model*. Ph.D thesis, Charles University, Praha

Zhao, Y. 1996. *Distributional Criteria for Verbal Valency in Chinese*. Collection Orbis Supplementa, 5. Leuven-Paris: Peeters

Zhou, M. 2000. A Block-Based Robust Dependency Parser for Unrestricted Chinese text. *The Second Chinese Language Processing Workshop Attached to ACL2000*, Hong Kong

Zhu, J. 1996. *Theoretische und Empirische Probleme Einer Kontrastiven Valenzgrammatik Deutsch-Chinesisch*. Berlin: Wiss. -und-Technik-Verl

Zhu, J. 1999. *Wortbildung und Valenz des Substantivs im Deutschen und im Chinesischen*. Frankfurt am Main: Lang

Zhu, J. 2000. V*alenz der Verben des Besitzwechsels im Deutschen und im Chinesischen*. Berlin: Wiss. -und-Technik-Verl

Zhu, J. 2004. *Valenz des Adjektivs im Deutschen und im Chinesischen*. Marburg: Tectum-Verl

Zipf, G. 1936. *The Psycho-Biology of Language: An Introduction to Dynamic Philology*. London: George Routledge & Sons, Ltd.

Теньер, Люсьен. 1988. *Основы Структурного Синтаксиса*. М.: Прогресс

结　语

　　本书较详细地讨论了依存树、配价、依存关系、依存语法形式化、依存句法分析等依存语法的基本理论问题，并对提出的理论用不同的方法和工具进行了验证。与国外同类著作相比，本书有以下特点：

　　1. 提出了一种基于配价模式的自然语言依存语法分析理论，并通过机器进行了验证。该理论架构包括一种基于复杂特征的依存树格式，一种有助于生成前述依存(句法)树的配价词表架构，理论架构的半形式化描述和一种基于槽填充的依存句法分析算法。

　　2. 以本书提出的依存语法分析理论为主线，进行了较全面的依存语法、配价理论和历史研究，并对依存理论的形式化和依存句法分析算法也进行了较系统的研究。书末所附参考文献在正文中均有引用，涵盖了本领域的主要文献，可以作为一部配价理论和依存语法研究的基本书目来使用。

　　3. 提出了词(类)的(广义)配价概念，认为语言中的绝大多数词(类)都有一种与其他词结合的潜在能力。一个词的结合力，可以分为被支配力(输入)和支配力(输出)，被支配力表示词受其他词支配的能力，支配力则是它支配其他词的能力。构建了现代汉语(词类)配价模式，即现代汉语主要词类支配其他词类和受其他词类支配的模式，并在模型中引入了概率成分，形成了"概率配价模式"的理论架构。概率配价模式可以更好地解释基于树库(或统计)依存句法分析器的某些行为。

　　4. 提出"依存关系是配价的实现"的观点。构造了一部含有13个词类，34种依存关系的现代汉语依存句法。提出了一种面向计算语言学应用并兼顾语言学研究的汉语依存树库格式。标注了约2万词的中央电视台"新闻联播"语料，形成了一个可用于研究的现代汉语依存句法树库。

5. 用自建的依存语法树库进行了基于统计和机器学习的依存句法分析实验，在算法不变的情况下，通过调整树库中对某些语言现象的处理方式和标注方式，使得依存句法分析器的 UAS 精度从 70.4%提高到75.9%，LAS 精度从 63.7%上升到了 71.2%，分别提高了 5.5%和 7.5%，证明了用此种方法改善基于树库句法分析器精度的有效性。我们也采用不同的特征组合和大小不同的训练集训练句法分析器，并用相同的测试集进行了测试，该试验不但发现了依存句法分析中各种特征对于精度、效率和句子联通度的影响度，而且也从另一角度又验证了本书提出的理论架构。

6. 用自建依存语法树库进行了以下汉语定量分析：词类分布统计，依存关系分布，依存距离的统计，词类和依存关联性统计(包括按照依存关系对支配词和从属词的统计分析和依照支配词或从属词对依存关系的统计分析)。此种分析为汉语的定量研究开辟了一条新路，可以发现一些用别的方法难以发现的语言结构特点，如我们发现汉语的依存距离为2.81，要远大于英语、德语和日语的依存距离。因为依存距离的研究有助于分析句子结构的难度、用网络的观点来研究语言、语言类型的研究、儿童语言习得的研究和设计更好的自然语言句法分析算法，所以这样的发现对于充分认识汉语的特点是有用的。

7. 在内容组织和方法运用上，力图达到理论和实践相结合、定性与定量相统一的目标。

8. 在突出研究重点的同时，也注意了依存语法与更广泛的研究领域的联系。对依存语法与人类认知、复杂网络的关系进行了初步的研究。强调了依存关系在分析人类社会和自然界时的普适性。

理论和实践均表明本书所提出的基于配价模式的自然语言句法分析架构是可行的。所构建的试验性汉语依存树库不仅可以用在计算语言学领域，也可用于基于树库的语言学研究方面。

　　当然，由于文中涉及的内容较多，许多讨论无法深入展开，加之为了考虑模型的普适性，在理论和历史部分没有将汉语放在一个主要的地位来考虑。某些章节过于顾及史的方面，影响了对自己成果的介绍。这些既是不足，也是我们进一步研究的动力。

　　本书对前人在相关领域的研究作了较细致的追溯和研究，因为我们认为，这种往后看的研究方法，不仅有助于往前看，而且也能使我们站得更高、看得更远。我们希望通过这样的方式能把我们对依存语法的点滴感悟与数百年来形成的依存语法研究网络联系在一起。

　　如果本书能对后来者登高望远起到一点阶梯的作用，如能对连接依存语法研究的过去与未来起到一点媒介作用，我们也就心满意足了。

后 记

30 年前，我带着 8 分的英语高考成绩，进入一所工科大学开始自动化专业的学习。30 年后的今天，我却以一个语言学及应用语言学专业博士生导师的身份在写一本语言学专著的后记。世事难料，由此可见一般。一个人在社会网络中的位置，是由其与他人的关系决定的。对我而言，如果没有众多国内外友人的帮助和支持，要实现从工科到文科的网络大迁移几无可能。借此机会，我要感谢多年来帮助过我的所有人，祝他们健康幸福！没有他们的帮助，我必然迷失于无垠的复杂网络世界，无法自拔。

从第一次阅读冯志伟先生的文章到现在，已经 28 个年头了。这些年来，先生对我的影响已深深融入我的学术生命之中，他是当之无愧的 (Doktor)vater。感谢师母郑初阳女士，我不会忘记 2003 年元旦接到的第一个电话，这个电话启动了本书的写作。

感谢 Richard Hudson 教授的指导和帮助，他让我明白语言学研究的不仅仅是语言。感谢 Detlev Blanke 博士，他长期以来的鼓励和支持，使我相信语言学也许就是我这一生的归宿。感谢 Dan Maxwell 博士将我引入奇妙的依存语法之旅。感谢 Roland Hausser 教授无私地满足了我对依存语法和配价理论著作的渴求。

谢谢吴为章教授的鼓励与指导。谢谢李晓华教授的认可与支持。谢谢侯敏教授的帮助。谢谢周流溪教授的鼓励。

谢谢 V. Ágel、D. J. Allerton、G. Altmann、J. M. Anderson、J. O. Askedal、R. Bod、B. Bohnet、N. Bröker、M. Buch-Kromann、R. Burch、

M. Covington、R. Debusmann、R. Dormeyer、H. W. Eroms、R. Ferrer i Cancho、S. Fiedler、U. Figge、K. Fischer、K. Foth、G. Gréciano、A. Greule、M. Gross、G. Helbig、P. Hellwig、H. J. Heringer、J. Hutchins、J. Jacobs、C. Kiselman、P. Koch、J. Korhonen、I. Koutny、S. Luraghi、H. Lobin、M. McCord、I. A. Mel'čuk、A. Nasr、H. Nikula、A. Ninio、J. Nivre、P. Nugues、T. Obrebski、J. Orešnk、T. Osborne、W. K. Percival、V. Petkevic、G. Schneider、P. Sgall、S. Starosta、D. Temperley、H. Vater、R. D. van Valin Jr.、H. J. Weber、K. Welke、E. Werner、T. Witkam、臼井裕之、于根元、傅爱平、宗成庆、于水源、赵守辉、李明琳、贾中恒等同行提供的各种帮助，没有他们的热心支持，本书是难以完成的。谢谢邓振波先生在研究资料方面的帮助。感谢李志高先生与我在树库统计分析方面的讨论。

在本书写作期间，胡凤国、黄伟为我分担了许多杂事，娄开阳、乐明、张俊萍、李森、刘明杰为我去国家图书馆借阅资料，赵怿怡、关涧池、陈芯莹、王璐璐等帮助我标注树库，李雯雯汉译了 Hudson 的序言，谢谢他们。谢谢选修《句法导论》和《计算语言学方法》课程的本科生和研究生，他们在一定程度上推动了本书某些内容的研究与思考。谢谢中国传媒大学汉语言 2002 级选修《句法导论》课程的所有同学，虽然修改有些同学标注的句子要比我自己标注还费力，但修改过程本身对于构造更好的树库是有帮助的。

感谢刘继南校长，没有她对我业余时间所做语言学研究的认可，我可能也不会有时间写这本书。感谢我原单位的领导罗涛先生，他的理解和支持使我在不惑之年顺利地转换了角色。

感谢科学出版社郝建华编审的高效工作，这是本书能又好又快与读者见面的根本。

我很幸运在这一生遇到了我的妻子莲娣，感谢她对于我的理解、尊重和支持，谢谢她做了许多该我做而总也不愿做和做不好的事情。我知道所有这一切，仅用三个谢字是不够的，得用 Esperanto 的 diversajn kaj multajn dankojn。谢谢我女儿豆豆将自己成长中的烦恼，严格控制在不影响本书写作的范围。

最后，我想对我的父母说一句话，尽管我的父亲现已移居到了遥远的天堂，但这句话他能听得到：没有你们就一定不会有这本书。毫无疑问，这是本书最正确的一句话。

刘海涛

2009 年 5 月 10 日

于中国传媒大学